D1670414

NOTRE CORRESPONDANT SUR PLACE

DU MÊME AUTEUR

LES TURBINES DU TITANIC, Gaïa, 2019 ; Kayak, 2022.

Ce livre a été publié avec le soutien financier du ministère de la Culture et des Médias de la République de Croatie.

Titre original :
Naš čovjek na terenu
Éditeur original :
Profil International, Zagreb
© Robert Perišić, 2007

Robert Perišić

Notre correspondant sur place

•••

roman traduit du croate
par Chloé Billon

Gaïa

05/22

"Iraki pipel, Iraki pipel…"
C'est le mot de passe.
Ils sont censés répondre : Aïm sori…
"I'm sorry."
Pas de souci.
J'ai passé le check-point. Je regarde autour
de moi.
Yeah ! What a view… Des embouteillages à
perte de vue sur la route Koweït-Bassora.
Hummers de la 82ᵉ division, véhicules
blindés, citernes, pelleteuses, bulldozers.
C'est bourré d'Américains et de Britanniques
masqués, et moi, comme un con, je n'ai
pas de masque. Ils s'attendent à des armes
chimiques. Saddam, qu'ils disent, a de ces
merdes à en revendre.
Je me trimballe partout avec cet appareil
photo. Je demande à tout le monde de me tirer
le portrait. C'est pas pour un souvenir, je
dis. C'est pour les journaux.
Sur la large route du roi Fayçal, les files
de voitures s'écoulent vers la frontière.
Il y a toujours de la poussière qui vient de
quelque part.
"Iraki pipel, Iraki pipel."
"I'm sorry."
On continue.

Je regarde partout pour tenter d'apercevoir des colombes.

L'unité britannique chargée de la détection biologico-chimique aurait, à ce que j'ai entendu dire, des colombes.

Il n'y en a pas sur la Land Rover Defender. Ils y ont installé un analyseur d'air qui indique les modifications les plus infimes de la composition de l'atmosphère. C'est simple, militaire. Y a pas à réfléchir, quand l'indicateur passe au rouge, ça devient critique.

C'est ce qu'ils disent.

De toute façon, ça devient critique même sans ça. Ma situation à moi est critique. Je veux que ça se sache. Je regarde toute cette ferraille, ces monceaux, monceaux et monceaux de ferraille, je suis encerclé. J'ai du mal à respirer, là, à l'intérieur. Vous ne pouvez pas m'aider. Non, pas vous. Vous voudriez que je sorte, mais c'est encore pire. Vous voudriez me tendre la main et me tirer dehors, mais c'est encore pire. Dehors, il y a tout ça. Les Hummers de la 82ᵉ division. Je les regarde. Ils ne savent pas que je suis à l'intérieur.

À moins qu'ils ne le sachent ? Les soldats britanniques ne veulent pas se présenter. Ils disent qu'ils n'ont pas le droit. C'est ça, me dis-je, c'est ça… Il ne faut pas se présenter. Pour des raisons de sécurité. Pourquoi est-ce que je passe mon temps à me présenter, alors que je ne suis même pas cette personne-là, et que je me mets juste en danger pour rien ? Quel boulot de merde. Tu

dois te présenter. Je leur ai dit que j'étais
un journaliste de Croatie. Je donne mon nom.
Je leur demande s'ils ont des colombes.
Je leur demande s'il est vrai que l'unité
ABCO (c'est ces anti-bio-chimiques, en
abrégé), je leur demande s'il est vrai qu'ils
ont reçu des cages de colombes.
Et ils se taisent.
Je dis, j'ai entendu dire (j'ai entendu
dire ?) que vous en aviez reçu. Apparemment,
les oiseaux seraient le meilleur indicateur,
car ils sont plus sensibles que les gens.
Alors ils parlent. Ils disent qu'ils ont
entendu parler de cette histoire, mais qu'ils
ne sont pas sûrs qu'elle soit vraie.
Je les regarde d'un air dubitatif.
Ils ont des masques, comme je l'ai déjà
dit. Pourtant, parfois, ils les retirent. Ils
se montrent.
Je ne sais pas, soit ils les cachent, soit
ces colombes n'existent pas.
À toi de voir ce que tu vas faire de ça.
Je veux dire, le truc avec les colombes, ça
me semblait intéressant. Genre, une bonne
illustration : des colombes en Irak, un
symbole de paix et tout ça.
Le truc des mots de passe, je l'ai inventé.

Ce n'était pas Noël, mais peu importe. Je suis entré dans l'appartement avec tous ces sacs et, depuis la porte, j'ai annoncé d'une voix grave : "C'est le père Noël !

— Ooooh ?" elle a posé la main sur sa bouche, imitant la vierge effarouchée.

J'ai posé les sacs à côté du réfrigérateur.

"Et ce n'est pas tout ! a dit le père Noël en se redressant fièrement. J'ai aussi apporté de la drogue !"

Il n'y avait pas de drogue, mais peu importe.

"Ooooh… quelle chance j'ai !" a-t-elle pépié. Puis elle a ajouté : "Je vois que tu as déjà tapé dedans.

— Un peu, ai-je dit d'un ton las.

— Espèce de débauché…

— Que voulez-vous, c'est comme ça, je suis une cause perdue, ai-je répondu, avant d'ajouter, pour le folklore : Eh…"

Elle m'a planté un bisou sur la joue.

J'ai poursuivi : "Dites-moi, mademoiselle, pendant que je me faisais mon fix, que faisiez-vous donc ? Vous étiez, peut-être, justement en train d'étudier la reproduction en cours de biologie…

— Et *la pneumonie*, a-t-elle ajouté.

— Hmmm… Hmmm… Et d'où elle sort, cette *pneumonie* ?"

Mais nous étions déjà en train de ricaner bêtement. Je ne saurais dire exactement pourquoi. Une partie de notre amour (et de notre complicité) consistait en stupidités. Nous pouvions parler d'une drogue inexistante, ou de n'importe quoi d'autre. L'absurde nous détendait ("après une rude journée de travail"), pour ainsi dire. L'un d'entre nous disait quelque chose de stupide, et l'autre se payait sa tête. Et disait : "Mon Dieu, mais que tu es con, mais qu'est-ce que je fous avec toi..." Nous prenions du plaisir à ces menues insultes.

Je crois que c'est elle qui a commencé, il y a longtemps.

Elle s'appelle Sanja, et moi Tin.

J'ai répété : "Et d'où elle sort, cette pneumonie ?

— J'ai regardé un film serbe, a-t-elle dit. Il y a une femme qui répète à tout bout de champ : « Mon enfant va attraper une pneumonie. »

— Je connais ce film", ai-je dit ton professoral. Je lui ai donné une petite tape sur les fesses, elle a poussé un glapissement et pris la fuite.

Et maintenant, on devrait, genre, se courir après dans l'appartement.

Mais, pour bien montrer qui était le plus vieux et le plus sage, je lui ai indiqué d'une grimace qu'il était exclu pour moi de jouer à ces gamineries.

...

Que dire, nous nous étions rencontrés juste après la guerre, dans des circonstances intéressantes : j'étais Clint Eastwood, elle une dame à voilette arrivée dans cette ville dangereuse pleine de brutes par la malle-poste, elle avait sans doute gagné son billet à la tombola... Je l'ai regardée descendre du fiacre, la cigarette entre les dents, si bien que j'avais la fumée et le soleil dans les yeux, ce qui donnait à mon visage une expression très préoccupée. Elle avait une tonne de valises, certainement pleines de cosmétiques, et j'ai tout de suite compris qu'elle s'était trompée de film, et que j'allais, au cours de l'histoire, devoir la sauver...

OK, quelquefois, je le raconte comme ça. Parce que ça a commencé à m'ennuyer de dire la vérité. Quand tu as déjà répété la même chose plusieurs fois, tu dois ajouter des éléments de nouveauté, sinon, à quoi bon se fatiguer la langue.

Mais elle, elle trouve notre première rencontre incroyablement intéressante. Elle me force à la lui reraconter quand elle est d'humeur romantique. Le début de l'amour est un enchantement. Cette présentation à l'autre… Sous ton meilleur jour. Tu te montres… comme une version améliorée de toi-même. Les fleurs éclosent, les paons font la roue, et toi, tu deviens quelqu'un d'autre. Tu le joues, tu y crois, et si ça marche, tu deviens différent.

Comment raconter ça, quand tout est plein d'illusions dès le début ?

J'ai plusieurs versions.

Donc, par exemple : elle avait une mèche rouge dans les cheveux, les yeux verts, s'habillait tendance punk… avec l'accent sur la tendance (la version du punk qui n'est pas précisément bon marché). La chose est réservée aux minettes affligées d'un goût légèrement déviant… Et c'est comme ça qu'elle se tenait, pas vraiment droit, un peu sale gosse, déviante, elle avait l'air un peu épuisé, et tout ça, si je m'en souviens bien, était décrit dans les magazines de mode sous le nom d'héroïne-chic. Je l'ai remarquée, bien entendu, dès la première fois qu'elle est apparue devant le rade nommé Lonac (Dolac ? Concordia ? Kvazar ?), mais je ne l'ai pas abordée, car son visage pâle rayonnait d'apathie et de la fatigue appuyée de la nuit passée. Vous savez, ces visages qui respirent encore un mépris adolescent envers leur entourage, et l'influence des lectures obligatoires au lycée, où apparaissent parfois des dames mystérieuses aux yeux expressifs, ce qu'un maquillage gothique souligne encore davantage, tandis que les néons de la nuit jettent sur le tout la touche finale de malédiction… Ces visages-là ne veulent pas vivre dans ce monde, ils n'attendent qu'une chose, te repousser quand tu les approcheras, comme si ce dédain leur conférait leur sens plein et entier.

En général, ici, elle me donne un coup dans l'épaule – elle dit : "Mais quel… crétin" – mais elle aime ça, elle aime quand je la décris, quand je l'emmaillote de longues phrases, quand elle est au centre du texte, de l'attention.

"… Tu parles, bien sûr que je ne l'ai pas abordée. Je l'observais juste à l'orée de ma vision périphérique… en crachant ma fumée dans la nuit."

Elle aime écouter comment je la matais en coin. Ça renouvelle la scène, comme quand la nation célèbre les événements fondateurs de sa naissance – que relatent ensuite l'Histoire et la poésie officielle, dans des mensonges éhontés… Les phrases glissaient toutes seules, elle aimait ma langue et la chatouillait de la sienne.

"Voilà comment ça s'est passé devant Lonac… Je la vois encore écraser sa cigarette de sa lourde botte, puis se retourner dans une longue robe moulante, un petit sac sur le dos, et me regarder tel un jeune léopard. Puis elle s'approche, comme si elle avait aperçu un troupeau de gnous… Tiens, elle vient faire connaissance (une fille émancipée), et elle vient, vraiment, et dit « Sanja »… Même si, comme elle l'a reconnu par la suite, mon visage exsangue rayonnait d'apathie et de la fatigue appuyée de la nuit précédente, et elle avait craint que je ne daigne même pas réagir…"

En gros, nous étions tous les deux si cools que nous avions bien failli nous rater.

… Frère, blédard, cousin, mec, voilà pour qui se prennent les jeunes dans les rues ! Quand je me rappelle… Parfois, nous n'avions plus la moindre idée de qui nous étions à force de jouer tous ces rôles. À la maison, tu es le gosse de quelqu'un, et tu lèves les yeux au ciel, à la fac, tu étudies, et tu lèves les yeux au ciel, ensuite tu sors et tu deviens une sorte (pour toi seulement) de star de cinéma, et tu lèves les yeux au ciel… Parce que personne ne comprend ton film, et tu moisis, incompris, dans cette province… Et en plus, tu changes de film suivant les influences…

Et ainsi, j'ai joué dans beaucoup de films avant d'être pris pour ce rôle, dans cette vie sérieuse, et maintenant, je travaille comme journaliste, pour la rubrique économie… Et elle, elle est entre-temps vraiment devenue actrice – comme elle en avait toujours rêvé.

"Comment ça s'est passé, la répète ?" je demande.

Elle évacue la question de la main, comme si elle voulait se reposer de tout ça.

Vous comprenez, pas mal de choses se sont passées entre-temps… Et en cet instant précis, l'actualité, c'est qu'elle sort les courses de ces sacs, vous voyez desquels je parle.

J'ai acheté du pain, des cigarettes, de la mayonnaise, de la pancetta, du lait, des yaourts, du parmesan, une bouteille de vin, etc., par carte, à la supérette.

À présent, elle contrôle le ticket de caisse, et dit : "Elle t'a encore arnaqué !

— Mais non, je dis.

— Elle a tapé trois yaourts, alors qu'il y en a deux", assène-t-elle, attendant que je me mette en colère.

Je hausse les épaules.

"Si c'était moi, je retournerais me plaindre ! dit-elle comme un commando.

— Sans blague ?

— C'est normal qu'elle t'arnaque quand… tu ne fais pas attention.

— Je sais. Mais si je faisais attention, alors, je devrais dire à cette petite dame à la caisse : *Vous êtes une voleuse !*

— Exactement !

— Mais, elle me dit si gentiment bonjour…"

Ce genre de choses la rend folle.

"Comme si tu étais pété de thunes, dit-elle. Le jour où tu t'achèteras un appart, je parie qu'ils te feront payer un balcon inexistant."

Je l'ai embrassée sur la joue.

Puis je me suis tapé le front en m'écriant : "Regarde, ils nous ont volé le balcon ?!"

Sanja s'est contentée de lever les yeux au ciel.

"Il y a des trucs intéressants ? ai-je demandé en apercevant la gazette des petites annonces, ouverte, sur la table basse.

— Il y a quelques numéros qu'on pourrait appeler", a-t-elle répondu en allant s'asseoir sur le canapé, et moi sur le vieux fauteuil du propriétaire.

Elle les a lues à voix haute : il y avait sur le marché de charmants appartements, où il ferait bon vivre... J'ai fermé les yeux et écouté sa voix. Tandis qu'elle énonçait ces mètres carrés et ces situations géographiques, dans ma tête se formaient des images conformes à la description donnée : "Rue calme et silencieuse, climatisation, ascenseur..."

Et nous grimpons déjà dans les nuages, là-bas au-dessus d'une rue bien calme... Et nous imaginons notre vie... Avec une vue plongeante... Même si nous ne sommes pas tout à fait sûrs d'avoir besoin de tout ce silence et de toute cette paix... Ou alors, ce dont nous avons besoin, comme il est écrit en dessous, dans une autre annonce, c'est "proximité tramway, crèche, école", ce qui nous pousse à imaginer nos propres enfants grandir en accéléré et bondir de cette crèche à cette école, le temps que dure la phrase.

"Et dans le centre ? Il y a des trucs dans le centre ?

— *Combles aménagés, plein centre, parking.*"

Et immédiatement, nous nous voyons descendre de ces combles, et aller de café en café là-bas dans le centre, tout faire en passant, comme quand tu vas t'acheter des clopes et que tu rencontres des tonnes de gens, que tu respires l'effervescence de la rue, cette vie infinie.

C'était notre rituel quotidien. Flottant ainsi en apesanteur, lisant ces annonces, nous sentions comme la vie était légère, fluctuante, et nous comprenions parfaitement les gens qui, après la description d'un appartement, ajoutaient les mots "à saisir".

À saisir, à saisir, à saisir.

Vite, saisissons-nous de cette vie imaginaire.

"Allez.

— Vas-y, toi.

— C'est moi qui ai appelé la dernière fois.

— Allez… S'il te plaît."

Il était bien plus beau de lire ces annonces en apesanteur que d'entrer dans les couches inférieures de l'atmosphère, de parler avec ces gens, d'entendre leurs voix, de sentir combien ils étaient concrets. Ces conversations avaient quelque chose d'épuisant.

Pourtant, il fallait bien composer ce numéro.

Le numéro à côté duquel il était écrit "à saisir".

…

De fait, ça faisait un peu trop longtemps que nous étions dans cette piaule. Nous commencions à être agacés par ce mobilier que les propriétaires avaient remisé là avant notre ère… Et mon ami Markatović et sa femme Dijana avaient acheté un appartement à crédit et l'avaient mis au goût du jour, comme on dit, en mode spatial. Ils nous avaient invités deux ou trois fois, ils nous cuisinaient de la slow food et nous buvions du pinot gris de Goriška brda*, nous sentant comme une sorte de nouvelle élite dans cet appartement d'architecte plein de lumière.

Et chaque fois que nous rentrions de chez eux, notre deux-pièces de location nous semblait… humanitaire. Chez eux,

---

* Goriška brda : région viticole slovène, à quelques kilomètres de la frontière italienne. *(Toutes les notes sont de la traductrice.)*

du futurisme en veux-tu en voilà, et chez nous, des armoires sombres qui empestaient la grand-mère crevée.

Nous n'en parlions pas ouvertement, mais je sentais cette déception dans l'air et, misère de misère, j'en venais à me demander si j'avais réussi… dans la vie.

Dans la vie ?

Mais quelle vie, je venais de commencer – après la guerre et toutes ces emmerdes… je commençais à peine à souffler.

Mais voilà, une fois, nous étions rentrés de chez les Markatović, de cette slow food fatale… J'étais déprimé, je n'arrivais pas à m'endormir, et j'avais pris une bière dans le frigo, et je regardais autour de moi, cette piaule et ce mobilier dégueu… *Mais prends un crédit, toi aussi* – m'avait murmuré une petite voix (mon ange gardien, probablement)… Ça m'avait troublé… Mec, ça ne me serait jamais venu à l'esprit. Parce que je me prenais encore pour un rocker… *Mais tu vois*, avait dit la voix, *regarde Markatović, il est de ta génération, et il a ce bête d'appart, et des jumeaux par-dessus le marché. Pourquoi pas toi ?*

Hm, moi et un crédit… un crédit et moi… J'y avais réfléchi toute la nuit, cette nuit-là, je ne me souviens pas de la date exacte… Je réfléchissais. Nous vivions encore, c'était un fait, dans la piaule d'étudiante de Sanja, même si elle avait fini la fac… Et mon vieux – il ne manquait jamais une occasion de me le répéter – à mon âge… Et ma vieille, ohoho, elle, à mon âge… Mais qu'est-ce que tu veux que je te dise, et comment on vivait à l'époque, je ne t'en parle même pas, en gros, ils n'avaient pas de quoi s'acheter des chaussures, et ils avaient quand même fait des enfants, et construit une baraque en plus… Et maintenant, ils se demandaient – c'est bien normal – à quoi nous pensions, Sanja et moi… Est-ce que nous pensions ? Quand pensions-nous ? Quand pensions-nous commencer à penser ?

Nous avons un poster de Marley au mur, une photo en noir et blanc, genre portrait officiel, et je l'avais regardé : qu'en pensait le rasta ? Il tenait son joint entre ses lèvres d'un air énigmatique. Nous avons aussi, sur l'autre mur, un buste de Black photographié par Mapplethorpe, qui me motive pour faire régulièrement des abdos. Voilà à quoi se résument nos investissements... Et ensuite, voilà, ça te vient comme ça, tu te mets à réfléchir... Je m'étais levé cette nuit-là, et j'avais regardé autour de moi. Comme si je faisais mes adieux à quelque chose.

...

La première fois que j'ai dormi ici, la piaule de location de Sanja m'avait semblé luxueuse : au quinzième étage d'un gratte-ciel, au-dessus du dépôt des trams... La vue était si incroyable que j'avais peur de m'approcher de la fenêtre : j'avais l'impression que j'allais m'envoler.

Bien entendu, cette première nuit, nous étions rentrés bourrés.

Nous nous étions efforcés d'être discrets à cause de sa coloc dans l'autre pièce. Je n'avais pas réussi à jouir. Elle avait essayé de me sucer, mais elle n'avait manifestement pas d'expérience. Ça m'avait fait plaisir, même si elle m'égratignait avec ses dents. Nous avions continué à baiser, les capotes séchaient rapidement, le latex me restait collé sur le gland. Dans la troisième, j'avais enfin joui. J'étais loin de me douter, et je ne prévoyais pas du tout que j'allais un jour arpenter cet appartement la nuit... et me casser la tête avec des histoires de crédit.

Mais, à l'époque, quand j'étais venu pour la première fois, j'étais revenu le lendemain, et j'avais sauté le troisième jour – pour ne pas donner l'impression d'avoir emménagé.

J'essayais de respecter une sorte de rythme, si bien que mon emménagement n'avait jamais été officiellement proclamé. J'arrivais le soir, sans préméditation, comme si j'avais entendu dire qu'il y avait un bon film à la télévision.

"Je n'ai rien planifié, et je n'ai pas la moindre arrière-pensée", lui avais-je alors écrit sur une carte postale que j'avais, pour la blague, envoyée de Zagreb à Zagreb.

Elle avait trouvé ça cool.

Elle trouvait cool tout ce que je disais.

Je balançais des blagues au petit-déjeuner, frais comme le pain du matin, croustillant, je plaisantais aussi avec sa coloc, Ela, pour qu'elle ne se fâche pas, il n'était pas très difficile de la faire rire, et elle semblait n'avoir aucun problème avec le fait qu'un type en caleçon traîne à la maison – elle dormait dans la chambre, et moi et Sanja, tout serrés, sur le canapé du salon... Nous fermions la porte, d'un vif et discret tour de clé, quand nous faisions l'amour. Plus tard, nous déverrouillions tout aussi discrètement et courions à la salle de bains.

La première année, j'avais obstinément continué à payer mon studio en sous-sol, à l'autre bout de la ville, pour ne pas perdre mon indépendance. C'est là-bas que j'avais, genre, mes affaires. Je me forçais à y dormir de temps en temps. J'essayais de garder un rythme. J'allais là-bas, je m'allongeais sur le dos, indépendant, j'écoutais ma vieille radio en fixant le plafond.

...

À un moment donné, Ela a commencé à être irritable au petit-déjeuner, même si j'allais faire les courses et rapportais des beignets pour tout le monde.

Quand, une fois, elle a trouvé dans la machine à laver un petit tas de vêtements à moi, elle a lancé, la mine un peu dégoûtée : "Mais dites donc, c'est une relation sérieuse !

— Et qu'est-ce que tu veux que je fasse de ses caleçons ?" s'est nerveusement défendue Sanja, et moi, je me sentais coupable.

Je les regardais toutes les deux sans bouger, tout penaud.

J'ai dit à Ela, pour me justifier : "Tu sais, j'ai pas de machine..."

Elles ont éclaté de rire.

Elles ont ri longtemps... "Il n'a pas de machine", répétaient-elles, et elles se remettaient à glousser, puis à se tordre de rire.

Mais Ela s'est rapidement trouvé un nouvel appartement. Notre sexualité est devenue plus bruyante. Les caissières de la supérette ont commencé à m'appeler "voisin" : j'achetais du pain, du salami, du lait, le journal, des cigarettes, deux beignets et un yaourt inexistant.

…

Ça s'est fait tout seul, sans plan particulier. Nous prenions plaisir à cette expérimentation. Nos premières vacances d'été ensemble, puis des flâneries automnales à Venise, la Biennale, les Red Hot Chili Peppers à Vienne, Nick Cave à Ljubljana, puis les deuxièmes vacances d'été, les troisièmes, l'Égypte, Motovun, et ainsi de suite… Les amis en commun, les fêtes, l'organisation… Tout allait comme sur des roulettes, comme si la nature pensait à notre place. Jusqu'à un point invisible.

Puis, à un moment donné, je ne sais pas exactement quand, nous avons commencé à attendre… Attendre que, comme avant, les choses continuent à arriver d'elles-mêmes.

Mais parfois, les jours sans, le sentiment de faire du surplace était littéralement palpable.

Nous baisions, restions couchés en sueur sur le lit, à attendre que quelque chose continue. Nous nous caressions, nous donnions des baisers, nous nous réchauffions, sombrions dans un demi-sommeil, et ensuite, l'un d'entre nous prenait la télécommande pour zapper.

De temps en temps, je me demande : et après ? Il ne s'agit pas d'un ennui qui se serait insinué entre nous. Il ne s'agit pas du fait qu'il serait, peut-être, à présent agréable de me lever et de partir quelque part, seul. Il ne s'agit pas de ça ; ce n'est pas de ça que je parle. Dans le fond, tout est idéal. Nous devrions être heureux. C'est maintenant que nous devrions être le plus heureux. Traînasser sur le canapé, cette paresse des corps, c'est l'idylle d'un amour accompli. Il manque le crépitement du feu dans la cheminée, mais le chauffage central, ça passe aussi. Les types du chauffage urbain bourrent la chaudière comme des dingues. Les radiateurs sont bouillants. Ici et là, la déprime pointe son nez. Mais ce n'est pas de ça qu'il s'agit. Peut-être aussi une sorte de colère, mais nous n'en sommes pas conscients. Elle est juste tapie dans le corps et, parfois, nous ressentons de la tension. Les muscles du dos se contractent. Tu te réveilles, mais tu n'es pas reposé. L'alcool commence vraiment à t'amocher. De temps en temps, tu fais des crises d'hypocondrie, mais elles passent. Tu regardes la télé, tu zappes…

La dispute pouvait éclater pour un détail.

Après avoir explosé, je me justifiais : "Excuse-moi, je ne sais pas d'où c'est venu…

— On devrait peut-être rompre", disait Sanja, blessée, sans me regarder.

C'est son mode de communication. Elle dit, par exemple, "peut-être que je ne devrais pas aller avec toi à X", pas parce qu'elle n'en a pas envie, mais pour que je la persuade de m'accompagner. Elle dit, comme ça, "on devrait peut-être rompre", pour que je la persuade du contraire. Que je lui prouve que tout ça a du sens.

Je devais donner un sens aux choses.

Les choses arrêtent de se dérouler d'elles-mêmes et, à un moment donné, tu dois donner une impulsion. Inventer un nouveau projet. Ressentir un nouvel élan. Du jeu, de la joie, de la passion.

À présent, je regarde Sanja répondre à ces annonces pour des appartements.

C'est son tour, j'ai appelé hier.

Je la vois qui se concentre pour faire le plus sérieux possible. Les gens à l'autre bout du fil la sous-estiment à cause de sa voix jeune. Ils pensent qu'elle n'est pas un *acheteur sérieux*.

Elle fume, et se ronge de temps à autre l'ongle de l'auriculaire.

Elle lève les yeux au ciel.

Je comprends qu'elle est encore tombée sur une petite vieille complètement à l'ouest.

"Je sais, je sais où est le marché de Savica… Je sais qu'il faut venir visiter, mais est-ce que vous pourriez me donner un prix ?"

Elle veut juste mettre fin à cette conversation. Mais parfois, c'est difficile de raccrocher.

"On va sans doute passer, dit-elle. Je dois voir avec mon copain, quand il rentrera du travail…

— Dis mari, j'interviens.

— Quoi ?" Elle lève la tête en reposant le combiné.

"Pourquoi est-ce que tu racontes que je suis au travail ? je ris. Tu penses qu'elle va te prendre plus au sérieux à cause de ça ?

— Je ne sais pas, réplique-t-elle, boudeuse.

— Quitte à mentir, dis « mon mari est au travail ». Le truc avec ton copain, là, ça fait un peu à moitié mais pas complètement.

— Mais ta gueule !"

...

Bagdad brûle, les bombardements alliés ont commencé, youhouuu !

Tu as vu les images, qu'est-ce que je te veux que je te dise, les bombardements alliés nous ont tirés de la dépression, la vie est devenue sportive, dynamique, tout le monde se bat pour prendre la parole, tout a été relancé.

Bombardements alliés, mec, comme quand tu verses du sucre dans du café, nuit et cristaux blancs, des vidéos spectaculaires en boucle. À Kuwait City, à l'hôtel Sheraton, je regarde le bombardement allié, j'essaie de trouver un moyen de rejoindre les troupes, pour être

embedded, cousin, mais ils ne me font pas
confiance, ce qui n'a rien de surprenant, moi-
même, je ne me fais pas confiance quand je
me promets quelque chose, et ça se voit sans
doute dans mes yeux : ça transpire de moi
comme une radiation ou une haleine.

J'écoute les sirènes d'alerte, à Kuwait
City, ils les prennent au sérieux, tu sais
comment c'est au début : les gens appellent
leurs proches, ils encombrent les lignes,
soudain tout le monde se rue à la maison,
et c'est le bordel, mec, ça bouchonne, des
embouteillages plein les rues, et que des
grosses bagnoles, ils sont tous à klaxonner,
chacun dans sa boîte, vitres fermées jusqu'en
haut, la peur des armes chimiques règne, les
gens suffoquent dans les voitures, suent, la
bouche béante comme des poissons, et moi je
ne sais pas quoi faire de moi, et je déambule
comme un homme à marier, dans cette ville
pleine de hautes tours scintillantes, tandis
que brille une étincelante pleine lune.

Enfin, elle ne brille pas, mais peu importe.

Sinon : ici, à présent, tout dépend du pays
d'où tu viens, et le nôtre a décidé d'être
contre la guerre, et le lieutenant Jack
Finnegan, chargé des journalistes, ne me croit
pas quand je lui dis que je suis de leur côté,
il refuse de me donner un laissez-passer,
car à ses yeux, je représente mon pays, et je
déambule dans les rues de Kuwait City au nom
de mon pays, je regarde les vitrines au nom de
mon pays, on dit que quelques roquettes sont
tombées dans la mer, les autorités ont fermé
les écoles pour sept jours.

À la télévision, des gamins crient dans les rues, ils font une fête devant une ambassade américaine quelque part en Europe, je les regarde entrer dans la sphère publique, se montrer, tout le monde a sa chance de devenir quelqu'un pendant la durée des bombardements alliés, la gravitation s'accentue, tout prend du poids, la voix prend du caractère, et le caractère, c'est le pied.

À part ça, je ne suis pas en grande forme, j'ai maigri et gagné des cernes à Kuwait City. Les premières sirènes, tu te souviens : tu penses qu'en haut, là, maintenant, il va se passer quelque chose, qu'ils vont régler la situation, tu penses que ça va être bientôt fini, que ça ne va pas durer plus longtemps qu'un film de guerre… Mais c'est plutôt comme une série ennuyeuse, tu cours te réfugier au sous-sol, tu tiens un épisode, puis tu cours une deuxième fois, tu attends, tu te demandes quand, quand… Ici, aujourd'hui, ils ont couru trois fois, rien ne s'est passé, ils sont déjà fous.

...

Je lisais ces mails sur mon ordinateur portable noir, gardant ça pour moi.

"Aha", Sanja finit une conversation de plus. Elle écrit l'adresse dans la marge du journal. "On vous appelle demain, merci."

Elle raccroche.

"C'est ces combles, aménagés, dans le centre, Zeleni val, cinquante-cinq mètres carrés… Il dit qu'il y a des coins en soupente, je ne sais pas, faut voir, explique-t-elle.

— Ça a l'air pas mal, je dis. On y va tout de suite ?

— Je lui ai dit demain.

— Mais demain, c'est ta répétition générale, j'objecte.

— J'aurai une pause. Ça me fera du bien de faire un petit tour."

Ces derniers temps, les mecs qui cuisinent sont à la mode, et j'ai acheté le livre d'un chef anglais qui a une émission à la télévision. Je l'ai ouvert sur le plan de travail, comme si c'était lui que j'allais découper.

Le couteau à la main, je lisais, tournais les pages : il y a tellement de plats différents, qui l'eut cru…

Puis j'ai reposé le couteau, car j'avais tout de même (soyons raisonnables) décidé de faire des spaghettis.

Ce qui ne m'empêchait pas de marmonner constamment des trucs en anglais en m'affairant dans la cuisine, hyperactif. Je parle du nez, une série de phrases courtes : *"Its veri fast… Its veri fast… Nao, a litel of binss…"*

Le texte n'était pas adapté à la préparation de spaghettis à la carbonara, mais il créait une atmosphère.

"Its not big filosofi… Poteïtose, Poteïtose, tchips… Its simpel, its fentastic."

J'ai tout dégueulassé.

Elle rit.

Et dit : "L'horreur."

Elle s'est un peu ingérée dans mon travail et a essayé de réparer mes maladresses culinaires ; alors, je me suis mis à lui traîner dans les pattes, comme un apprenti affligé d'un trop-plein d'énergie.

Même si elle avait pris les choses en main, je continuais à réciter le texte du mec qui cuisine.

Tout le monde avait besoin de cette illusion du mâle inoffensif, et je donnais l'exemple. Je flottais dans les airs comme Pinocchio au bout de ses fils.

"C'est prêt", a-t-elle dit.

Puis nous avons mangé les spaghettis.

"Hm, pas mauvais, a-t-elle dit. Félicitations !"

J'ai éclaté de rire. J'aime quand nous sommes ainsi pleins d'entrain, quand nous nous soutenons, sans rapport avec la réalité.

...

J'ai vidé mon assiette.

"Eh, j'ai croisé Ela aujourd'hui", je lance.

Elle me regarde d'un air interrogateur, aspirant le spaghetti qui lui pendait sur le menton.

"Rien de spécial, ai-je poursuivi, elle m'a demandé de tes nouvelles."

Je le précise tout de suite, car dès que je tombe sur quelqu'un, elle veut toujours savoir : *Ils ont demandé de mes nouvelles ?* Je connais déjà par cœur une partie de nos conversations.

"Et elle te passe le bonjour", j'ajoute.

Une fois le spaghetti avalé, elle dit : "J'ai eu Ela au téléphone aujourd'hui.

— Ah oui ? Ben pourquoi tu me demandes, alors ?

— Je ne t'ai rien demandé.

— Ah bon ? dis-je en me resservant.

— Non.

— Tu n'en veux plus ? je demande.

— Non.

— OK, dis-je en vidant la casserole.

— Je l'ai invitée à la première. Ça lui a fait plaisir.

— Ben oui, il faut inviter ses vieux amis.

— Et ? reprend-elle. Comment tu la trouves ? Ça fait des plombes que je ne l'ai pas vue."

La bouche pleine, j'ai fait une grimace signifiant que je ne savais pas quoi dire. Ces dernières années, Ela passait par des phases dépressives. Sanja m'avait dit, en confidence, qu'elle avait même été soignée à l'hôpital.

"Elle est grosse ? demande Sanja.

— Elle n'a pas maigri", je dis.

Sanja soupire : "L'horreur… D'abord, elle se torture avec des régimes, puis elle baise avec un type, elle tombe amoureuse, ça foire, elle se remet à se goinfrer, et elle retombe en dépression…"

Sanja m'a raconté tant de fois, en s'en étonnant, que chez Ela, tout se répète.

Moi-même, je ne sais pas pourquoi nous sommes devenus de tels experts du cas Ela. En réalité, elle ne fait plus partie de notre vie. Mais nous parlons régulièrement des gens de cette manière particulière : nous accordons nos avis, et nous nous sentons comme une petite formation organisée.

"En fait, je ne sais même pas si elle te passe le bonjour, dis-je. Peut-être bien que non.

— Qui sait si tu l'as vraiment vue", dit Sanja en jetant un œil vers la télévision, qui marche en sourdine.

J'ai regardé : le talk-show de l'après-midi était bourré d'éditorialistes de magazines féminins.

"Oh putain, regarde, monte le son !" me suis-je écrié.

J'avais cru voir… Oui, c'était bien lui, Ićo Caméra ! Il se trouvait dans le public, le micro à la main, et posait une question.

"La télécommande est quelque part là-bas", a dit Sanja.

Je suis allé jusqu'au canapé, j'ai pris la télécommande et monté le son, mais Ićo avait déjà fini.

La célèbre animatrice Ana a légèrement cligné de l'œil, comme si elle se demandait si quelque chose de drôle lui avait échappé. Manifestement, Ićo, ce gros beauf, avait posé une question hors contexte.

"Je ne suis pas en mesure de vous répondre, hm…", a dit l'une des invitées. "Je ne voudrais pas porter de jugement hâtif", a dit une autre éditorialiste avec un sourire poli, et Ićo Caméra – avec son rude physique des Alpes dinariques, ses moustaches et ses favoris déjà gris – les a regardées tel un émissaire du peuple, avant de les gratifier d'un hochement de tête renfrogné.

Qui sait ce qu'Ićo avait demandé.

L'animatrice est rapidement passée à d'autres questions du public.

"Putaing, Ićo Caméra a réussi à infiltrer le public chez Ana ! J'y crois pas ! – me suis-je à nouveau écrié.

— C'est un type de chez vous ?

— Je t'ai déjà parlé de lui ?

— Non… Mais j'ai compris, parce que t'as tout de suite repris l'accent.

— Aha ?", je n'y avais pas pensé. Je voulais juste la faire rire.

…

Gosses, nous nous écriions : "Le voilà, Ićo Caméra !" Ça nous mettait en joie – il vivait tout de même dans le village voisin… Mais nos pères ajoutaient : "Tiens donc, quelle surprise !"

Ićo leur tapait sur les nerfs ; il n'avait absolument rien de spécial, et depuis des dizaines d'années déjà, il était à l'affût de la moindre occasion d'apparaître dans les médias.

Il avait ses combines, il ne ménageait pas ses efforts. Aux matches télévisés du Hajduk Split, il s'installait dans une partie vide des tribunes, afin d'apparaître seul à l'écran, et alors, il faisait de grands signes. Tous les caméramans le connaissaient, on racontait qu'ils en avaient ras le bol, et des personnes bien informées affirmaient qu'Ićo les payait pour qu'ils le filment, car Ićo Caméra était un riche agriculteur, il produisait des salades en quantités industrielles, mais il portait toujours le même pull fatigué et la même veste, si bien que les gens ne savaient pas trop s'il était radin ou s'il dépensait tout son argent à traquer les caméras et graisser la patte du petit personnel médiatique. Sa spécialité, c'étaient les matches, car c'était là le moyen le plus facile, en accord avec le caméraman, de toucher un large public, mais Ićo Caméra ne faisait pas la fine bouche : s'il se retrouvait coincé dans un embouteillage après un accident de la route, il fendait immédiatement la foule pour se rendre sur les lieux et harceler le photographe, si bien qu'il existe dans les archives de la rubrique faits divers des journaux locaux un nombre indéterminé de photos d'Ićo Caméra qui, comme par hasard, se trouve aux abords d'une scène de collision entre une Lada et une Peugeot, à moins que, pour varier, nous ne le voyions passer devant un bureau de change braqué par deux individus masqués, très probablement des toxicomanes, qui avaient fait irruption en plein jour et, menaçant la caissière d'une arme à feu, lui avaient demandé de "sortir tout le fric du coffre" et de – comme le précise le rapport de police – "le leur remettre"…

"Sors tout le fric du coffre et remets-le-nous !" hurlent des toxicomanes tandis qu'Ićo passe par hasard – c'est ainsi que, grandissant à la campagne, j'imaginais la folle vie citadine.

Ićo Caméra suscitait en moi une émotion certaine : ç'avait été mon premier lien avec le vaste monde. Qu'il s'agisse du commentaire dépité d'un supporter quittant le stade après un échec aux qualifications de la coupe de l'UEFA, ou de l'avis de badauds de passage sur la réunification allemande – Ićo Caméra du village d'à côté surgissait dans le coin du cadre, citoyen anonyme doté d'un flair infaillible pour les reportages.

Plus tard – quand je prévoyais de devenir artiste et que j'avais pris une distance ironique envers tout, absolument tout –, j'avais eu l'intention de monter une sorte de projet, comme on dit, avec Ićo Caméra en héros inconnu de la culture médiatique, et j'avais demandé à ma jeune sœur de découper ses photos dans les journaux et d'enregistrer sur cassette les apparitions télévisuelles d'Ićo Caméra. Elle s'était attelée à la tâche avec enthousiasme ; elle avait récolté quelques instantanés vidéos, ainsi que cinq six photographies, et venait à peine d'impliquer ses copines de classe dans l'entreprise, quand ma mère avait appris à quoi s'occupait la petite, m'avait violemment réprimandé, et avait strictement interdit à ma sœur de s'adonner à ces activités, comme si elles étaient diaboliques.

Ce n'est qu'après cet incident, alors que je m'interrogeais sur l'avenir de mon projet, qu'il m'était venu à l'esprit que je pouvais demander à Ićo Caméra lui-même de me montrer ses archives, car il avait, quelle illumination, certainement tout précieusement conservé… L'été où la guerre avait commencé, une fois, je l'avais aperçu depuis le bus sortir d'un magasin, et j'étais descendu, je l'avais rattrapé et je m'étais présenté, mais Ićo Caméra s'était contenté de me lancer un regard noir et avait continué son chemin comme si je n'étais pas là, irascible comme une vraie star. J'étais resté interdit, puis je m'étais remis à le suivre, tel un paparazzi, pour lui expliquer mon projet, déblatérant que je trouvais super que, depuis des années, il s'infiltre dans le quota des passants anonymes, que c'était une déconstruction du système, jusqu'à ce qu'il s'arrête pour me lancer : "Casse-toi ou je te file un coup de pied au cul !"

Ce débile ! Ce malade… il est vraiment persuadé d'être *quelqu'un*… m'étais-je dit en regardant son dos s'éloigner, et je ne le voyais plus comme un type sympa, plutôt comme le symptôme d'une maladie.

J'étais furieux, car je savais que sans sa coopération, je ne pourrais pas mener à bien l'entreprise grâce à laquelle je pensais faire sensation.

Cette rencontre m'avait dégoûté du projet, l'un des nombreux que j'ai abandonnés, et par ailleurs, la guerre avait commencé, et divers passants anonymes s'étaient mis à mourir, hissés au rang de héros médiatiques le temps d'une journée, jusqu'à ce qu'ils soient devenus trop nombreux… Je ne regarde plus les matches, pas plus que je ne lis les journaux locaux, et ça faisait longtemps que je n'avais pas vu Ićo Caméra, avant qu'il ne fasse cette apparition dans le talk-show de l'après-midi d'Ana, car il n'avait, manifestement, pas hésité à prendre le train pour pouvoir faire partie du public, s'était battu pour prendre le micro, et avait posé une question incompréhensible.

J'ai raconté tout ça à Sanja… Elle riait en secouant la tête, pensant que j'exagérais… Mais voilà, à la fin de l'émission, la caméra a fait un dernier travelling sur le public, et Ićo a réussi à faire des signes à l'écran...

"Qu'est-ce que je t'avais dit !" ai-je exulté.

J'ai fait une petite sieste, et quand j'ai ouvert les yeux, je l'ai aperçue de dos, devant le miroir : elle chantait en sourdine, d'une voix rauque, jouant d'une guitare invisible.

Autrefois, au printemps de mes jeunes étés
Moi aussi j'ai pensé, je suis une fleur pas comme les autres
Pas comme les autres filles des champs
Avec ma beauté et mon talent
J'aspire à quelque chose de plus grand...

Elle secouait la tête en grattant sa guitare invisible, puis elle m'a aperçu derrière, et a eu un sourire timide.

"Trop mignonne, ai-je dit doucement, comme un pédophile. Avant de l'embrasser sur la joue.

— Oh, oh, a-t-elle répliqué. Je ne suis pas censée être mignonne. Je devrais avoir l'air... insolent.

— Désolé, j'avais pas compris...

— C'est bon, c'est bon... Je dois y aller.

— Déjà ?

— Tu as dormi deux heures.

— Ah oui ?

— Ce soir, on répète toute la pièce d'un coup, pour la première fois.

— Ça va bien se passer", ai-je dit en l'enlaçant.

Depuis déjà deux mois, elle travaille sur la pièce *Fille Courage et ses enfants*. Son premier rôle principal dans un grand théâtre. Mise en scène d'Ingo Grinschgl, un Allemand de l'Est qui a pondu une sorte d'adaptation libre de Brecht. Sanja est "Fille Courage", et les "enfants", c'est son groupe, avec qui elle joue sur le front. Le tout se déroule pendant une sorte de "guerre de trente ans". Le contexte a été déplacé du XVIIe au XXIe siècle. C'était un peu tiré par les cheveux, comme toujours avec les avant-gardistes. Je n'ai pas très bien compris l'histoire, mais – comme on dit – il y a un truc.

Fille Courage est chanteuse, la *frontwoman* du groupe… Tout ce que voulait le groupe, c'était "vivre et faire de la musique", mais l'espèce de Comité qui organisait leurs concerts, lui, avait également à l'esprit l'image de marque de l'armée et de la guerre. "Fille Courage et ses enfants" jouaient sur le front de l'est, et leurs ennemis "n'aimaient pas le rock, pas plus que l'Occident", ce qui donnait l'impression que le groupe avait son rôle à jouer dans le choc des cultures. Dans les hautes sphères où agissait le Comité, les impressions de ce genre étaient nécessaires. Les "enfants", bien entendu, n'avaient pas la moindre idée de tout ça, et le groupe jouait dans des no man's land, devant l'armée, même si la majorité des soldats auraient préféré écouter autre chose, de joyeux ou de pathétique, qui réchauffe l'âme, et pas leur punk-rock… Avec le temps, le groupe s'adapte à son public, et ils commencent à chanter des chansons sur commande. Fille Courage s'abaisse à tout ça uniquement pour garder le groupe uni, étant donné que certains des musiciens souhaitent s'engager dans l'armée et goûter au vrai combat. Elle essaie même de les retenir par le sexe, mais le groupe s'effiloche et, pour finir, elle reste seule avec le batteur et se produit comme une sorte de strip-teaseuse punk… À la fin de la pièce, au son d'une batterie enragée, elle doit montrer ses seins. Puis tout sombre dans l'obscurité.

Ingo avait choisi Sanja lors d'une audition au cours de laquelle il fallait aussi montrer ses seins pour la fin, si bien que les actrices connues avaient boycotté cette humiliation. Ne s'étaient présentées que quelques débutantes et une ou deux exhibitionnistes. C'est ainsi que Sanja avait décroché son premier rôle principal, et dès le début, elle avait été submergée de commentaires extrêmement spirituels, comme quoi c'était bien le seul rôle qu'elle avait officiellement obtenu grâce à ses seins… Sanja savait qu'elle devait jouer à la perfection pour faire oublier ces blagues vaseuses, sinon sa carrière risquait de prendre un mauvais départ, et elle, dans ce petit pays, de devenir la métaphore des seins dans le rôle principal.

"Tout va bien se passer", je répète.

Je pose les mains sur ses épaules.

"Jerman et Doc…", elle secoue la tête, "avec leurs conneries… On a perdu du temps."

Elle m'avait déjà raconté : qu'Ingo ne parlait pas croate, et que Jerman et Doc, dès le début, avaient eu la flemme d'apprendre leur texte. Pendant les répétitions, ils jouaient une interprétation très personnelle de Brecht : "On va où après ?", "Putain, j'en peux plus !", "Alors, on va à Limited ?", "Pourquoi tu me regardes comme ça ?", "Regarde comme il s'excite, l'Allemand, comme si on jouait les prolongations…"

Ingo gesticulait, encourageait, il voulait de l'énergie, une identification totale. Il était convaincu de travailler avec des professionnels. Mais voilà, le hasard avait voulu que Jerman et Doc venaient tous les deux, en parallèle, de vivre le naufrage de leur couple. Léchant leurs plaies, ils passaient toutes leurs nuits sur un *splav** sur la Save qui s'était autoproclamé boîte de nuit, et arrivaient aux répétitions complètement défoncés. Ils parvenaient tant bien que mal à fournir le versant physique du jeu, mais ils n'avaient plus de concentration pour le texte. Sanja avait l'impression de faire la première de la classe en leur disant : "S'il se fait soldat, il finira sous terre, c'est évident. Il est trop courageux… Et s'il n'est pas intelligent… Seras-tu intelligent ?" Et elle recevait des réponses du

---

* *Splav* : construction flottante sur bidons, servant soit d'habitation, soit de café, restaurant ou discothèque, très répandue sur les rives de la Save et du Danube.

type : "Putain, no stress, fous-moi la paix, demain, je commence à bosser... Allez, continue, maintenant... Allez, fais comme si je t'avais répondu..."

Ç'avait duré jusqu'à ce que Jerman et Doc se soient un peu trop détendus et aient commencé à employer dans leurs répliques des mots comme "la misère", "trop le bad", "aspirine", si bien qu'Ingo avait un jour (c'était sans doute "aspirine" qui lui avait mis la puce à l'oreille) commencé à les suivre en lisant le texte. Même s'il ne parlait pas un mot de croate, il avait rapidement constaté que quelque chose ne tournait pas rond. Depuis, Ingo venait aux répétitions avec une assistante qui contrôlait les répliques, et on travaillait sérieusement, pour rattraper le retard.

Ingo, disait Sanja, n'avait plus confiance en personne. Il était devenu paranoïaque ; il pensait qu'elle faisait elle aussi partie de la machination. Il s'était laissé pousser la barbe et avait instauré un régime dictatorial.

"L'horreur, a-t-elle soupiré.

— Fais ce que tu as à faire, et tout va bien se passer. Doc et Jerman sont givrés, mais quand ça devient chaud, ils se mettent à bosser."

Je les connaissais bien, de la fac.

"Bon, j'y vais", a-t-elle dit.

...

Le soldat Jason Maple a enlevé son masque. Il a vingt ans, il dit qu'il est heureux que la guerre ait commencé.

Normal, quiconque a passé des mois à attendre accroupi dans une tranchée poussiéreuse a hâte que quelque chose commence, n'importe quoi, normal, tant qu'à faire, maintenant qu'ils sont là, sinon, rien n'aurait de sens, et le plus important,

c'est le sens. Même pendant la guerre,
le plus important, c'est le sens. Il est
incroyablement important. Le sens. Il faut
se raccrocher à la moindre bribe de sens, il
le faut, à la moindre propagande de sens, il
le faut, au moindre mensonge de sens, il le
faut, car… S'il n'y a pas de sens, et il n'y
en a pas, alors tu pètes les plombs, la folie
te sort par les oreilles, si bien qu'il faut
croire au sens, surtout pendant la guerre,
il faut croire au sens avec la plus grande
foi possible, même après la guerre, il faut
croire avec la foi d'un fanatique si tu veux
qu'il y ait du sens, parce qu'il n'y en a
pas.

Ce Jason Maple, vingt ans, je regarde la
poussière voler autour de lui, tourbillonner,
mais tout ça a un putain de sens, tout est
pénétré de la force du sens, le sens, c'est
le pire, il n'y a rien de plus fou que le
sens et que le désir d'être adoubé par le
sens.

Il faut avoir les nerfs solides, je dis à
Jason, j'ai des expériences similaires, la
guerre a commencé, et la guerre est chiante,
chiante, tu n'as pas idée à quel point la
guerre peut être chiante, elle n'est jamais
condensée comme dans les films, tu passes ton
temps à attendre, et ensuite, quand ça arrive,
tu enfonces ton casque et tu ne vois pas, tu
ne vois pas même quand tu es touché, c'est
complètement invisible, une fois, après tout
ça, j'ai regardé ma blessure, elle était sous
mon bras, et quand je levais le bras elle se
rouvrait, et c'était tout, la vision la plus

intéressante de la guerre, car la guerre est chiante, ce n'est pas un film, elle est si chiante qu'elle te contraint à des activités annexes, au divertissement guerrier, à tout ce que tu n'avais jamais pensé faire, même pas en rêve, mais maintenant, tu le fais, tu deviendras quelqu'un d'autre à cause de ça, c'est quelqu'un d'autre qui aura du sens, tu sauras que ce n'est pas toi, que ce n'est pas toi, celui qui y prend plaisir, mais, soyons réalistes, ça sera toi, et tu ne seras personne, tôt ou tard, tu finis par trouver ça distrayant, alors demande-moi : où est-ce que tu as été, qu'est-ce que tu as fait ?

Jason Maple est heureux, dit-il, car ça a commencé, et cette joie est une chose incroyable : tu es crade, tu risques de tomber malade, tu es sous un feu de métal, tu dois saluer des crétins, tu as toute une pyramide de crétins assise sur la tête, et tu es heureux. OK, tu n'es pas tout le temps heureux, tu es heureux de temps en temps, mais même ça, c'est incroyable. Moi aussi, j'ai été heureux quand nous avons nettoyé des villages là-bas, peu importe où. Maintenant, je suis malheureux quand je sors de chez moi, et je reviens sur mes pas pour vérifier si je n'ai pas laissé un truc allumé, que ça ne prenne pas feu, parce que je ne me fais pas confiance, et que je sais comment c'est quand ça brûle.

Et quand nous avons nettoyé ces villages, j'étais heureux, et c'est la raison pour laquelle je ne me fais pas confiance, car aujourd'hui, quand quelqu'un parle, les histoires qui circulent, tu n'as pas idée, aujourd'hui, il suffit qu'ils me disent comment c'était, il suffit qu'ils le mentionnent, et je suis malheureux, fou de malheur, agressif de malheur. Il suffit que je me rappelle pourquoi j'étais heureux, et je suis malheureux, ce pourquoi je ne me fais pas confiance, et ce pourquoi je suis malheureux, car je ne me fais pas confiance, et c'est comme ça que je suis venu vous voir, voir votre bonheur, je dis à Jason.

Il ne comprend rien à ce que je dis, normal, adoubé qu'il est par le sens.

Je lis de nouveau ces textes, ils me rentrent sous la peau, je me sens mal à l'aise, j'essaie de me détendre les épaules, je n'arrête pas de m'étirer les bras. J'entends mes articulations qui craquent.

Heureusement, un appel m'a interrompu : "Excusez-moi, est-ce vous qui avez publié l'annonce : ex-rocker, grand et brun, cherche un garant pour un prêt ?"

C'était Markatović. Que j'aie moi aussi cédé aux sirènes de la banque l'amusait au plus haut point.

J'ai répondu : "OK, ex-gothique, je garderai en tête que tu es intéressé...

— Dis-moi, tu aurais le temps pour un petit café ? a-t-il demandé.

— Tu bois beaucoup trop de café", ai-je répondu.

Markatović invitait constamment les gens à des soi-disant cafés, toujours sous un prétexte professionnel. Il n'était pas de ceux qu'on ne voit plus en ville une fois qu'ils ont eu des enfants. Avec lui, c'était l'inverse. Il avait une société immatriculée pour le marketing, l'édition et que sais-je encore, il buvait beaucoup trop de ces cafés en ville, et il disposait d'un million d'informations dans les domaines les plus divers. Il affirmait connaître la moitié du pays, et pouvoir vous mettre en relation pour tout et n'importe quoi.

"Allez, s'il te plaît, j'ai besoin de toi pour un truc important", a-t-il dit.

Il m'a dit qu'il était au Churchill Bar. En arrivant, j'ai constaté qu'il s'agissait d'un noble établissement : c'était bourré de petites vitrines pleines de gros cigares… Fauteuils en cuir, parfums capiteux, et Markatović m'a accueilli les bras grands ouverts, comme s'ils n'attendaient que moi – car il y avait d'autres types avec lui…

Ça, je ne l'avais pas vu venir… Il y avait là le célèbre shérif d'une bourgade dans une vallée, et autour de lui quelques gardes du corps, eux, je ne les connaissais pas, mais on comprenait tout de suite ce qu'ils étaient, car ils regardaient partout autour d'eux comme des enfants dans une voiture. Bien entendu, ils n'avaient rien à faire, car ce businessman, connu sous le surnom de La Vallée, était en lui-même une masse impressionnante, et il était clair qu'il n'avait de gardes du corps que pour produire encore plus terrible impression.

Je n'avais pas la moindre idée de quoi ils parlaient, mais Markatović a immédiatement déclaré que j'étais un génie "pour ce genre de choses", me présentant comme l'un des rédacteurs en chef de l'hebdomadaire *Objectif* et "spécialiste de l'image", et La Vallée me jaugeait lourdement de sous ses paupières, tel un sumo avant l'assaut.

"De quoi s'agit-il ?" ai-je demandé.

Et Markatović m'a balancé, pan dans les dents, que ce cyclope avait besoin de se forger une "nouvelle image"…

"Une nouvelle image", a répété Markatović d'un air entendu en hochant la tête dans ma direction, ce qui a fait sursauter les gardes du corps, et ils se sont mis à m'observer attentivement, comme pour vérifier si j'avais apporté cette "nouvelle image" avec moi.

Après une pause dramatique, Markatović a expliqué, même si je le savais déjà, que le monsieur ici présent, qui pesait des millions d'euros, venait de quitter son parti, par ailleurs amateur de personnalités pesantes, qui lui avait permis pendant la guerre d'amasser sa fortune et de régner sur sa vallée. Ce pourquoi Markatović l'avait convaincu qu'à présent, sans les arrières de son parti, il ne pouvait plus avoir la même image…

"Il est à présent dans un nouveau contexte, politique, et il ne peut plus jouer sur sa vieille image…" Markatović s'adressait à moi, même si c'était en réalité avant tout destiné à La Vallée, qu'il fallait sans doute encore convaincre car, j'en ai bien peur, il n'était même pas conscient d'avoir eu jusqu'alors une quelconque image.

"Oui, oui, il lui faut une nouvelle image", ai-je dit d'une voix rauque.

J'aidais Markatović de temps à autre, par inertie. Pendant les années 1990, la guerre et le capitalisme m'avaient plongé dans la pauvreté, et j'avais pris l'habitude d'accepter n'importe quel boulot, quitte à faire trois quatre choses en même temps. Certes, à présent, j'avais envie de ralentir un peu. Et j'avais essayé d'expliquer à Markatović que ce n'était plus aussi tendu qu'avant… Mais il soutenait que la situation était à présent encore pire… Par ailleurs, le business, c'est la croissance ; il faut rembourser ses vieux emprunts avec des nouveaux – si tu ne vas pas de l'avant, la foule te rattrape. Dès que tu t'arrêtes, t'es fichu, disait Markatović.

"Donc, la nouvelle image devrait être adaptée au nouveau contexte", me dit Markatović, s'adressant en réalité à La Vallée.

Je comprends que je vais devoir moi aussi dire quelque chose.

Et je dis : "Oui, le nouveau contexte… Tout est dans le redesign.

— Tout à fait, acquiesce La Vallée après une dure réflexion, puis il lance : Tu veux dire que tu pourrais m'arranger ça ?"

Il s'adressait à Markatović, et Markatović me regardait, moi.

Mais La Vallée regardait toujours Markatović.

Je n'ai pas dû faire forte impression, me suis-je dit.

À la différence de Markatović.

Je l'ai observé. J'enviais un peu les anciens gothiques comme lui. Il avait été plus facile pour eux de passer en mode carrière : pull à col roulé noir, costume noir, trench noir, chaussures vernies noires. Pour moi, en bon vieux rocker, la transition ne se faisait pas sans douleur. Ce n'était pas faute d'avoir essayé.

J'avais même acheté des pullovers, mais ensuite – l'instant avant de sortir – je me déshabillais, pour enfiler toujours la même chose : T-shirt, blouson de cuir, aux pieds des bottes ou des tennis, entre les deux un jean. Je ne pouvais matériellement pas faire forte impression.

Ça me déprimait un peu. En plus, ces gothiques soi-disant dépressifs devenaient de plus en plus énergiques avec l'âge !

Voilà – m'explique Markatović –, il prévoit, avec mon aide, de redéfinir La Vallée comme un dissident en conflit avec la capitale, un régionaliste, donc.

Enfin, étant donné que la vallée de La Vallée n'a pas la taille d'une région... "Il n'a qu'à être un *microrégionaliste...* Ça sonne pas mal, non ?" me demande-t-il. Hm, je le regarde, puis je regarde La Vallée, ce microrégionaliste... "Non, tout compte fait, pas microrégionaliste, c'est pas si bien que ça..." Peu importe : qu'il reste un régionaliste.

Et donc, poursuit Markatović : faire de lui un dissident, un régionaliste et... et un individualiste... Maintenant qu'il a quitté le parti, ça s'impose... Et un libéral. C'est logique : dissident, régionaliste, individualiste, tout ça mène vers le libéralisme...

Sur ce, La Vallée déclare qu'il doit aller aux toilettes, et s'y rend accompagné de l'un de ses gardes du corps.

... Car quitte à ne pas avoir de vrais libéraux dans ce trou paumé, me dit Markatović, alors, nous devons les inventer... Et au fond nous faisons ainsi une grande chose... Car peut-être qu'une fois qu'on l'aura vendu comme libéral, quelqu'un d'intelligent s'alliera à lui... Il y a certainement des gens là-bas... Et s'ils s'enhardissent... Markatović ne s'arrêtait plus. Les idées se bousculaient.

"Je pige, j'ai dit, mais ne compte pas sur moi.

— OK, a-t-il répondu. S'il te plaît, reste encore un peu..."

La Vallée s'est extirpé des WC. Et s'est assis en soupirant.

Il avait l'air d'un alligator de bonne humeur. Il ne s'était quand même pas fait un rail aux toilettes ?

"Les garçons, a dit La Vallée d'une voix de gorge, grin-çante, je vois que vous êtes des types bien."

Il m'a souri, fixement, comme s'il regardait un nouveau-né.

"On va bosser ensemble, a-t-il grincé en nous tapant sur l'épaule. Les gars du conseil municipal sont avec moi. Crise de pouvoir, tu piges, et ensuite élections, tu piges. Ha, ha, ha... Des élections... ha, ha, microrégionales... oh putaing..."

Les gardes du corps se sont aussi mis à rire.

"Tu me fais ma campagne de pub, et on avance, a-t-il dit à Markatović en se levant. T'auras la thune demain..."

...

"Ne me fais plus jamais ça !" ai-je dit à Markatović une fois qu'ils sont partis.

Il a soupiré d'un air penaud : "Hé, cette campagne, moi, je la lui concocte en une demi-heure..." Puis il m'a lancé un regard lyrique : "Mais, genre, je ne peux pas être à la fois le patron de la boîte, conclure un deal et faire le job, tu piges – ça ne ferait pas sérieux. Je dois faire venir quelqu'un pour qu'il voie que j'ai, genre, des employés... Désolé."

J'ai fait un tour d'horizon du bar à cigares. J'avais vraiment trouvé l'endroit idéal pour jouer à l'employé.

"Merci, vraiment, ai-je dit à Markatović. J'avais failli oublier que j'appartenais à la classe ouvrière.

— T'inquiète, j'ai déjà tout en tête, m'a-t-il consolé. Il faut juste que j'embauche quelqu'un pour me faire le design...

— Un employé designer, ai-je dit. Et il te faudra aussi un employé photographe..."

L'ex-gothique gardait son sérieux. Il a poursuivi : "Tu pour-rais, si ça te dit, faire un petit tour là-bas, genre, tâter le ter-rain... On peut facturer tout ça, c'est juste que moi, j'ai pas le temps de voyager. Et mieux vaut que ça soit quelqu'un d'autre qui y aille, comme je te l'ai dit, qu'il voie que j'ai mobilisé toute une équipe...

— Markatović !"

Je l'ai regardé comme si j'allais l'assommer à coups de cendrier.

"OK, OK, c'était juste une proposition", a-t-il louvoyé.

Puis son téléphone a sonné. C'était sa femme, Dijana, et il lui a dit qu'il était en train de régler des trucs avec moi, professionnels.

Il s'efforçait de prendre un ton apaisant, comme s'il la berçait sur des vagues d'optimisme, ce qui comprenait également son estimation selon laquelle il se mettrait en route pour la maison "d'ici une demi-heure"... J'ignore si elle s'est endormie en cours de route ou si elle lui a raccroché au nez. Il a juste fixé le téléphone d'un air stupéfait.

Il fut un temps où sa femme me passait toujours le bonjour. "Tu as le bonjour de Dijana", disait Markatović à la fin de l'appel. Il ne le disait plus.

J'avais le sentiment que Dijana nous considérait tous les deux comme des alcooliques. Qui sait, elle pensait peut-être que j'avais une mauvaise influence sur lui.

"Je vais aux toilettes", a dit Markatović.

Il a pris son temps, et à son retour, il a dit : "Tu sais quoi, j'ai de la coke. Tu en veux un peu ?

— Ah oui ?" Il me prenait au dépourvu.

Je n'avais pas beaucoup d'expérience en la matière.

Jusqu'à récemment encore, il n'y avait pas de cocaïne chez nous. Mais voilà, manifestement, nous étions en plein progrès... D'ailleurs, le pays tout entier était en construction.

"Hm, peut-être pas maintenant, ai-je dit, j'ai une conférence de rédaction demain mat..."

Puis il m'est venu à l'esprit que je pourrais en offrir à Sanja et aux potes après la première, faire mon grand prince.

"Allez, tout compte fait, balance...", ai-je dit.

Il m'a tendu le sachet sous la table, et je l'ai fourré dans ma poche.

C'était une sensation étrange.

"Tu en prends depuis quand ? ai-je demandé.

— Un peu ces derniers temps, juste quand il y a une bonne ambiance."

J'ai regardé autour de moi. Le moins qu'on puisse dire, c'est que l'ambiance n'était pas folichonne.

"Va pas te faire des films... C'est pas non plus de l'héro, a dit Markatović.

— C'est sûr, je toucherais jamais à cette saloperie, me suis-je rapidement accordé.

— Moi non plus", a-t-il renchéri. Puis il a hoché la tête, et fait une grimace comme s'il se remémorait quelque chose de tragique.

J'ai moi aussi hoché la tête.

L'espace d'un instant, nous avons eu le sentiment d'être de bons garçons sur la bonne voie.

Ensuite, Markatović a commencé à parler de la Bourse... Il s'est penché vers moi... Et m'a dit que je pourrais écrire pour sa maison d'édition un manuel pour les boursicoteurs débutants, genre, les trucs de base, car il savait que je jouais un peu avec des actions. Il s'est mis à essayer de me convaincre, me disant que ça nous manquait en Croatie, car les gens étaient lents, ils avaient encore le socialisme dans la tête...

Toi, par contre, t'as de la suite dans les idées, me suis-je dit.

Heureusement, j'avais l'impression que lui-même ne prenait pas ces idées au sérieux. Il déblatérait dessus avec enthousiasme un certain temps, puis arrêtait d'en parler.

"Je vais réfléchir", ai-je dit.

Une jeune serveuse, à la taille fine, s'est matérialisée pile à côté de notre table.

J'ai commandé une bière.

"Et pour moi un café", a dit Markatović. Puis il s'est souvenu de quelque chose, et s'est ravisé : "En fait, non, donnez-moi plutôt un whisky... et une bière. Je vais faire un malaise à force de boire du café. C'est pas bon de mélanger la coke et le café", a-t-il ajouté pour se justifier.

Ces cafés à tout bout de champ ne lui réussissaient pas, c'était visible. Il avait le visage bouffi et, phénomène étrange, un ventre à bière lui avait poussé. Il avait, à mon humble avis, l'air pas mal plus vieux que moi, même si nous nous étions rencontrés lors d'un lointain examen d'entrée en fac d'économie, tous deux de la même génération, fraîchement émoulus du service militaire.

Ç'avait été, avec le recul, une rencontre assez fatale.

Pendant cet examen, nous nous étions immédiatement repérés et avions découvert que nos parents nous avaient tous les deux forcés à nous inscrire à cette fac, même si nous étions l'un comme l'autre plus attirés par l'art et la philosophie. Mes géniteurs m'avaient soudoyé au moyen d'une chaîne hi-fi Sony avec double lecteur cassette, alors le dernier cri de la technologie, et ceux de Markatović avaient été jusqu'à lui acheter une voiture, une Yugo 45. Le plus important pour nous, de toute façon, c'était monter à la capitale, les concerts, les clubs, être au cœur de l'action...

Dès l'examen d'entrée, les autres candidats discutaient de là où ils allaient travailler après la fac. La majorité visait l'administration publique, et les plus avant-gardistes plaidaient pour l'entreprenariat et pour une prise de risque qui, affirmaient-ils, allait chez nous aussi devenir de plus en plus importante. Nous nous étions joints au camp des preneurs de risques... Même s'ils avaient bien failli ne pas nous accepter dans leurs rangs. Le risque était, semble-t-il, trop grand avec nous, car, comparés aux étudiants en économie, Markatović et moi faisions figure de vrais délinquants, même à nos propres yeux, ce que nous n'aurions jamais imaginé au lycée... Mais les plus gros joueurs n'étaient pas arrivés jusqu'à la fac – les premières lignes des rockers s'esquintent assez rapidement, c'est la chair à canon de la sous-culture.

À présent, cependant, nous nous faisions les apôtres du business créatif, nous prétendions admirer Bill Gates et les types de ce genre, les citions comme modèles, semant le trouble chez les étudiants en économie si équilibrés… Markatović affirmait avoir lu dans *The Economist* que Gates travaillait à une combinaison entre l'ordinateur et la machine à laver, qu'il allait ainsi apporter l'ordinateur dans tous les foyers, ce que les autres jugeaient impossible. Pendant toute l'année universitaire 1990-1991, il s'était enthousiasmé pour cette idée et avait même fait quelques émules, surtout parmi les étudiantes.

À dire vrai, notre dilettantisme n'avait été relativement accepté que pendant le premier semestre, le temps que les bûcheurs resserrent leurs rangs. Ils n'avaient pas tardé à nous catégoriser comme sans avenir, surtout parce que les filles aimaient bien s'asseoir à notre table à la cantine en soussol. Nous jouissions de la popularité ambiguë des noceurs qui, chuchotaient avec délices les futurs directeurs adjoints, allaient mal finir. Mais nous avions tout de même terminé cette année, tant bien que mal, tandis que le pays basculait dans la guerre.

Nous étions toujours les fils obéissants de nos parents, nous pensions que les plus vieux savaient où ils nous emmenaient. Et puis, cette guerre avait vraiment commencé. Même si les choses couvaient depuis longtemps, nous n'en avions pas moins été tous surpris. Il était difficile de trouver un peu de concentration pour étudier. De plus, Markatović et moi avions passé la fin de cet été-là en uniforme, et nous avions démarré le troisième semestre un peu en retard, pour finir par apparaître comme des mecs encore plus cools, des quasi-héros. Nous nous étions inscrits en deuxième année sur la base de la liste extensive des réservistes : avec nos papiers militaires, les professeurs n'exerçaient pas leur zèle sur nous.

À cette époque, j'avais vu le monde s'écrouler, rien n'était fixe, les vieilles autorités pâlissaient, tout le monde s'inclinait devant nous. Nous avions compris que nous faisions partie d'une génération qui jouissait d'un avantage moral, car elle défendait tous ces vieux habitués aux moules du socialisme. Ils étaient perdus, ils nous tapaient sur l'épaule comme pour nous remercier de quelque chose. Nous méprisions haut et fort le socialisme, et ils s'accordaient avec nous sur ce point. Afin de souligner encore davantage que l'avenir nous appartenait, nous méprisions tout ce qui avait la veille encore représenté une quelconque valeur. Ils s'accordaient avec nous sur ce point.

Markatović venait à présent à la fac en veste camouflage, et je revêtais la mienne quand il fallait obtenir une signature. Notre assurance grandissait, nous méprisions tout et tout le monde dans cette fac et jouions aux coqs au-delà de toute mesure, nous passions la plupart du temps à la cantine, à nous bourrer la gueule comme des hommes, des vrais, des mecs déçus, rattrapés bien tôt dans leur vie par la mélancolie. La guerre se prolongeait, et pendant cette année universitaire 1991-1992, nous continuions soi-disant à étudier l'économie, en bas au sous-sol, buvant la bière à la bouteille et terrorisant le personnel de l'université par notre révolte de sous-culture à laquelle la guerre donnait un alibi inespéré. Nous trouvions très distrayant que personne ne nous contredise, même si nous n'étions nous aussi que de vulgaires trous du cul… Une fois, j'avais défini ainsi notre situation, et Markatović avait éclaté de rire… Quand il avait un coup dans le nez à la cantine, il abordait les gens pour leur demander : "Pourquoi est-ce que personne ne me contredit, alors que je suis un vulgaire trou du cul ?" Il portait son uniforme, et partait d'un ricanement malade après ces questions.

Nous nous essayions même à cet humour de rustres devant les filles, pour voir si elles allaient prendre peur. Ç'avait quelque chose d'amusant. Mais cette attitude menait à l'isolement. Nous ne prenions même plus la peine d'assister aux cours : il nous semblait que nous aurions perdu un pan de notre intégrité de vrais mecs en allant nous asseoir sagement comme de bons petits garçons à leur maman, à écouter ces cours obsolètes tandis que les profiteurs de guerre privatisaient les entreprises publiques, que les pauvres s'entretuaient, que les camps de la mort poussaient en Bosnie comme des champignons, et que nous arrivaient les nouvelles de viols de masse. En y regardant de plus près, nous nous étions réfugiés dans cette cantine pour nous cacher du monde. Même si nous ne nous le serions jamais avoué, nous étions morts de trouille comme les autres, ébranlés de l'intérieur, déjà passablement pourris, mais nous portions nos masques de gros durs sans savoir comment nous défendre autrement.

Nous avons continué à fréquenter cette cantine encore un certain temps, par pure habitude ; de toute façon, les concerts pour lesquels nous étions montés à la capitale n'avaient pas lieu, et en ville, les cafés étaient pleins de types comme nous, plus un vrai fou par-ci par-là.

Quand ça s'est remis à sentir l'été, la guerre s'est retranchée dans une zone de moindre intensité, les examens ont commencé, les gens étaient assis en terrasse autour de la fac, et nous continuions à boire en bas dans la cantine, isolés, tels des condamnés volontaires. Plongés dans nos dossiers universitaires, nous avons découvert que nous n'avions pas la moindre idée de ce qui se passait dans cette fac. Nous étions un peu surpris. En dépit de tout, nous avions toujours pensé qu'au moment des échéances, nous arriverions à raccrocher les wagons.

Mais nous n'avions pas l'intention de reconnaître notre défaite. Nous avons tout simplement conclu que cette merde de fac n'était pas pour nous. En réalité, nous étions faits pour autre chose. Nous étions des putains d'artistes ! Ici, nous étions incompris. Ils étaient tous là à faire leurs comptes d'apothicaire par anticipation, que faisions-nous à perdre notre temps parmi ces petits-bourgeois ?! Nous parlions une autre langue ! Les différences entre le croate et le serbe – et à présent, ces différences faisaient l'objet d'un travail acharné – n'étaient rien en comparaison ! Nous avions passé deux ans à les distraire, à gâcher notre talent, et eux, rien.

"Nous n'irons jamais là où l'herbe est plus verte ! a lancé Markatović.

— Jamais là où l'herbe est plus verte !" ai-je répété comme si c'était un serment.

Et c'est ainsi que, au moment approprié, après notre huitième bière à la cantine, tandis qu'embaumait l'été, nous avons trouvé notre nouvelle voie. Notre révolte, longtemps sédimentée en bas au sous-sol, explosait enfin, et nous avons décidé de nous rendre à la vie scolaire, de retirer notre dossier et de nous consacrer à l'art. Je me souviens que nous y sommes arrivés complètement bourrés, que les dames de la vie scolaire nous ont regardés bizarrement et que, notre dossier sous le bras, nous sommes joyeusement sortis sous le soleil. Markatović était si euphorique qu'il a même jeté tous ses documents en l'air, et nous avons dû les rattraper sur le parking, il soufflait une petite brise. Les filles déambulaient en minijupe, la guerre s'étirait comme un chewing-gum, et nous étions enfin libres.

Nous riions en trébuchant à chaque pas.

MARIJUANA

Markatović s'était ensuite inscrit en fac de lettres, avait publié un recueil de poésie, reçu quelques critiques – qui disaient qu'il était prometteur, qu'il fallait juste qu'il modernise un peu son manuscrit... Mais aucune femme n'était tombée amoureuse de lui pour sa poésie, et quelque chose s'était sans doute brisé en lui. Son chemin vers la gloire s'était mué en interminable attente, puis il avait rencontré Dijana, qui ne lisait pas de poésie : ils avaient eu des jumeaux, à savoir deux fils identiques. Il fallait, comme on dit, nourrir sa famille, et il avait fondé son entreprise...

Quand je le regarde bouffi comme ça, ce témoin de ma stupide biographie, moi non plus, je ne me trouve pas brillant. Car moi, après l'économie, j'avais opté pour la dramaturgie. La concurrence était redoutable, que des gosses de familles d'artistes. Pourtant, j'avais réussi à m'inscrire.

Mais mes études d'économie étaient la seule chose à laquelle mes parents se raccrochaient dans le capitalisme tout neuf, et ils prononçaient ce mot, *dramaturgie*, d'un ton tragico-mystique, comme quand notre voisine Ivanka avait trouvé de l'herbe dans la chambre de son fils... C'était quelque part au début des années 1980, et nous avions tous pu entendre Ivanka tandis que, la tête entre les mains, elle tournait en rond dans son jardin en hurlant : "Marijuaana... Marijuaana, mon Dieuu... Marijuaana..."

La scène était terrifiante, ce mot ondulant était tabou pour le peuple socialiste, Ivanka se tordait devant lui tel un cobra devant le fakir, et ma mère avait, bien des années plus tard, eu exactement la même réaction...

"Draamatuurgie... Draamatuurgie, mon Dieu... Draamatuurgie...", gémissait-elle la tête entre les mains.

Étant donné qu'à l'époque, les gens avaient déjà compris que la marijuana était une drogue légère, il était clair pour tout le monde que j'étais passé à quelque chose de plus fort. Jusqu'alors, mes parents s'étaient montrés indifférents envers la culture, mais à partir de cet instant, ils étaient devenus ses opposants acharnés. Quand une émission culturelle commençait à la télévision, ils ne se contentaient plus de changer de chaîne. Non, à présent, ils regardaient le téléviseur de travers en lançant des "peuh", "tiens donc, voilà les plus intelligents", "mais oui, c'est ça qui va payer tes factures"... La guerre les avait appauvris, le capitalisme privés de leurs droits, et la culture avait anéanti leur dernier espoir.

Bien entendu, je ne pouvais pas compter sur leur soutien financier. C'est ainsi que, parallèlement à mes études, j'avais commencé à faire des piges pour les journaux. Je suivais cette funeste culture, et je passais la journée à courir de tables rondes en rencontres littéraires, où je buvais des Pelinkovac* qui, dit-on, sont bons pour la digestion, et le soir, aux vernissages et aux premières, je mangeais des canapés, pour avoir quelque chose à digérer après avoir bu tant de Pelinkovac. C'était une vie, comme on dit, pleine d'élévation culturelle. Et ensuite... Un jour, sans me douter de ce qui m'attendait, j'avais mentionné devant le rédacteur en chef que j'avais étudié l'économie, et il m'avait regardé avec une incrédulité qui s'était rapidement muée en ravissement, car les journaux, allez savoir pourquoi, étaient remplis d'étudiants ratés en culture, tandis qu'ils souffraient, selon ses mots, d'un "déficit" en économistes ratés.

---

* Pelinkovac : liqueur amère à base d'armoise et de plantes médicinales, très populaire en ex-Yougoslavie.

Il n'avait rien voulu entendre de mes protestations, et il m'avait immédiatement, pour beaucoup de manière totalement imméritée, proclamé rédacteur de la "rubrique économique", m'avait donné une pleine page où j'étais censé présenter, avait dit le rédacteur en chef, les "nouvelles chiantes", et si j'entendais parler d'une malversation, je devais l'en informer, pour qu'elle soit traitée à part, en profondeur, car en matière d'économie, la seule chose qui l'intéressait, comme notre public, c'étaient les malversations.

Il m'avait aussi accordé un salaire fixe, ce qui m'avait sauvé du régime alimentaire au Pelinkovac mais ne me préservait pas du risque que la sempiternelle réplique de ma mère – "Tu vois ? On te l'avait bien dit, de continuer l'économie !" – ne finisse par me rendre fou.

Et voilà que maintenant, Markatović essayait de me convaincre d'écrire un manuel pour boursicoteurs. Nous nous étions battus, certes, on ne pouvait pas dire le contraire. Mais l'économie nous avait attendus au tournant, après une pause dramatique, et nous avait bien refait le portrait.

Markatović et moi ne parlons pas de ça. Je ne sais pas, peut-être que j'attends qu'il évoque ce manuel à la huitième bière, j'attends de lui expliquer tout ça d'une manière gentille, même s'il ne reconnaît pas officiellement sa défaite car, sur la base de son coup d'essai juvénile, il se considère encore comme un écrivain, ce genre de chose est sans doute possible chez les gens de plume : ça fait déjà longtemps qu'on n'entend plus parler de lui, mais il y a toujours, malgré tout, la possibilité qu'il publie un jour quelque chose. C'est pourquoi, afin de maintenir en vie cette illusion, Markatović mentionnait de temps à autre dans les discussions de comptoir un roman (il s'était, pas folle la guêpe, rabattu sur la prose), qui avançait "lentement mais sûrement", et il déblatérait à coups de phrases mystérieuses et à demi achevées, comme s'il évitait de révéler quoi que ce soit de précis, peut-être de peur qu'on ne lui vole son idée, ou parce qu'il n'avait rien à dire, mais néanmoins, sur la base de ces enfumages, techniquement, il subsistait en tant qu'écrivain, car personne, malgré tout, n'aurait pu parier avec une absolue certitude qu'il n'avait pas dans un tiroir une ébauche de scribouillage... Et voilà, il me regarde, les yeux vitreux, et dit : "Tôt ou tard, les gens vont se ruer sur la Bourse, comme les Chinois, tu verras...

— C'est bon, laisse tomber...", je dis.

Nous avons commandé une autre tournée.

...

S'il n'y avait pas Jason, je crèverais d'ennui.

Il me pose des questions, me dit que depuis qu'ils sont sur le terrain, ils ne reçoivent plus aucune information, il me dit que les nouvelles sont bloquées depuis des semaines, et me demande quoi de neuf dans le monde.

La guerre a commencé, bordel, je dis, c'est toi, le neuf dans le monde.

Une longue file de pelleteuses camouflage passe à côté de nous.

2. DEUXIÈME JOUR

LA DOULEUR DE LA MÉTAMORPHOSE

La salle de rédaction se remplit au compte-gouttes.

Je regarde les arrivants, je m'installe un peu mieux sur le fauteuil de bureau, l'un des meilleurs, j'appuie la tête contre le dossier.

Je sens ma personnalité en pleine mutation, le mec de la rédaction est en train d'arriver... Le voilà, il s'extirpe du rien, conquiert les lieux d'un regard rationnel, s'étire les muscles faciaux... Le masque du professionnel exige beaucoup d'énergie, comme on dit : il faut s'y mettre à fond. C'est, en réalité, la majeure partie du travail.

Hier soir, avec Markatović, après le Churchill Bar, nous avons écumé encore quelques rades. Nous avons fini au comptoir de l'un d'entre eux, à faire les importants devant des gamines à qui Markatović commandait des boissons hors de prix...

Cet homme du matin, le professionnel, est extrêmement différent de celui de la nuit.

D'où la gueule de bois. C'est la douleur de la métamorphose.

Le rédacteur en chef Pero, mon ex-pote, trente-sept ans, marié, deux enfants, une maîtresse, deux crédits, avait des problèmes d'une autre envergure. Il se tenait les tempes du bout des doigts en fixant son clavier d'ordinateur.

Il se taisait comme se taisent les pères quand les temps sont durs.

Il produisait du silence. On aurait pu entendre une mouche voler, mais il n'y en avait pas.

C'était une conférence de rédaction, rien de spécial, mais Pero avait été nommé il y a peu, et il faisait de l'excès de zèle pour que sa position soit bien claire. Avant, il avait été l'un d'entre nous, puis ils l'avaient lancé en orbite, là où il était normal d'appeler de temps à autre le bureau du Premier ministre, et qu'on te mette en contact…

Ça l'avait pris un peu au dépourvu.

Je l'observais du coin de l'œil. Il ne pouvait plus se comporter comme l'ancien Pero et ne s'était pas encore tout à fait habitué au nouveau.

Il essuyait, avec effort, des fragments de son ancienne personnalité comme de la sueur de son front, et se reconstituait en un semblant d'unité.

Les fauteuils grincent, roulettes sur la moquette.

Puis, Pero a attrapé la télécommande et a brusquement brisé le silence : le téléviseur, en haut dans l'angle, a bourdonné.

À présent, on pouvait voir ce qui se passait à Bagdad, où les Américains étaient entrés une dizaine de jours auparavant. CNN parlait de rétablissement de l'ordre, mais également du courant.

Le fait que Bagdad passe toute la journée à la télévision, sans avoir l'électricité, me semblait une matière tout indiquée pour une remarque spirituelle… Car, pauvre de moi… J'estimais qu'être spirituel faisait partie de mon rôle.

Putain, à Bagdad, ils ont pas l'électricité, et ils passent non-stop à la télé. Imagine : ils peuvent même pas se regarder. Au moins, nous, pendant la guerre, on pouvait se voir en direct… Ça me semblait être une remarque intéressante, mais ensuite, je me suis souvenu que ce n'était pas une très bonne idée de mentionner Bagdad.

Je vois par la porte vitrée Silva et Čarli qui arrivent, en riant.

Une fois assis, Čarli reprend contenance et me demande, d'une voix qui passe enfin aux choses sérieuses : "Ça va ?"

Je dis : "Ça va, pas mal. Toi ?"

Comme s'il s'était instantanément lassé de la vie, il répond : "Bah… J'ai que des emmerdes aujourd'hui…"

J'ai envisagé de lui demander de quelles emmerdes il s'agissait, même si je savais que je ne pouvais m'attendre qu'à des petites tracasseries du quotidien, un mini-problème, les tourments de la bureaucratie, car tel était le ton de Čarli et telle était la nature de ses récriminations contre la vie, de fausses récriminations, qui ne servaient qu'à conférer du sérieux à la discussion – étant donné que Čarli, je me demande bien pourquoi, avait toujours voulu avoir avec moi des conversations sérieuses, tandis qu'avec, disons, Silva, il ne faisait que ricaner.

Je n'ai rien eu le temps de demander, car Silva m'a regardé, avec son éternel manège de minauderies dénuées de toute signification, et m'a dit : "Eh, super, ta coiffure.

— Eh, merci", ai-je dit.

C'était une femme qui distribuait généreusement tout autant les compliments que les remarques ironiques. À moi, elle ne faisait que des compliments, ce qui me rassurait, car Silva reproduisait instinctivement dans ses minauderies les rapports de pouvoir dans l'entreprise. Tant qu'elle te complimentait, tu pouvais être relativement tranquille, mais si elle te disait un jour que tu avais les cheveux gras, alors, il était temps de te poser des questions sur ta cote au sein de la boîte.

À présent, Vladić, qu'il est inutile de décrire ici, me regardait depuis l'autre côté de la table et disait : "Ouais, carrément... T'in est un vrai play-boy."

Puis il a ricané en silence.

Je commençais à me sentir mal à l'aise à cause de cette coiffure. J'avais juste mis un peu de gel...

J'ai fait une tête comme si je ne comprenais pas ce qui se passait, et Silva a continué à me fixer joyeusement comme si elle attendait autre chose, que nous pouvions laisser en suspens.

Son domaine, c'était les people, et elle pouvait se permettre d'avoir ainsi toujours une expression légère sur le visage, même dans ce genre de situation, avant la session du Soviet suprême. Elle était, pour ainsi dire, l'ambassadrice de la gaieté et de l'atmosphère détendue de la boîte. Nous autres, qui traitions du destin de la nation, la joie n'était pas de notre ressort. Notre aura était assombrie par la maussade atmosphère sociopolitique, tandis que Silva rayonnait dans la lumière des couleurs vives qu'elle dénichait quotidiennement dans les boutiques.

"On prend un café après ?" m'a demandé Čarli.

J'ai dit : "Non, je dois aller voir un appart avec Sanja."

Le Chef lance un regard circulaire comme pour nous compter. Nous sommes au complet... Une dizaine. Nous sommes conscients de la situation dans laquelle se trouve *Objectif*, et l'entreprise en général. Car il semble que notre frère *Aujourd'hui*, le quotidien, ait commencé à enregistrer des pertes – le puissant Global-Euro-Press, c'est-à-dire le maudit GEP, a hier triomphalement placé cette information.

Notre société, à laquelle nous donnions le petit surnom affectueux de boîte, s'appelait Press-Euro-Global, PEG en abrégé, et avait été fondée par des transfuges créatifs du susmentionné GEP, si bien que nous n'étions pas une entreprise comme les autres. Nous étions investis d'une mission : nous battre pour la justice et la vérité, la dernière ligne de défense contre le monopole du GEP...

"Un peu de silence, s'il vous plaît."

Pero le Chef s'est levé, et a déclaré : "Inutile de vous faire un dessin, vous êtes suffisamment intelligents... Il faut lancer un truc."

Il nous a englobés du regard... avant de poursuivre : "C'est pas nouveau pour vous, non ? Car qui sommes-nous ? Nous sommes des lanceurs de tendances ! Nous faisons tourner le monde ! Sans les médias, tout se serait arrêté il y a déjà longtemps ! Il ne se passerait rien, car les choses n'auraient nulle part où se passer !"

Je l'ai regardé. C'était une entrée en matière très théâtrale.

"Je veux dire, a-t-il repris, que rien ne se passera tout seul ! OK, d'accord... Ça arrive, parfois... Genre, quand ils envoient des avions se crasher dans le World Trade Center, on ne peut pas vraiment dire que l'événement ait été produit par les médias...

— Certains disent que si, suis-je intervenu.

— Bullshit, m'a-t-il coupé. Les types ont tout simplement détourné l'avion et tout défoncé. Mais pour ce genre de catastrophe, le moindre… Les journaux les plus débiles auront l'info, n'est-ce pas ? Donc, c'est pas là qu'il faut chercher du contenu. Même cette offensive en Irak, même si nous y avons envoyé un mec, c'est pas ça non plus. Ça va trop vite, les troupes foncent dans le désert… Nous sommes un hebdomadaire, on ne peut pas suivre. C'est trop rapide." Il a pointé la télévision du doigt. "Ça passe à la télé."

Il a attendu que nous comprenions.

"Nous ne pouvons pas suivre ce qui se voit, vous comprenez ? C'est la télé qui suit ça, ensuite, les quotidiens le remâchent, mais pour nous, c'est du pipi de chat !"

Il s'est vraiment bien préparé, me suis-je dit. Quand je pense qu'il n'y a pas si longtemps, il déblatérait des conneries dans les bars. Voilà ce que la fonction fait de l'homme ! Je sentais que le vieux Pero s'était enfin évanoui. Comme disent les acteurs : il était entré dans le rôle. Principal.

"Et donc, nous, on suit quoi ?"

Nous avions tous les yeux rivés sur Pero le Chef.

"Nous suivons l'invisible ! L'invisible !" a-t-il tonné.

Je suis resté bouche bée. J'ai commencé à me demander d'où il sortait cette théorie.

"Ce que je veux de vous, c'est de l'investigation, de la réflexion, de la créativité ! Inventez, pressez-moi ces cerveaux, donnez-moi du nouveau ! La turbo-politique, c'est fini. Tuđman est mort, Milošević est fini ! Il n'y a plus de véritable drame. À présent, c'est à vous de créer du contenu. D'aller chercher l'hystérie. Où a donc déménagé l'hystérie ? Elle a bien dû aller quelque part. Il faut aller la chercher là où vous ne la cherchiez pas avant."

Principalement dans le Gorski Kotar et en Lika, ai-je pensé (j'avais entendu ces mots le matin même à la météo).

Le Chef a poursuivi : "Pendant les années 1990, c'était facile… OK, on s'est fait attaquer, ça, c'était pas facile… Mais la guerre fournissait de l'info. C'était notre contribution à l'information mondiale, notre pole position. Le monde entier, comme on dit, nous écoutait. Ça, c'est fini. Aujourd'hui, nous sommes ordinaires."

Il avait raison : tout ce qui avait suivi était du vivotage médiatique de bas étage. Mais pourvu que ça dure.

"À présent, il vous faut créer du contenu à partir de l'ordinaire. Nous devons donner forme à cette nouvelle réalité. Vous cherchez encore des histoires à l'ancienne, mais ce qui se passe en ce moment n'a pas la moindre forme ! Parce que vous ne lui en avez pas donné ! Rien d'étonnant à ce que notre tirage baisse ! Et donc... je veux de la créativité !"

Hm, c'est pas si terrible que ça, et même pas du tout...

"Je veux de la créativité, sinon, les licenciements vont pleuvoir", a-t-il conclu. Avec un soupir plein de compassion.

Hm, si, finalement, c'est assez terrible, me suis-je dit.

Pero le Chef s'est tu. Manifestement, la partie poétique des réjouissances était finie.

Je pige. Le boss lui a dit de nous secouer les puces : licenciements dans l'air, recherche d'un bouc émissaire, peur, motivation... Et merde, chaque nouveau rédacteur en chef était synonyme de crise, car sinon, à quoi bon nommer un nouveau rédacteur en chef. Il arrivait en sauveur. Au nom du sauveur, la débâcle devait toujours être imminente ; c'est le fondement de toutes les religions.

La débâcle était un mal nécessaire.

Au niveau de l'État aussi, on parlait de débâcle, sur tous les tons, en permanence. Nous ne faisions que mettre des titres hurlants sur cette tonne de débâcles, pour que les gens se secouent un peu.

Tiens, moi aussi, je devrais me secouer un peu.

C'est bon. Je me suis secoué.

J'ai regardé dans la pièce. Les autres aussi se secouaient.

Le jeune Dario était celui qui se secouait le plus. Ça l'avait vraiment secoué. Il avait les yeux brillants comme un guépard, même si, tout dégingandé qu'il était, il ressemblait davantage à une antilope. Après une pause, Pero a ajouté : "Et comme vous le savez, il y a aussi le GEP…"

Pour une raison mystérieuse, en prononçant les mots "comme vous le savez", il nous a scrutés comme s'il cherchait l'intrus. Puis son regard s'est arrêté sur le Secrétaire, un vieux bandit qui, pendant les conférences de rédaction, faisait le sphinx. Ce n'était pas un secrétaire ordinaire. Une fois, il avait voyagé avec moi à Moscou, où j'étais allé interviewer l'oligarque Teofilovski, qui achetait des hôtels et sponsorisait des opéras chez nous. Je m'étais présenté comme "Tin, journaliste", et les Russes m'avaient regardé comme une espèce de fouille-merde, tandis que le Secrétaire s'était présenté comme "secrétaire", et ils lui avaient témoigné un profond respect. Jusqu'alors, je n'avais jamais très bien compris quelle était sa fonction, mais les Russes l'avaient immédiatement identifiée : il était un reste vital de l'ancien système, à ceci près qu'au cours de cette malheureuse transition, il avait perdu toute idéologie.

Là-bas à Moscou, la langue déliée par la vodka, il m'avait raconté qu'il avait autrefois été communiste, pour ensuite essayer tous les partis démocratiques… Il s'était finalement posé au Parti paysan croate. Il avait découvert qu'ils étaient les meilleurs en allant pour la première fois sur le terrain, car tu sais, avait-il dit, cette hospitalité, à la campagne… Après ça, il te fallait au moins un jour de congé maladie, c'était le revers de la médaille au Parti paysan, car depuis qu'il y était son cholestérol avait bondi, et sa goutte était revenue, comme au bon vieux temps.

"Le Secrétaire va briefer quelqu'un sur le sujet GEP", a précisé Pero le Chef.

Nous passions notre temps à démasquer ses voies souterraines de monopolisation du marché. Ces enfoirés du GEP avaient leurs sociétés secrètes. Ils faisaient pression de tous côtés ; ils nous volaient nos sujets et les plaçaient les premiers. Nous soupçonnions qu'ils avaient une taupe à la rédaction, qui leur vendait nos scoops. Pour nous démoraliser, ils achetaient nos journalistes en leur proposant des sommes faramineuses. Régulièrement, quelqu'un disparaissait, et son nom n'était plus jamais mentionné. La direction du PEG réagissait à ces viles attaques par la tactique de la terre brûlée : tous les journalistes devaient produire un certain nombre de textes contre ceux du GEP, se lancer dans des polémiques enflammées, les traiter de criminels et d'espions à la solde de l'étranger, afin qu'à l'avenir ils ne puissent plus passer dans les rangs de ceux qu'ils avaient si consciencieusement insultés. Pas besoin de *rafting* ou de *paintball*... Notre *team building*, c'était la guerre médiatique.

Avant même d'avoir compris la tactique de la terre brûlée, je m'étais déjà distingué dans cette guerre médiatique. À présent, j'étais lié au PEG – c'est comme ça dans les petits pays, la marge de manœuvre est pitoyablement restreinte.

Le Secrétaire tenait à la main une sorte de liste et nous regardait par-dessus ses lunettes.

Le Chef, légèrement surpris, a demandé : "Il y a des volontaires ?"

J'ai regardé Dario se trémousser sur sa chaise, on voyait qu'il se préparait à se proposer, mais qu'il ne savait pas si d'autres avaient la priorité. Il était conscient que prendre un sujet anti-GEP était un grand honneur. À la fin, il a levé deux doigts, et a réussi.

Moi aussi, j'étais sans doute comme ça avant, me suis-je dit. Jusqu'à ce que je comprenne... En fait, jusqu'à ce que le boss nous rachète. Ce tennisman raté... qui, pendant la guerre, jouait récréativement avec l'ancien président, le laissant marquer des points, ce dont il avait été récompensé par des actions au rabais dans des entreprises publiques.

Ah, à cette époque, le président éditait personnellement le journal télévisé, faisant de nous des combattants pour la vérité, et le tirage des médias indépendants avait augmenté...

Mais une fois le combat pour la démocratie gagné, la vérité était devenue plus accessible… Les tirages étaient tombés, et le tennisman à présent privilégié nous avait recapitalisés. J'en avais été naïvement surpris, je ne trouvais pas ça logique, sans doute selon une logique émotionnelle, car je croyais que nous nous battions contre… Contre quelque chose… Mais d'un point de vue économique, la situation était claire : nous n'avions pas de fric, et il en avait.

À présent, enfin, je ne travaillais plus que pour le salaire. Je voulais prendre ce prêt.

Les processus démocratiques avaient fait baisser les taux d'intérêt.

…

Trois Scuds irakiens étaient censés viser les convois anglo-américains en direction de la frontière. Ils sont tombés l'un après l'autre à midi, vingt minutes avant que je sois arrivé sur les lieux de l'échec. S'il te plaît, annonce-moi comme ça – Boris Galeka, en direct du lieu de l'échec… Le lieu de l'action, c'est quelque chose d'autre, mais pendant la guerre, tu ne peux parler que depuis le lieu de l'échec. Je veux dire, si tu es touché, tu ne parles pas. Il faudrait expliquer ça au public… Donc : en direct du lieu de l'échec, notre… Enfin bon, fais comme tu veux, c'est ton boulot après tout.

Il y avait deux autres types avec moi sur le lieu de l'échec, des Italiens, je m'étais incrusté dans leur jeep en ma qualité de journaliste fauché.

Et donc, nous sommes arrivés sur les lieux. Mais ils nous ont immédiatement fait faire

demi-tour. Ils étaient tous en tenue ABCO
intégrale, avec masques, gants et bottes en
caoutchouc.
Caoutchouc, caoutchouc, caoutchouc. Voilà
mon rapport.
Rien, échec.
Bottes en caoutchouc sur le sable, ciel
immense.
Il n'y a rien à dire.
Les soldats en caoutchouc nous ont chassés.
Nous avons filé dans le désert, baïe, baïe.

...

Nous avons abordé les sujets pour le prochain numéro. J'ai annoncé une interview avec le vieil économiste Olenić. "Le mec est le témoin de toutes nos réformes économiques", ai-je dit.

Silence.

"Le vieux a tout plein d'anecdotes", ai-je ajouté.

À ma mention des anecdotes, Pero le Chef a hoché la tête.

Et le plus dur pour la fin...

Quand la conférence de rédaction s'est terminée, tandis que les autres sortaient, le Chef m'a demandé : "Et notre correspondant sur place ?

— Oui ?" Je l'ai regardé, attendant que tout le monde ait quitté la pièce.

"Le mec en Irak, il est encore là-bas ?

— Oui, oui."

J'avais éludé le sujet pendant longtemps. Le moment était venu de tout avouer.

J'ai regardé le Chef : j'attendais qu'il attaque... Que lui dire au juste ?

Je ne savais pas par où commencer... Le type que nous avions envoyé en Irak n'avait pas d'expérience journalistique

– mais il avait étudié l'arabe, et il avait déjà fait la guerre... Je l'avais recommandé, d'abord auprès du Secrétaire. "Mais d'où est-ce que tu l'as *inventé* ?", m'avait-il demandé, fasciné par le fait que le mec parlait arabe... "Tu me connais", avais-je répondu. J'avais la réputation d'*inventer* les gens.

Le Secrétaire avait ensuite fait passer l'information à Pero. C'était sans doute la première initiative à laquelle il avait donné sa bénédiction en tant que Chef. Il avait hâte de donner sa bénédiction à quelque chose. Et engager des amateurs ambitieux s'inscrivait parfaitement dans la politique de coupes budgétaires de la rédaction. Nous soulignions avec fierté que nous étions une entreprise ouverte aux jeunes.

Le type que nous avons envoyé en Irak s'appelle Boris, mais il y a un hic. Ce Boris est en quelque sorte un cousin à moi... Je ne l'ai dit à personne. Je veux dire, avec ses études d'arabe sur le CV, le mec était en lui-même fait pour le job.

Mais à présent, je commençais à ressentir le poids de ce lien familial. Non seulement j'avais recommandé un type qui m'envoyait ses élucubrations au lieu d'écrire des reportages normaux, mais... j'avais l'air de gruger pour faire employer mes cousins débiles. J'étais là à faire mon intellectuel européen, et par-derrière, je jouais au caïd devant ma tribu.

Je les voyais déjà me prendre enfin sur le fait.

J'ai regardé le Chef.

J'ai eu envie de lui dire : Tout ça, c'est la faute de ma mère !

Car ma mère donnait mon numéro à n'importe qui !

Vraiment, quand on y pense, c'est de la folie furieuse : les gens arrivent à la capitale à l'aveugle, la ville grandit de manière imprévue, et ils ont sans doute tous mon numéro en poche.

Quand Boris était arrivé à Zagreb, il avait, bien entendu, mon numéro en poche, à savoir dans son téléphone portable.

Elle le lui avait donné. Comme si elle me transmettait une dette oubliée, elle jouait l'intermédiaire auprès de la communauté locale, en tant que représentante de ma soi-disant réussite dans le vaste monde, car dès que je ne suis pas là pour l'entendre, elle se vante que je suis quelqu'un d'important à Zagreb, et voilà, les gens la prennent au mot, elle a littéralement ouvert un secrétariat à la maison, elle reçoit les parties civiles, distribue mon numéro, et ensuite, je reçois des appels de gens dont j'avais oublié l'existence, ils m'appellent pour des trucs incroyables (la retraite de l'un, l'opération d'un autre, le réseau local de distribution d'eau, la commémoration de leur brigade pendant la guerre, un pédophile sur la plage, etc.), et quand je décroche, ils demandent immanquablement : "Tu sais qui c'est ?"

Ils se demandent si je vais reconnaître leur voix. Ils me posent la question pour voir si je suis toujours le même qu'avant, ou si j'ai changé...

Quand j'entends ça, je sais que c'est l'un d'entre *eux*, car personne d'autre ne joue aux devinettes.

Quand j'entends ça, je suis légèrement désorienté, comme si on m'avait brusquement tiré du sommeil, et je fais défiler d'un coup toutes les voix oubliées, car quand j'entends "Tu sais qui c'est", tous ces arriérés de mémoire me reviennent, et – rendons à César ce qui est à César – je devine très souvent qui c'est.

Et chaque fois, je dis que *je vais voir ce que je peux faire*, et je vis dans l'angoisse qu'ils rappellent... Et ils rappellent, jusqu'à ce que s'éveille en moi une sorte de culpabilité de m'être détaché, individualisé, et je promets de faire *tout ce qui est en mon pouvoir*... Bien entendu, sans ça, je n'aurais jamais recommandé le cousin Boris pour l'Irak, car j'avais tout de suite vu qu'il était fou. Enfin, fou... Maintenant, je comprends bien que je l'avais vu tout de suite, mais à l'époque, d'une certaine manière, j'aurais voulu que tout soit différent... Ouh, ça ne va pas être simple à expliquer à Pero le Chef.

Tout ce laïus me défile dans la tête tandis que je me tiens devant lui.

Il me regarde, comme s'il réfléchissait à quelque chose d'impénétrable. Puis il dit : "Le mec a couvert la situation, même si c'était un peu décousu... Mais bon, passons. Il rentre quand ?"

Ha, ha. Un peu décousu ? Non, je n'avais jamais envisagé de montrer au Chef à quoi ressemblaient ces textes en version originale, même pas en rêve. Par chance, ils n'arrivaient que sur mon mail personnel. Je reformulais comme jamais auparavant, compilais des rapports de reporters étrangers, volais des paragraphes sur internet, regardais compulsivement CNN et réécrivais tout. Il me semblait incroyable que ça ait marché, malgré tout. Il ne me restait plus qu'à trouver un moyen de rapatrier l'énergumène.

...

Les Américains ont touché des Anglais. Ils ont tué des potes en hélicoptère. Mauvaise coordination, *"Who are you"*, *"Who are you"*, et pan, *friendly fire* dans ta gueule.
Mais tout ça, au fond, c'est logique.
Nous nous battons pour les Irakiens, pour leur démocratie, pour leur bien. Nous nous aimons tous. Chaque victime est un déplorable accident. Tout ça, c'est du *friendly fire*.
L'existence du *friendly fire* remonte aussi loin que l'invention du concept d'humanité. Et la chrétienté, bien entendu, et la chrétienté en marche, la chrétienté en mission chez les tribus impies, quand ils en butent la moitié pour que les autres les comprennent, tout ça, c'est *friendly, baby*, tu piges, il n'y a plus que nous dans les Balkans pour nous entretuer encore avec de la haine, sans véritables ambitions. Le reste, c'est du *friendly fire*.

Les Anglais sont en colère, mais ils ne devraient pas. C'est pas facile pour les Américains non plus. Tout ça, c'est du pareil au même. Les Anglais, les Irakiens, les civils, où que tu tires, tu touches un ami. Je ne sais plus quoi dire à ce sujet.

J'ai appelé Sanja, et il s'est avéré qu'elle ne pouvait pas aller visiter cet appartement.

Je suis allé prendre un café avec Čarli, et maintenant, il me parle d'une meuf avec qui il a "couché parce qu'il était bourré". Il a le menton fuyant, et un œil qui dit merde à l'autre. Et il se permet de dire que "la meuf était moche". En plus, ajoute-t-il, "elle pense qu'il s'est *passé un truc*".

La pauvre, me suis-je dit, elle ne savait pas que Čarli méprisait toutes les femmes avec qui *il* pouvait finir au lit, et qu'il ne s'amourachait que des pin-up avec lesquelles il n'avait aucune chance.

Mais il persévérait : il devenait le *meilleur ami* de ces pin-up, sortait masochistement boire des verres avec elles et s'efforçait, du moins pour la galerie, de donner l'impression qu'ils étaient ensemble. Silva était l'une de ces pin-up : après avoir quitté le mannequinat un petit garçon hors mariage sur les bras, elle était arrivée à la rédaction par l'intermédiaire de Čarli.

Si elle était là, il ne me parlerait certainement pas de cette meuf… Même si ça n'aurait pas dérangé Silva. Elle mentionnait souvent, comme pour plaisanter, les "canons qui languissaient après lui". Il était clair qu'elle essayait de détourner son attention érotique et de s'en libérer.

"Mais putain, quand la lumière a commencé à percer par les volets le matin…" Čarli me décrit cet instant d'épouvante.

Je l'écoute. Il ne peut *tirer son coup* que quand il oublie son standing exigeant… Mais quand il se réveille et qu'il comprend que les filles dans les pornos sont bien plus canon, il est sous le choc.

"Et maintenant, la meuf me harcèle pour qu'on prenne un café…"

Ben va le prendre, ce café, t'as assez souffert comme ça dans tes amitiés masochistes avec des mannequins, aurais-je voulu lui dire. Mais ça ne correspondait pas à l'image de lui qu'il s'était construite.

Čarli s'étonnait lui-même : "Le pire dans tout ça, c'est que je me suis ruiné pour elle… On a bien dû boire vingt cocktails, j'suis dans le rouge sur mon compte courant…"

Forcément, me suis-je dit, car Čarli avait claqué toutes ses économies dans une Jaguar de dix-huit ans d'âge, et maintenant, le moindre sou passait en réparations… Et avec ce qui lui restait, il achetait de l'huile d'olive vierge à trois cents kunas à un paysan istriote, "parce que y a que ça qu'est bon"… C'était un fait : il souffrait de son standing exigeant à tous points de vue. Il en avait même fait une sorte de carrière ; il s'était mis à écrire dans la rubrique gastronomique, recommandait les vins les plus hors de prix, évaluait les restaurants et se bâtissait une image transitio-mondaine en se baladant partout dans cette Jaguar en âge de voter. De Čarli, tu pouvais toujours apprendre ce qui était à la mode, et ce au sujet de quoi tu n'avais pas le droit d'ironiser ; ces derniers temps, cette immunité s'étendait à la voile, la plongée, les chasseurs de têtes, les films asiatiques, l'horticulture, la slow food et que sais-je encore… Je ne suis pas très à jour.

"Par contre, il faut dire ce qui est, la meuf baise bien…
— C'est vrai ?
— Une vraie dingue, a dit Čarli. Elle fait tout.
— Ah ouais ?
— Double v double v double v point perversions point com."
J'ai ri.

Je pense qu'il se reconnaissait dans ces femmes, et il n'avait pas de compassion pour ceux qui lui ressemblaient.

"Enfin, a soupiré Čarli, ça arrive…"

Je regardais autour de moi, attendant que ça passe.

"Au fait, tu la connais, a dit Čarli.

— De quoi ? Qui ?

— Cette meuf. Elle, elle te connaît.

— Elle s'appelle comment ?

— Ela."

J'ai frissonné. "Putain, t'es vraiment un connard !"

Čarli souriait d'un air entendu en hochant la tête.

"Ah t'es content de toi, hein ? ai-je lancé à la ronde, comme si je m'adressais à des jurés. Qu'est-ce qui te fait rire ? C'est une pote de ma copine."

Il savourait quelque chose, je ne sais pas exactement quoi.

"Hé, c'est bon, s'est-il défendu. C'est pas ta copine."

Certes ; techniquement, je n'avais pas le droit de lui faire des reproches.

"Elle n'est pas moche, ai-je dit. Avec quelques kilos en moins, elle serait très bien.

— Ben, genre… Ouais, s'est accordé Čarli, comme s'il reprenait soudain son sérieux.

— Elle est cool, cette fille !

— Ben oui, elle est cool, je ne dis pas… Pourquoi tu t'énerves ?

— Je ne m'énerve pas. Pourquoi je m'énerverais ?!"

Sur ces entrefaites, Silva est arrivée.

J'ai poursuivi : "Mais, genre, ce n'est peut-être pas très correct de bavasser dans son dos comme ça…"

J'ai fait exprès de ne pas me taire quand Silva s'est assise, et il faisait déjà semblant de chercher quelque chose dans la tonne de journaux qu'il avait apportée.

J'ai repris : "Elle est cool, cette fille, je la connais bien…"

J'ai failli ajouter qu'il n'avait pas le droit de se comporter comme ça avec Ela, qu'elle se remettait d'une dépression, mais j'ai renoncé. Si Ela pensait vraiment avoir ses chances avec ce crétin, elle m'aurait tué si elle avait appris que j'avais dit ça.

"Hé, vous avez vu ça ?" Čarli a changé de sujet. "À Solin, il y a huit PMU dans un rayon de trente mètres.

— Ah ?" Silva a hoché la tête.

"Regarde !" Il a ouvert le journal. "Le type dit : « Vous devriez venir le dimanche après la messe, c'est là qu'il y a le plus de monde. » Ils vont tous à la messe, et après au PMU, genre…"

Silva a demandé : "Et de qui vous étiez en train de parler ?" Je me suis contenté de souffler ma fumée.

"Oh, ça, c'est rien, juste une meuf de la comptabilité. Elle a fait une erreur sur ma fiche de paie. Je soutiens que c'est une cruche, et Tin la défend."

Non seulement il se comportait comme s'ils étaient un vrai couple, mais il avait même ce réflexe conditionné : il savait inventer un mensonge en une seconde. Je lui ai lancé un regard presque admiratif. En dehors du fait que tout ça n'avait aucun sens, il s'en sortait vraiment bien.

"Ah oui ?" a rebondi Silva. Puis elle m'a regardé : "Et pourquoi tu la défends ?"

Je n'ai pas répondu tout de suite, et Čarli m'a lancé un regard du genre : eh, on est entre mecs, tu vas quand même pas cafter…

"Comme ça, ai-je dit à Silva en soupirant. Elle est sympa, cette fille.

— De la comptabilité ? a-t-elle rétorqué. Vraiment ? C'est nouveau ?"

À présent, je ne savais plus ce qu'elle pensait. Que je cachais ce dont nous avions parlé, ou que j'avais une aventure à la comptabilité, mais quel merdier !

"Parce que les filles de la rédaction se sentent menacées ?" ai-je demandé en minaudant.

Pitié, ne me fourre pas ton décolleté sous le nez, ai-je pensé…

"Non mais : en groupe de la messe au PMU ?!" Čarli luttait pour attirer notre attention. "Franchement, c'est le pompon…

Tu vois ça nulle part ailleurs." s'est-il exclamé, s'efforçant de souligner l'absurde de notre époque religioso-postcommuniste. Silva a lancé, laconique : "Bah, la majorité des gens vont à l'église pour améliorer leur quota de chances…" Čarli a éclaté d'un rire bruyant. Manifestement, il la considérait comme la personne la plus spirituelle d'Europe.

Avec un public fidèle, ai-je pensé, on a toujours l'air spirituel. Je sentais que le mieux à faire aurait été de prendre mes cliques et mes claques. Čarli était d'un tempérament jaloux, et le décolleté de Silva, après la crise irakienne, ne faisait qu'ajouter à mon stress.

"Je peux ?" a demandé Dario le boy-scout.

Il s'invitait de plus en plus régulièrement à notre table. Il voyait sans doute le fait de passer du temps avec nous comme une sorte de promotion.

Je l'ai regardé : il arrivait à point nommé pour phagocyter la conversation.

"Oui, bien sûr", ai-je dit.

À peine assis, Dario a chuchoté, inquiet : "Vous en pensez quoi ? Vous avez entendu ce qu'a dit le Chef ?" Il avait très peur, mais il y prenait plaisir.

Silva l'a considéré d'un air ironique, et Čarli attendait sa réplique pour rire un bon coup. Dario l'a senti et il s'est tourné vers moi, cherchant un allié : "Et sinon, ces reportages en Irak, moi je trouve ça super !"

J'ai frissonné. Je voulais éviter la moindre discussion à ce sujet. Surtout pas que le gamin me fasse des éloges. Dès que quelqu'un vante quelque chose, il y a aussi quelqu'un pour cracher dessus.

J'ai dit : "Oui, bon, c'est un texte standard… Et il a été retravaillé.

— Peut-être, mais moi je trouve ça super", a dit Dario.

Mais arrête d'en faire des caisses, ai-je pensé.

"Je ne sais pas, je commence à en avoir ras le bol de ces guerres…" Voilà que Silva s'en mêlait aussi.

Moi aussi, me suis-je dit, moi aussi.

"Moi, je trouve ça génial, je veux dire… a repris Dario.

— Mais arrête de faire de la lèche !" l'ai-je interrompu.

Je perdais mon calme, c'était une réaction exagérée, je l'ai compris tout de suite. Il m'a regardé, stupéfait, et a viré au rouge.

J'ai essayé de passer sur le ton de la blague. "Je plaisante, désolé. Hé, je plaisante."

Son regard fuyait.

J'ai dit : "Hé, c'est pas toi. Ce type me fait tourner en bourrique…

— Hm, a soufflé Dario entre ses dents.

— Qui te fait tourner en bourrique ?" a demandé Čarli.

Ça part vraiment en sucette, me suis-je dit. Je me suis levé.

"J'y vais !" ai-je lancé.

Ils m'ont regardé partir comme un bus qui leur serait passé sous le nez.

IL Y A LE FEU LÀ-BAS

Je me suis garé près de mon immeuble, devant la vitrine d'une agence Last Minute qui annonçait en grosses lettres : THAÏLANDE, NEW YORK, CUBA, TIBET, MALAGA, KENYA... Chaque jour, tu peux te décider à la dernière minute.

Ça pourrait être pas mal, me suis-je dit.

Je contemplais cette vitrine en fermant ma voiture. Fallait-il aller à Cuba ? Ou à New York, le centre du monde ? Ou au Tibet ? Avoir une révélation et revenir changé ?

Finalement, je suis quand même rentré chez moi, ai regardé mes mails, constaté que Boris ne s'était pas manifesté, sans parler de m'écrire quand il comptait revenir. Et je relis de nouveau ses anciens mails, m'efforçant de pénétrer cette psyché...

...

Saddam est un jeune paysan de la région de Bassora, ses parents l'ont appelé comme le président, qu'est-ce qu'il y peut, il écarte les bras, il écarte les bras, il écarte les bras, comme un épouvantail, et je les écarte aussi, je les écarte aussi, je les écarte aussi et nous discutons comme deux épouvantails dans un champ, mais il n'y a pas de cultures, pas la moindre plante, pas d'herbe, pas d'oiseaux à chasser, juste du sable et de la ferraille, et son village, dit Saddam, est au mauvais endroit, il ouvre les

bras, un très mauvais endroit, dit-il, il y a
le feu là-bas, dit-il, beaucoup de feu, c'est
pourquoi il a entassé toutes ses chèvres
dans un camion cinématographique en diable
et est parti *on the road* comme Kerouac, mais
il n'y a pas de littérature, pas de Neal
Cassady, pas de poésie, c'est la fin des
haricots, comme dit la sagesse populaire, et
il a crevé, Saddam le paysan, au milieu de
l'autoroute Bassora-Bagdad, il a crevé, et
il n'a pas de roue de secours, et meeerde,
Saddam rafistole son pneu, les chèvres bêlent
dans le camion, comme c'est bucolique, les
chars Abrams passent, ils regardent tous
droit devant eux, attroupement de forces
autour des chèvres de Saddam, je m'accroupis
à côté de lui, tu sais, comme si j'allais
aider, mais je n'aide pas.

...

Je lis ça comme si je le tenais à l'œil, comme ils surveillent
les tire-au-flanc à l'armée, mais peine perdue, il arrive plus
à m'atteindre que l'inverse. Ses expressions folkloriques me
tournent dans la tête, comme quand tu entends une chanson, triviale, et que la mélodie t'obsède... *C'est la fin des haricots*, non mais franchement.

Il le fait exprès, je le sens. J'ai tout de suite remarqué sa
manière de me regarder quand nous nous sommes retrouvés à Zagreb il y a un mois, après de longues et belles années
d'indifférence mutuelle.

Ce jour-là, Zlatko le graphiste avait payé sa tournée pour
fêter la naissance de sa fille, puis je m'étais assis à la terrasse
d'un café près de la boîte... Le cousin avait presque une
demi-heure de retard... Je m'étais dit qu'il avait dû se perdre.

Puis je l'avais aperçu, qui marchait dans la rue en scrutant autour de lui.

Je lui avais fait signe.

Je l'ai regardé s'approcher. Sa démarche me ramenait à l'époque où, adolescents, nous nous saluions bruyamment, nous tapions sur l'épaule et nous adressions les uns aux autres par *mon vieux*. Nous apprenions alors à marcher à la cool : les jambes un peu écartées, les mains dans les poches comme s'il faisait froid. Nous exprimions un ravissement exagéré quand nous nous croisions dans les bars et les boîtes, parce qu'en cas de baston, nous comptions l'un sur l'autre, je dirais.

Je le regardais : il marchait encore comme ça.

Je me suis levé. "Hé, mon vieux, ça roule ?" Je lui ai tapé sur l'épaule.

"On fait aller... Toi ?" Il m'a mollement tendu la main.

Il portait des lunettes orange et souriait comme un mafieux qui fait mine d'être un bouddhiste ; c'est De Niro qui a inventé ce masque, et depuis, ça se porte chez les sages de la rue.

Sec, le visage long... On s'est toujours ressemblé, me suis-je dit. Tiens donc, il s'est un peu teint les cheveux, derrière les oreilles, dans les tons jaunes. Il faisait, comme on dit, citadin... On voyait bien qu'il ne vivait plus dans notre village, qui avait, soit dit en passant, beaucoup grossi, sans pour autant devenir une ville, si bien que nous le qualifiions de "bourg"... Une appellation indéterminée... Bourg... Site de peuplement, qu'est-ce que j'en sais... Grosses baraques, locations pour touristes, tout ça au bord de la route...

Mais Boris vivait à Split, et il était citadin le cousin, citadin, chapeau, pas de raison d'avoir honte de lui si quelqu'un venait à passer.

Tandis qu'il s'installait au ralenti sur sa chaise, j'ai pensé qu'il était défoncé. Mais... il m'a dit qu'il avait arrêté depuis longtemps. Il m'a dit qu'il était "monté à la capitale parce qu'il n'y avait pas de perspectives au bled", en ricanant, comme pour tourner en dérision le mot *perspective*.

Il portait son attitude de loser avec un soupçon de morgue, comme le font les victimes du système. Rapidement, il a sorti des feuilles et me les a tendues, en disant : "Que tu voies comment j'écris."

Des feuilles densément noircies, ou plutôt grisées, à la machine à écrire au ruban usé – on n'y voyait pas grand-chose, mais j'ai lu… un peu plus longtemps que je ne l'aurais voulu. Il regardait devant lui, souriant au jus de fruits qu'il avait commandé… Des Ronhill fumant, des ronds de fumée faisant.

Ce qu'il m'avait donné, c'étaient des sortes de poèmes en prose à la thématique indéterminée.

Allez, me suis-je dit, il doit se sentir incompris dans son quartier. Il est instruit, ça se voit. C'est déjà ça. Et son petit sourire de personnage de film qui me rend nerveux, c'est qu'il est sur la défensive, au cas où je lui dise que ce sont des gamineries.

J'ai dit : "Tu devrais montrer ça à une revue littéraire, ils te diront ce qu'ils en pensent.

— Peu importe. Je suis prêt à écrire n'importe quoi", a-t-il répliqué. Il a commencé à taper nerveusement du pied. Son sourire pâlissait.

"Écoute, ai-je dit prudemment, ça, c'est, genre, de la littérature, c'est pas la même chose… Pour la presse, il faut écrire de manière intelligible…

— C'est encore plus facile", a-t-il rétorqué.

J'aurais dû comprendre tout de suite que ce n'était pas une attitude prometteuse. Je l'ai compris tout de suite, d'ailleurs.

"En ce moment, je ne sais vraiment pas… ai-je dit. Si jamais il y a un truc qui se débloque, je te tiens au courant.

— Très bien", a-t-il dit d'un ton dépité, comme si je l'avais rejeté, le petit chiot à sa maman.

Et encore ces remords. Qu'est-ce que c'est : la culpabilité d'avoir pris mes distances, la peur d'avoir pris la grosse tête ?! Quand il m'a demandé ce que faisait ma copine et que j'ai répondu qu'elle était comédienne, j'ai eu l'air de me faire mousser... Qu'est-ce que j'aurais dû dire : qu'elle travaillait à un péage d'autoroute ?

Quoi que je dise, ça sonnait comme des vantardises devant un public provincial ; un genre déjà bien établi par les *gastarbeiter**... Et je prenais un ton comme si tout ça n'avait pas d'importance, ce qui devait donner l'impression que j'étais las de ma propre importance...

C'est étrange quand tu revois quelqu'un comme ça, de soi-disant proche, mais qui ne peut pas te comprendre, et te regarde comme une pub à la télé... Je le voyais bien : Boris ne pouvait pas s'imaginer ma vie comme une suite d'événements réels. Je sais d'où il vient, et je pouvais m'imaginer sa vie, mais il ne pouvait pas s'imaginer la mienne ; c'est pourquoi il me regardait comme une sorte de chimère qui, des slips de bain estivaux, de l'eau peu profonde où nous jouions au *picigin***, s'était, par une sorte de miracle, téléportée dans la jet-set des acteurs de cinéma, avant d'atterrir dans une rédaction pleine aux as pour y faire quelque chose d'inconcevable.

Il fut un temps, nous écoutions les mêmes disques, nous avions la même démarche, feu mémé Lucija arrivait à peine à nous distinguer, et maintenant... Si je n'étais pas parti, j'en serais au même point que lui, ai-je pensé. Je me reconnaissais en lui, comme dans une sorte de réalité parallèle, et lui, de l'autre côté, me jaugeait comme s'il se demandait ce que j'avais de mieux que lui. J'avais l'impression de lui rappeler une injustice.

"Je pourrais écrire sur les sujets dont personne ne veut, a dit Boris, avant de sourire sans raison. Ça ne me dérange pas.

— Hm... On reprend un truc ? ai-je demandé, ne sachant pas quoi dire d'autre.

— Je n'ai que vingt kunas, m'a-t-il averti.

---

* *Gastarbeiter* : "travailleurs invités" en Allemagne, mot devenu plus ou moins synonyme d'émigré en ex-Yougoslavie.
** *Picigin* : jeu de balle traditionnel de Split, qui se joue sur la plage, en eau peu profonde. Le but est d'empêcher une petite balle de toucher l'eau.

— T'inquiète, c'est moi qui paye, ai-je dit, avant d'ajouter, pour qu'il ne se sente pas gêné : Tu es mon invité…

— D'accord", a-t-il dit, en soupirant, comme si j'avais insisté.

J'ai repris une bière, et lui – je n'arrivais pas à y croire – a repris un jus de fruits, et j'ai compris que la conversation n'allait pas devenir plus fluide avec le temps. Je commençais à avoir vraiment envie de partir.

"Tu ne bois pas ? ai-je demandé.

— De temps en temps", a-t-il répondu, puis il s'est tu.

Alors, j'ai commencé à déblatérer sur quand, comment et combien je buvais – une histoire à la con, mensongère et sans rapport avec la choucroute qui me tapait sur les nerfs, mais il fallait bien que je dise quelque chose, que nous ne restions pas dans une ambiance de mort, étant donné que, manifestement, il n'avait pas développé de talent pour le small talk.

Un peu de temps a passé, puis, enfin, il a mentionné ces fameuses études qu'il n'avait pas finies. Je le voyais bien, il avait prévu d'en parler, c'est comme ça qu'il s'était imaginé les choses.

À ce que je vois, il croit que je sais ce qu'il a étudié.

Nous étions censés nous comporter comme si nous étions très proches, et j'ai hoché la tête.

Quand même, après une pause, j'ai demandé : "Et… C'était quoi, ce que tu as étudié, déjà ? Je me souviens que c'était quelque chose de pas commun…"

Il s'est donné une grande tape sur les cuisses. "L'arabe", a-t-il répondu, puis il s'est mis à rire. Il riait de lui-même, me semblait-il. Sans doute parce qu'il avait étudié l'arabe, et pas un truc normal.

Mais. C'est alors que j'ai eu une illumination. J'étais sans doute déjà un peu bourré, et j'ai pointé l'index comme l'Oncle Sam… et ai dit : "L'Irak !"

Rabar, le seul véritable aventurier de la rédaction, était passé un mois auparavant au GEP, et il était déjà au Koweït, à faire le reporter pour la concurrence, si bien que… Incroyable, mais vrai… Du travail ! À l'horizon !

Boris a fait un sourire triste, et a dit : "Le Maroc.

— Quoi le Maroc ?

— C'est au Maroc qu'on a vécu, pas en Irak.

— Ah." J'ai fait le lien. "Je sais, ça.

— Six ans… Genre, tu vois, le vieux était ingénieur en chef, on avait des domestiques et une piscine. Et puis, il a fait un infarctus… Fini la piscine.

— Oui. Oui. Je sais."

Il avait enfin trouvé son sujet. Il avait été, a-t-il expliqué, à l'école pour les étrangers, mais ils apprenaient aussi l'arabe. Plus tard, quand ils étaient rentrés, il avait "cette langue dans la tête". Chaque fois qu'il se rappelait quelque chose en arabe, il se rappelait son père. Mais il n'avait personne avec qui parler, et il avait lentement commencé à l'oublier. Une fois, a-t-il dit, il avait entendu dans la rue deux Arabes, et il les avait suivis jusqu'à un café, où il les avait écoutés depuis la table voisine. "Ils avaient remarqué que je les suivais, et ils essayaient de deviner si j'étais un flic ou un pédé. Je comprenais tout", a-t-il dit en ricanant. Ensuite, il s'était inscrit en arabe à Sarajevo. Mais il n'avait pas fini la fac, la guerre avait commencé.

"OK. Maintenant, réfléchis bien, ai-je dit. Tu te sentirais d'aller en Irak ? Les Américains vont attaquer d'une minute à l'autre.

— D'accord !"

J'avais pensé qu'il aurait plus de questions sur le sujet. Je l'ai regardé. "Attends un peu… Notre mec qui allait dans les pays en guerre… Il avait ses astuces, qu'est-ce que j'en sais, il se démerdait. Il envoyait des trucs par mail, des photos et des textes. Y a aussi ces téléphones par satellite…

— Pas de souci, je me débrouillerai.

— Réfléchis bien, c'est la guerre.

— La guerre, c'est pas un souci.

— Tu es sûr ?

— Moi, c'est la paix qui commence à me poser problème."

Hm. Dès le début, j'avais flairé qu'il se la jouait un peu syndrome du Viêtnam. En cette saison post-guerre, c'était *in* chez les mecs qui n'avaient pas de travail. Cette pose : le visage prétendument flegmatique, avare de ses mots, un long regard appuyé de temps en temps...

Je ne savais pas quelle attitude adopter par rapport à ça. Markatović et moi avions peaufiné cette pose dès la fac, ici, à Zagreb, j'aurais pu doubler Rambo si on m'avait demandé, mais Boris savait que mon expérience du combat se limitait à avoir fait le guet sur une colline quelconque, à côté d'un canon antiaérien... Rien ne nous était tombé dessus, et ensuite, après un mois et demi, mon vieux m'avait tiré de là.

C'était peut-être pour ça que Boris se comportait de cette façon, comme si je lui étais redevable de quelque chose, parce qu'il n'avait pas eu de père pour le tirer d'affaire, mais qu'il avait suivi des Arabes dans la rue.

"Allez, d'accord ai-je dit. Si la paix te pose problème, alors, tu devrais te sentir bien en Irak."

Il m'a lancé un regard par en dessous. "Ça va être d'enfer", a-t-il rétorqué.

J'aurais dû comprendre à ce moment-là... Mais c'était comme si j'avais le devoir de l'aider, de payer une dette irrationnelle.

Et quand il avait commencé à envoyer ses trucs psychédéliques, je l'avais appelé sur son téléphone par satellite, il avait fait mine de ne pas bien m'entendre... Interférences sur la ligne, tu parles... Depuis, il ne répondait plus au téléphone, il m'avait écrit que c'était dangereux, qu'on pourrait le localiser, mais il continuait à m'envoyer ces mails, tous les jours – rien à foutre qu'on soit un hebdomadaire. Alors, je lui avais écrit de rentrer, lui avais lancé des avertissements amicaux, avant de finir par l'insulter copieusement... Mais rien !

Et voilà, ça fait déjà un mois qu'il est là-bas, j'imagine qu'il s'éclate, il ne répond plus aux mails.

Tout ça, je le raconte à quelqu'un, dans ma tête. Parfois, comme ça, je prévois ce que je vais dire, comme un avocat qui assurerait lui-même sa propre défense.

...

J'ai essayé de penser à autre chose. Je tenais dans les mains la biographie d'Hendrix, et je tentais de lire, quand Sanja est entrée dans l'appartement.

J'avais sans doute l'air renfrogné.

"Tu es fâché ? Écoute, je ne pouvais vraiment pas aller visiter cet appartement, a-t-elle dit immédiatement. Une journaliste m'est tombée dessus... du *Quotidien*.

— Sans blague, les types du GEP ? Et vous avez parlé combien de temps ?

— Une heure, peut-être... Plus les photos.

— Attends". Je l'ai regardée. "C'est pas juste une déclaration, c'est une vraie interview ?

— On verra bien", a-t-elle dit comme si elle n'y croyait pas. Ça serait la première interview de sa vie.

Il me semblait que tout ça m'arrivait à moi. Je voulais, à tout le moins, être dans la confidence.

Je me suis figé. "Est-ce qu'ils t'ont posé des questions, genre, personnelles ?

— T'inquiète, j'ai fait bien attention à ne rien dire de compromettant."

Elle a regardé les restes de pizza sur la table.

"J'avais faim, je ne pouvais plus attendre, ai-je dit.

— Pas de souci, j'ai déjà mangé. On a commandé des tonnes de *ćevapi**."

---

* *ćevapi* : petites saucisses traditionnelles des Balkans, à base de viande hachée, le plus souvent un mélange de bœuf et d'agneau ou de bœuf et de porc. Elles sont

Elle s'est approchée.

"Je pue ?" a-t-elle demandé en me soufflant dessus son haleine d'oignon cru. Comme une attaque surprise.

"Ouuh, casse-toi !

— Je m'en fouuus !" a-t-elle fredonné, imitant un garnement.

Manifestement, elle essayait de me changer les idées. J'ai donc continué à m'indigner théâtralement : "Seigneur, quelle honte, enfin, genre, madame est une actrice, mais à la maison, elle pue comme un cochon !

— Je m'en fouuus !" a-t-elle ricané en me soufflant dessus son haleine d'oignon cru, s'efforçant de m'embrasser tandis que je l'esquivais.

À la fin, je l'ai laissée m'embrasser, et elle a arrêté de trouver ça intéressant.

Je me demandais si je devais lui parler de cette histoire avec Čarli et Ela...

"Jerman et Doc ont encore foiré leur texte ?" Je suis passé à sa pièce de théâtre.

Elle a levé les yeux au ciel. "Ingo a repoussé la générale à onze heures du soir ! Il doit travailler avec eux avant. Mais le pire, c'est que c'est moi qu'il fait le plus chier. Je veux dire, c'est normal que ces crétins me déconcentrent. Et ensuite, l'autre qui vient tester son autorité sur moi...

— Tiens donc, genre monsieur est progressiste, et il se défoule sur les filles ?!

— Et tout ce qu'il est foutu de me dire, c'est que je dois avoir un jeu « punk ». Le principe, tu piges, c'est que je suis censée « me révolter contre la manière dont les autres voient ce rôle »." Elle imitait le discours du metteur en scène et sa manière de fumer sa cigarette, levant sans cesse les yeux au ciel.

"Hm, peut-être..."

servies dans un pain rond plat avec du *kajmak* (sorte de fromage frais proche du beurre), de l'*ajvar* (caviar de poivrons) et obligatoirement des oignons crus, d'où l'allusion à l'haleine.

Là, elle est devenue nerveuse : "OK, je suis censée être rebelle, mais il passe la journée à me gueuler dessus…"

Je ne savais pas quoi dire : "Ah ben bravo…"

Puis j'ai ajouté prudemment : "Manifestement, il est en panique. En fait, vous êtes tous en panique…"

Je pense qu'elle savait ce que je voulais dire. Elle savait que c'était elle qui était en panique. Mais elle avait besoin de vider son sac : "Je sais… Mais aujourd'hui, j'étais vraiment à deux doigts de l'envoyer se… se faire foutre ! Monsieur voulait du punk, monsieur est servi !"

Sanja aime être courageuse, prendre position. Si elle avait quoi que ce soit de masculin, le résultat serait peut-être différent, mais comme ça, son côté querelleur, indépendant, péremptoire… J'adore ça. "Tu es mon héros", je lui chuchote parfois.

Mais maintenant, je la voyais inspirer, au bord des larmes, regarder de côté, prendre une cigarette… Elle a soufflé deux bouffées, puis m'a lancé un regard par en dessous, pour voir si j'avais remarqué ce moment de crise.

"Ben, envoie-le se faire foutre ! ai-je dit.

— Vraiment ?

— Ça le fera réfléchir ! Il peut plus te jeter de la pièce, c'est trop tard."

Je voulais qu'elle se sente soutenue. Elle devait monter sur scène avec cette conviction qu'elle avait le droit de se défendre. Bien entendu, elle n'allait pas insulter le metteur en scène, mais il suffisait qu'elle sente qu'elle en avait le droit. Ça allait la remettre sur pied, la débarrasser de ce sentiment d'être le bouc émissaire.

Elle m'a regardé dans les yeux, comme si elle y voyait quelque chose de magnifique, et m'a embrassé.

"Ouh, tu pues vraiment, ai-je dit.

— Alors, je vais me brosser les dents !" s'est-elle écriée joyeusement.

À son retour, nous nous sommes installés sur le canapé, elle me caressait la tête, le cou, le ventre, mais j'ai dû lui

sembler de bois, et elle m'a demandé si c'était à cause d'elle
que j'étais si… Elle m'a répété qu'il ne fallait pas que je m'inquiète, qu'elle allait s'en sortir.

Là, c'est moi qui ai soupiré. Cette fois-ci, c'était mon tour.

…

Sanja était contre le départ de Boris en Irak, elle était contre
cette guerre, contre le fait qu'on en parle comme d'un spectacle, elle était contre l'*infotainment*, elle était contre toutes
sortes de choses, et elle n'était pas non plus, je le pressentais,
particulièrement fan de ma famille élargie. D'accord, moi
non plus, mais devant elle, Dieu sait pourquoi, je les défen-
dais toujours, sans doute pour ne pas donner l'impression
qu'elle avait un meilleur patrimoine génétique.

Je me rappelle comment elle avait levé les yeux au ciel quand
je lui avais dit que Boris allait partir, et je m'étais efforcé de
la convaincre que ce n'était pas parce que c'était mon cousin, mais parce qu'il était fait pour cette mission : il parlait
arabe, il savait écrire, la guerre ne lui faisait pas peur… C'est
pourquoi, par la suite, je n'avais plus mentionné ces histoires,
mais là, merde, je devais en parler à quelqu'un…

Je lui ai brièvement exposé la situation, et, bien entendu,
tout sonnait comme une confirmation qu'elle avait eu raison.

J'ai conclu : "… J'ai fait une énorme erreur en le recom-
mandant.

— Tu voulais l'aider", a dit Sanja. Puis elle s'est adressée à
moi d'un ton presque maternel : "Toi, tu es trop sentimen-
tal… Ta famille, là, ils t'utilisent."

Je n'avais pas envie de remettre cette conversation sur le tapis.

"Ce n'est pas le sujet.

— J'avais une sorte de mauvais pressentiment… a-t-elle
dit comme si elle était elle aussi coincée. Mais tu étais tellement enthousiaste à son sujet.

— *Moi*, enthousiaste ?

— Tu ne te rappelles pas ? Ton cousin, qui parle arabe. Tu m'as même dit qu'il fallait que je le rencontre…

— Je ne me rappelle pas".

Je n'avais jamais eu l'intention de parler de ça. Et en plus, maintenant, il allait s'avérer que ma mémoire me faisait défaut…

"C'est bon, ne te fâche pas, a-t-elle dit. Tu es juste un peu naïf, tu jauges mal les gens…"

Tu parles, ai-je voulu dire, je vois tout de suite qui est dans quel trip… Puis j'ai compris que ce n'était pas vraiment le moment idéal. Je suis resté bloqué dans une sorte d'entre-deux.

Elle attendait que je dise quelque chose.

Moi aussi j'attendais…

Puis j'ai balayé la question du revers de la main.

Sanja a repris, doucement : "Je voulais juste te dire ça, sur ta famille… Tu leur passes tout… Alors qu'ils ne s'intéressent pas à toi. Et ils te tirent tout le temps vers le bas…

— C'est bon, Sanja, on ne peut pas dire que la tienne soit le comble de l'avant-garde non plus."

Nous avions repoussé ce moment longtemps, vivant pour ainsi dire dans une fiction. Ce n'est qu'à notre troisième été que nous avions entrepris la tournée officielle des présentations. Quelques jours dans sa famille, quelques jours dans la mienne. On aurait dit une sorte d'atelier théâtre. Nous nous regardions l'un l'autre adapter la représentation, redoutions que l'autre ne sorte une bêtise, prenions place à table d'un air très respectable, et alignions les répliques en argot régional. Je ne savais pas très bien mon texte... Mais j'avais parlé du coût de la vie, de maladies et d'accidents de voiture, plus de mémoire qu'autre chose, d'un ton sans doute pas très naturel, comme un acteur amateur.

On nous interrogeait sur notre vie à Zagreb d'un ton préoccupé et bien intentionné, pressentant que nous ne vivions pas comme il faut, et nous nous efforcions de nous en tenir aux faits, esquivant de justesse, car nous ne pouvions pas reconnaître ouvertement que notre but était d'avoir une vie complètement à l'opposé de la leur...

Étrange, comme il était impossible de raconter quoi que ce soit sur notre vie de la manière dont ça s'était réellement passé... En y repensant, tout juste s'il n'y avait pas rien à dire... Notre vie existait à peine, comme si elle était restée coincée dans une langue illégale, là où était aussi resté mon moi réel tandis que ce type à table énumérait des faits juridiques, déblatérait comme quoi sa voiture lui était bien utile, et se présentait à ses parents comme étant moi... Et errait du regard dans cet appartement... Et dans la famille de Sanja, tu ne savais pas où regarder, il n'y avait pas d'espace vacant. La mère de Sanja souffrait de la peur du vide, le moindre coin de l'appartement était rempli, l'air était irrespirable à force de guéridons bien pratiques…

Puis Sanja, dès le deuxième matin, avait suggéré à sa mère d'abattre le mur entre la cuisine et le salon, ce qui leur ouvrirait beaucoup d'espace, ce en quoi je l'avais inconsidérément soutenue… Quand sa mère m'avait fusillé du regard, j'avais compris qu'elle avait l'habitude que sa fille ait des idées saugrenues, mais qu'elle était déçue qu'elle se soit trouvé un mec comme elle. Elle avait immédiatement, avec une fougue toute méditerranéenne, dénigré cette idée. Mais elle s'adressait exclusivement à Sanja – on voyait qu'elle ne pouvait pas discuter avec moi d'un thème aussi intime qu'abattre un mur… Sanja voulait sans doute faire figure d'adulte devant moi, et elle avait continué à contredire sa mère, pendant tout le séjour, pas uniquement au sujet du mur. Et on ne pouvait pas qualifier ça de dispute, plutôt une irrévérence mutuelle qui, me semblait-il, les réjouissait en quelque sorte, comme une proximité particulière. Je m'étais dit qu'en se lançant ces piques, en réalité, elles me montraient combien elles étaient *chez elles*.

Je ne pouvais pas parler comme ça avec sa mère – je la respectais – et je me taisais. De même, ma future belle-mère balançait ses sentences critiques en regardant Sanja, et non moi – car elle me respectait.

Comme je m'étais tu au sujet du mur, il m'était devenu difficile de parler… Je réfléchissais en silence… Notre peuple est ainsi : il préférera toujours construire un mur que de l'abattre. Il a toujours préféré avoir deux pièces qu'une. Il adore compter les pièces. Mais où avais-je donc la tête ?!

Avec le père de Sanja, je parlais, bien entendu, très prudemment. Il était avant tout déçu. Particulièrement par *la politique*, par *tous* les partis. Il regardait toutes les informations, lisait les journaux, et était constamment à nouveau déçu. On aurait dit que c'était ce qu'il *faisait* dans la vie. Il avait voulu savoir si nous aussi, les journalistes, étions déçus. *"Oh, oui !"* avais-je répondu, en lui citant des exemples de la profession. Je ressentais, pour ainsi dire, le besoin de me rapprocher de lui dans cette déception, mais il avait peut-être cru que je voulais même le surpasser en la matière, étant donné que j'étais, disons-le, journaliste à la capitale et que j'avais l'occasion de pouvoir être déçu de près, et, d'une certaine manière, il ne voulait pas m'écouter, et chaque fois, dès que je prenais la parole, il se mettait à m'expliquer à quel point Zagreb était en décalage avec la situation sur le terrain, ce qui était l'une des choses qui le décevait le plus...

Je sirotais ma bière, lentement, en regardant les informations... Et ça s'accumule, ces canettes de bière, ça résonne dans la poubelle quand tu les écrases en tas pour donner l'impression qu'il y en a moins.

Quand nous les avons, depuis la voiture, frénétiquement salués de la main, j'ai dit joyeusement : "Chez mes parents, il y a un jardin, une jolie cour, tu verras..." Je voulais dire que là-bas, quand on a un peu bu, on ne se sent pas aussi désemparé qu'au milieu de guéridons bien pratiques.

Et puis nous sommes arrivés, et j'ai vu le garage.

Je veux dire, ils m'avaient *dit* qu'ils avaient fait construire un garage, ils s'en étaient *vantés* ; selon leurs dires, le garage s'intégrait parfaitement dans la cour... Mais j'ai tout de suite compris : il n'y avait plus de cour. Il y avait encore un peu d'espace, mais on voyait très bien que ce n'était que de l'*espace inutilisé*.

Ils nous ont ouvert ce garage à la télécommande, fièrement, comme s'ils inauguraient une nouvelle chaîne de production, et je me suis garé dedans.

"Bon, ben, on y est", ai-je dit à Sanja.

Et voilà, mes parents étaient pour ainsi dire devenus citadins, et nous avons pris place dans l'appartement... Et dans la cour s'était installée cette chose. Impossible de la déplacer. Impossible de la critiquer. J'ai fait une remarque, et ils m'ont coupé : je ne pouvais pas venir de Zagreb mettre les pieds sous la table et leur faire la leçon par-dessus le marché, en venant de Zagreb, de Zagreb, de Zagreb qui leur tapait sur les nerfs avec ses *sermons snobs*... Et ils avaient besoin d'un garage, notre garage chéri, notre liberté chérie...

À cette occasion, ma mère, comme dans une sorte de complicité féminine, a chuchoté à Sanja qu'il ne fallait pas écouter tout ce que je disais, car les hommes sont stupides, laisse-les donc avec leurs idées fixes... Mon père suivait ces exposés avec un petit sourire, et ici et là, en mode humoristique, il rabaissait ma mère, et Sanja affichait un sourire blême. J'essayais, dans la mesure du possible, de modérer ces conversations, en attirant l'attention sur moi, mais ils n'avaient d'yeux que pour ma *fiancée*, car pour eux, ça allait de soi, si je l'avais emmenée, c'est que j'allais l'épouser...

Et nous voilà ici, dans notre appartement de location. Les choses ont cessé d'évoluer d'elles-mêmes, et je ne sais pas au juste ce que nous allons inventer, quelle forme de vie, mais nous ne devons surtout pas, dis-je à Sanja, répéter les modèles... Il nous faut percer une nouvelle voie, un tunnel, un viaduc, que sais-je...

Mais voilà que Boris était venu se mêler de tout ça, il avait surgi comme le garage.

Impossible de lui expliquer l'ampleur du problème, alors, j'ai tourné l'ordinateur portable vers elle et ai dit : "Lis un de ces textes, et dis-moi ce que tu en penses..."

Elle m'a regardé d'un air interrogateur.

"Ouvre un de ces mails, n'importe lequel."

...

J'avais oublié de te dire état de guerre,
les fusils retentissent, et les héros
gémissent, le métal reluit, le sang jaillit,
le sombre Arabe perd à la guerre, les

poches de résistance se brûlent au laser
comme des verrues, comme tu le vois rien
d'inattendu, tout se passe comme prévu,
on suit le scénario, tout ça doit avoir
l'air très cinématographique à la télé, le
désert en est reconnaissant, c'est comme
conquérir Mars, tu n'as aucune idée de s'il
y a de la vie, tu la cherches, tu avances,
il doit bien y avoir quelque chose, ne
serait-ce qu'une sorte de bactérie, des
restes, des fossiles, des combustibles
fossiles, et qui sait quoi d'autre, tu
ne sais jamais si les extraterrestres ont
des armes de destruction massive, quel est
leur degré d'avancée technologique, il y a
là un *embedded* journaliste pro-Bush, pro-
Tuđman, pro-Milošević, hooligan, entoure
la bonne réponse, et il me demande ce que
je pense des armes de destruction massive,
est-ce qu'ils en ont, est-ce qu'ils vont les
utiliser là-bas aux portes de Bagdad City,
il me provoque parce qu'ils ont tous pigé
que j'étais un amateur, pas la moindre idée
de comment ils m'ont cerné, pas la moindre
idée de comment ces pros réfléchissent, mais
bien entendu qu'ils n'ont pas d'armes de
destruction massive, s'ils en avaient vous
ne les auriez sûrement pas attaqués, donc
pas de raison d'avoir peur, on peut être
tranquilles, je dis d'un ton optimiste, et
on a trinqué à la bière sans alcool, les
gens m'aiment bien, que veux-tu que je te
dise, et je me sens intégré, mais ensuite
c'est la tempête, le vent du sud charrie des
tourbillons de poussière et de sable fin, très

fin, ça rentre dans la bouche, le nez et les
yeux, et on se réfugie dans les voitures, on
reste assis toute la journée enfermés dans
une caisse, on sue, on n'y voit rien, il
ne faut surtout pas ouvrir la fenêtre, même
pas en rêve, même pas en rêve, car le sable
s'engouffre à l'intérieur, dans le cerveau,
dedans la chaleur est insoutenable, rythme
cérébral, fréquences, cousin, j'aimerais
vraiment t'appeler, pour voir quel temps il
fait là-bas, mais ils nous ont dit de faire
attention à Thuraya, qu'ils peuvent nous
localiser, nous bombarder, et ça serait con
de crever à cause du temps.

...

Sanja souriait et secouait la tête en lisant.
"Tu ne m'avais pas dit, a-t-elle commenté. Il déconne, en
fait."
Hm, je me suis gratté l'épi en haut du crâne...
J'ai dit : "Je ne sais pas si c'est intentionnel. Il y a vraiment
de tout... Je me demande s'il n'a pas pété une durite !
— Je pense qu'il écrit ça en ricanant, tout content de sa
blague.
— Mais pourquoi est-ce qu'il ne rentre pas, quand je lui
demande ?!
— Je ne sais pas... Il joue sans doute au con...
— Il se fout bien de ma gueule, surtout ! S'il y a un objet
à cet humour, c'est bien moi."
Elle tapotait un ongle contre ses dents de devant, perdue
dans ses pensées.
Puis, elle a semblé avoir une idée salvatrice :
"Peut-être qu'il ne sait pas écrire comme un journaliste
normal...

— Tout le monde sait faire ça, du moins à peu près."

Elle a réfléchi avant de rebondir : "Tu sais, ce n'est pas si bizarre que ça… Il n'est pas formé, genre, à votre jargon. Je veux dire, si quelqu'un m'envoyait courir derrière les Américains, comme si je commentais un match en live, ben, moi aussi, je préférerais tourner ça à la plaisanterie.

— C'est bon, je sais que tu es contre la guerre." Je voulais juste dire que ce n'était pas le sujet.

"Et qu'est-ce qu'il y a de mal à ça ?" Elle m'a regardé. "Au moins, ce type dit quelque chose… Alors que ta rédaction n'a pas la moindre position là-dessus."

Je l'ai regardée. Qu'est-ce qu'elle croyait ? Que je pouvais changer le monde ? Un homme n'irait jamais faire ça à une femme, mais de temps en temps, elle s'adressait à moi comme si j'étais Superman.

J'ai pensé que je devrais lui dire que les guerres que nous avions connues m'avaient fait perdre toutes mes illusions.

Mais en même temps, tu ne dis pas ce genre de choses à la fille qui est censée planifier son avenir avec toi.

"En gros, ce que tu veux dire, c'est qu'il est, genre, subversif ?

— Consciemment ou non."

Je ne voulais pas laisser voir la rage qui bouillait en moi… Ils étaient, genre, subversifs, et moi, je représentais le système ; ils étaient la liberté, et moi la répression… Attends : Sanja rit, il est drôle, et moi, je n'ai pas le sens de l'humour ? Non, je trime sur ses torchons, je rafistole… Je cache ça comme un secret de famille, je m'angoisse, je fais de la parano, pendant que les jeunes s'amusent…

Je me suis levé. "Mais il se fout de qui ?! De la gueule de qui ?! Je dois tout réécrire, après…"

Elle m'a interrompu : "Hé, arrête de crier ! Je n'y suis pour rien."

Je me suis rassis.

Elle a de nouveau jeté un œil au texte.

"Moi, je publierais ça comme ça !" a-t-elle lancé.

Mais avec qui je parle… Quelles gamineries, ai-je pensé.

"Mais je ne peux pas publier ça comme ça ! Nous sommes un journal normal ! Pas un fanzine pour hippies !

— Oui, c'est vous qui déterminez ce qui est normal", a-t-elle rétorqué, très punk, exactement comme le demandait Ingo.

Elle s'est permis d'ajouter : "Tu t'es remis à crier."

Qu'est-ce que c'était que ce truc : est-ce qu'elle répétait son rôle avec moi ?

"Dis ça à Ingo. J'ai l'impression que tu es plus punk à la maison que sur scène."

Sanja a renâclé, vexée.

"C'était bas", a-t-elle répliqué.

Je sais, ai-je pensé. Mais cette position dans laquelle je devais défendre le système face à elle et Boris, deux courageux antimondialistes, m'énervait terriblement. Comment en étais-je arrivé là ?

Je me suis répandu en sarcasme : "C'est bien connu : les journaux définissent la norme, les médias standardisent les gens ! Ils définissent le discours, ils définissent le ton de la plaisanterie : une *plaisanterie badine*, pas ce délire psychédélique… Ils déterminent à quel propos il faut s'énerver, où se positionner. Chaque jour, il faut se positionner…

— Mais pourquoi tu t'énerves contre moi comme ça ? m'a-t-elle interrompu.

— Mais oui, c'est ça, ai-je bafouillé, tu me fais la leçon comme si j'avais commencé à réfléchir à ça aujourd'hui ! J'ai bien conscience de tout ça ! Mais ils me payent, et je dois prendre ce putain de crédit ! Je sais ce qui peut passer, et ce qui ne passe pas !

— Moi, je te fais la leçon ? Tu n'arrêtes pas de parler… ou plutôt de crier", a-t-elle dit en me lançant un regard par en dessous.

Elle était assise sur le canapé, vexée. Et moi en face, sur le fauteuil.

Chacun respirait de son côté.

La chaîne hi-fi passait la bande originale du film *Buena Vista Social Club*.

J'avais vu ce film, et compris qu'il y avait quelque chose de pas net avec ces Cubains. Ils étaient si manifestement mieux que nous.

"Putain, il m'a bien niqué, ai-je sifflé entre mes dents, plus pour moi.

— Ça, c'est pas nouveau, a-t-elle dit.

— Qu'est-ce que tu veux dire ?

— Rien, je dis juste."

Elle contemplait la fumée qui sortait de sa bouche.

"Qu'est-ce que ça veut dire, tu *dis juste* ?

— Rien."

Je l'ai regardée : elle soufflait cette fumée comme si rien d'autre n'existait au monde. Elle *dit juste*…

Elle ne dit pas quoi.

Elle ne dit pas que je suis un incapable ? Un crétin, un bon à rien, un minable, un abruti, un loser, un demeuré ?

J'avais l'impression qu'il y avait de ça dans ce qu'elle me disait, ou plutôt ne me disait pas…

Car, oui, bien entendu, Boris n'était pas le seul. Avant aussi, il m'était arrivé de recommander des gens… À la différence de Boris, le problème avec eux, c'était qu'ils progressaient plus vite que moi. Ils étaient incroyablement capables, ces gens.

J'avais le flair pour les talents, les jeunes talents, les individus relativement doués désireux d'une plus vaste reconnais-
sance… C'était peut-être dû au fait que pendant des années,
j'avais passé trop de temps dans les cafés, et que je connaissais tout le monde. Quoi qu'il en soit, on aurait pu dire que je
faisais du bénévolat dans les ressources humaines, car chaque
fois que la boîte cherchait quelqu'un de jeune et plein d'allant, on me demandait systématiquement :
"Tu connais quelqu'un ?
— Oui, y a ce type, il est serveur à Limited…
— Serveur ?
— Oui, mais il a fait des études, il est malin…
— OK, dis-lui de passer."
C'est ainsi que du sang frais était arrivé dans le journalisme,
y compris, même, Pero le Chef. Ça fait bizarre, dit comme ça,
mais lui, à l'aube des bouleversements démocratiques, je l'avais
cueilli directement au bar. Je l'avais pris par la main et amené
au journal et… il avait grimpé les échelons, pour le formuler poétiquement, plus vite que le vent… Car notre société a
une verticale d'une grande fluidité. Nous n'avons pas d'élites
stables. Le socialisme a détruit les vieilles élites – le peu de
bourgeoisie et d'aristocratie provinciale que nous avions –
puis la guerre et le nationalisme des années 1990 ont détruit
les élites socialistes, et ensuite, pour finir, la démocratie est
arrivée, et il a fallu se débarrasser aussi des élites nationalistes.
   Les élites vaincues pouvaient survivre dans le sillage… Oh,
oui, elles pouvaient mener leurs affaires et tirer les ficelles

dans l'ombre, mais au grand jour, dans nos médias représentatifs, comme notre *Objectif*, qui se devaient, à chaque instant, d'être le *miroir des temps nouveaux*, que dis-je, de *l'instant*, nous avions sans cesse besoin de nouvelles recrues ! Nouveaux éditorialistes et faiseurs d'opinion, nouvelles têtes, nouvelles photos. En dix ans, nous avions traversé en accéléré trois paradigmes médiatiques – socialiste, de guerre, démocratique – autrement dit : nous avions usé quelques générations de petits génies, si bien qu'aujourd'hui notre élite médiatique était singulièrement jeune.

Nous manquions de gens ne s'étant pas compromis. Si tu avais récemment encore écouté Lou Reed, travaillé comme serveur ou suivi une formation de vigneron, tu avais à présent l'occasion d'incarner les nouvelles valeurs… Démocratie, pop culture, slow food… sans remettre en question le capitalisme, bien entendu – on n'est pas des cocos –, si bien que contre la privatisation menée dans les années 1990 par les élus de la chance et du leader national, tu ne pouvais rien. Le fric s'était volatilisé, et les jeunes forces médiatiques étaient arrivées pour dépeindre les coulisses du chemin européen et de la normalisation… D'ailleurs, que faire d'autre une fois la révolution finie et le fric réparti ? Maintenant, ce qu'il nous fallait, c'était l'harmonie, la sécurité, le consommateur, un individu libre qui paie ses traites ; nous pouvions aussi promouvoir un peu d'hédonisme, il faut bien que les gens profitent, bien entendu dans la limite du raisonnable, pour ne pas nous attirer les foudres de l'Église.

Il y en avait pour tous les goûts. On ne peut pas dire que ce n'était pas dynamique : nous sommes une société nouvelle, une société aux décors et aux illusions sans cesse renouvelés. Nous sommes tous, dans les faits, nés de la dernière pluie. Pas de chambre des lords ici, pas de vieille bourgeoisie, juste un ex-peuple travailleur socialiste qui se déshabille et se change et qui, en masse, avec des efforts carnavalesques, se hisse vers les étoiles. Tous essaient de se lancer : certains tombent la tête la première, mais… la variante transitionnelle du rêve américain existe vraiment, à ceci près que, dans ce chaos généralisé et ce repositionnement accéléré, le succès dépend des cas. Tout est comme dans *Big Brother*. L'un des citoyens lambda va être lancé en orbite, mais qui ? C'est l'époque des cieux ouverts. Nous sentons tous que ça ne peut pas durer longtemps. Les cieux vont se refermer. La société va se stabiliser, la transition va passer, et ensuite, nous saurons qui est entré, et qui non. Un jour, nous aussi nous aurons notre chambre des lords, bien entendu de pacotille, mais peu importe… C'est maintenant qu'il faut, tant que c'est encore possible, attraper le train en marche. Pero le Chef m'a doublé, pas le moindre doute là-dessus. Il est devenu rédacteur en chef, et j'en suis encore à ramasser des losers dans la rue. Lui, Pero, c'est de notoriété publique, n'est plus le même homme. Et moi, tout ce temps, j'ai voulu rester le même, comme si c'était un accomplissement… Rester un rocker, éviter tout ça.

Est-ce de ça qu'on parle, quand on dit que quelqu'un ne veut pas grandir… Ou est-ce à cause de Sanja ? Elle est plus jeune, elle trouve ça naturel que je ne porte pas de cravate comme Pero, ce sont ses valeurs, c'est d'un mec comme ça qu'elle est tombée amoureuse. Mais elle aussi, elle progresse. Putain, elle progresse même très vite.

Je me rappelle très bien quand Pero a commencé à progresser ; à un moment, il s'est mis à éviter mon regard, me saluer en vitesse, se garder de s'asseoir à ma table, oubliant qui l'avait emmené à la rédaction.

J'ai toujours fait la même erreur : l'air de rien, je rappelais aux gens ce qu'ils avaient été.

Plus tard, je l'ai accepté comme un nouvel homme, qui n'avait rien à voir avec le serveur du Limited. Alors, lui aussi m'a à nouveau accepté.

D'un point de vue logique, je devais forcément moi aussi, malgré tous mes efforts, avoir changé d'une manière ou d'une autre. Si Pero était devenu mon chef, c'est que malgré tout, rien n'était plus comme avant.

Tout ça, d'une certaine manière, je le cachais à Sanja. Je veux dire, je mentionnais ces choses, mais toujours en riant, sur le ton de la blague, genre je flotte dans un univers supérieur immunisé contre les prétendues valeurs sociales. De toute façon, les aléas du monde de la carrière ne l'intéressaient pas. Elle ne voyait que l'amour. Notre amour et l'amour dans le monde. L'écologie. La sincérité. Notre particularité et la bravade romantique des milieux alternatifs. Elle m'aimait précisément *comme j'étais*. Ce n'était que récemment qu'elle avait commencé à suivre dans l'horoscope la rubrique *travail*.

Et maintenant, voilà qu'au fil d'une discussion houleuse, nous commencions à nous en approcher, du contexte – comme dans *Alien*, quand, après son arrogance initiale, l'équipage commence à entrevoir l'ampleur du problème, là-bas dans cette grotte, dans une autre galaxie…

Dorénavant, après Boris, il était plus que clair que mon bénévolat dans les ressources humaines était une activité éminemment stupide.

Depuis peu, Sanja avait commencé à la comparer à son bénévolat dans la troupe de théâtre alternative Zéro, fondée par sa bande pleine d'enthousiasme de potes du Conservatoire. Ils avaient fini par se séparer l'hiver dernier, pleins d'amertume, chacun avec le sentiment d'avoir été utilisé par un ramassis d'ingrats.

Il n'y avait pas de fric, et s'en était suivi un embrouillamini de sentiments. Car, allez savoir pourquoi, la fermeture des comptes financiers entraîne immanquablement l'ouverture de comptes émotionnels… Je suis bénévole, donc je sais. Dès qu'il n'y a pas de fric, tu ouvres un compte émotionnel : tu cherches une forme de *gratitude*. Mais… il n'y a pas de comptabilité précise… Au final, chacun a le sentiment que tous lui sont redevables. Ainsi avait périclité la troupe Zéro, dont les expérimentations avaient été portées aux nues par la jeune critique : ils s'étaient traités de tous les noms, Sanja s'était sentie utilisée, et elle avait décidé de ne jouer, à l'avenir, que là où on la payait.

Certes, elle s'était sentie un peu coupable d'avoir abandonné si vite ses idéaux de jeunesse.

Elle était terriblement fâchée contre ses anciens amis et, longtemps, elle avait vomi cette rage. C'était, à ce que j'en ai compris, le besoin de distanciation psychologique par rapport à l'underground que ressentaient parfois les jeunes alternatifs quand on leur supprimait leur argent de poche. Il faut bien gagner du fric quelque part, et soudain, tu arrêtes de t'enthousiasmer pour les projets anticonformistes. Alors, tu regardes autour de toi, désorienté, et tu ressens une colère féroce contre quelqu'un. Tu dois juste choisir contre qui.

Quand j'avais renoncé à la dramaturgie, je m'étais senti pareil. Je travaillais pour les journaux, et en parallèle, à la fac, j'écoutais les histoires de mes collègues dotés d'argent de poche. Plus je travaillais, plus ils devenaient avant-gardistes. Je m'efforçais de suivre les tendances : nous avions entendu dire qu'il fallait chasser la psychologie du théâtre, et nous prônions ce principe. Nous lisions les déconstructivistes et tentions de les appliquer au terrain théâtral. Nous menions des discussions pour le moins schizophrènes, débordantes de terminologie flexible. Je me vidais de mes forces. Je courais de la rédaction à la fac comme la marathonienne Paula Radcliffe.

J'étais furieux contre mes parents, ces bouseux qui m'avaient supprimé mon argent de poche et me sabotaient ma déconstruction. J'étais furieux contre les petits minets de l'alternative zagréboise qui, tôt ou tard, allaient finir par intégrer le glamour local, faire des déclarations depuis le Red Carpet avec des moues boudeuses, comme si ce destin banal leur était tombé dessus à l'insu de leur plein gré. J'étais furieux et contre les bouseux et contre les élites, contre le travail et contre l'art, étant resté coincé quelque part entre les deux, comme quelqu'un qui ne parvient pas à sortir du brouillard, entre toutes ces classes culturelles, tous ces gens si diablement convaincus d'être *authentiques*. Je ne savais pas à qui en parler. J'étais furieux contre moi-même. Je n'arrivais pas à m'exprimer. C'était ça le problème.

J'avais donné raison à Sanja d'avoir quitté le bénévolat dans l'underground ; qu'aurais-je bien pu lui dire d'autre ?

Non, il n'y avait pas d'autre solution, répétait-elle.

Il n'y avait pas d'autre solution, répétait toute sa génération, comme tant d'autres avant elle. Il n'y avait pas d'autre solution, et s'il y en avait une, elle devait rester secrète, comme la masturbation dans des toilettes d'entreprise… Comme mon fourrage de nez bénévole dans les ressources humaines.

C'était là que j'avais redirigé mes instincts anarchistes, amenant à la boîte des invités surprises comme Boris, que personne avec une cravate n'aurait jamais choisi. C'était, de fait, un reste de mes penchants subversifs, quand je chantais avec Johnny Štulić* : "Et dans la rue de tous côtés / Des filiales, des bureaux / Et que grouillent les bureaucrates / Putain, les mecs / Moi aussi j'ai peuuur…"

C'était de la branlette dans des toilettes d'entreprise.

Telles ces bactéries qui s'adaptent aux antibiotiques, ma révolte avait muté, cherchant son plaisir dans le capitalisme. Trouve ta faille dans le système… Soigne tes fantasmes, et nourris t'en… Cultive-les comme on cultive un peu d'herbe dans un lieu caché.

"Ça, c'est pas nouveau", a dit Sanja.

Et c'est vrai.

Toute cette histoire avec Boris est la preuve ultime que je ne fais de la subversion qu'à mes propres dépens.

Mais pour l'instant, je n'ai pas envie d'en parler avec elle.

---

* Branimir (Johnny) Štulić : auteur-compositeur et musicien yougoslave d'origine croate, chanteur du célèbre groupe de rock yougoslave Azra. Les vers cités sont extraits de la chanson d'Azra *Kad Miki kaže da se boji* (Quand Miki dit qu'il a peur).

Je ne vois pas comment je pourrais lui dire tout ça sans trop de conséquences. J'ai le sentiment que ç'aurait un impact délétère sur son image de moi, de nous. Elle croit que nous sommes spéciaux. Au-dessus de la société. Que toutes ces banalités n'ont pas d'influence sur nous. Elle s'est imaginé notre avenir comme un champ ouvert de possibilités.

Elle voit les choses différemment, elle est encore très jeune, c'est une actrice, elle peut se projeter dans tout et n'importe quoi, me disais-je... Son identité est dynamique. Mais moi, je ne pouvais pas changer de rôle toutes les deux minutes. Je sentais que tout était en train de se définir. La marge de manœuvre était restreinte, et j'avais acquis ma propre vision de l'avenir... Oh, oui ! J'avais acquis une vision de l'avenir qui me hantait. Au premier abord, rien de bien terrible, tout tenait la route... Mais je voyais une vie pourrie, dans une ambiance pourrie, avec des gens en état intermédiaire de putréfaction. Je me voyais avec eux, à des soirées d'entreprise et des anniversaires d'enfants, à siroter de la bière en bavassant contre quelque chose, contre nos autorités et les américaines, et ensuite, ensuite nous parlions de divers imbéciles subalternes, des gens que nous rencontrions au travail, et ensuite, soudain, nous nous égayions un peu, car quelqu'un disait : "Allez, les mecs, changez de sujet, c'est barbant..." Je me voyais subir ce pourrissement : je n'en parlais à personne, et personne ne m'en parlait. Je voyais les gens acheter de nouvelles machines à laver, des cuisines aménagées et des chaînes hi-fi sur lesquelles ils allaient écouter du rock, acheter des étagères et y ranger leurs disques. Je les voyais cuisiner de la slow food, échanger des recettes exotiques, se montrer leurs photos de vacances et parler de maisons en pierre en Istrie. Je voyais des gens devant lesquels j'avais peur d'exprimer du chagrin, je voyais le bonheur devenir obligatoire et tout le monde dire c'est super, c'est super, c'est super. Je les voyais se garer, se garer, se garer devant le portail de la maison de campagne où l'on fêtait cet anniversaire d'enfant, et ensuite quelqu'un disait : "Mais qu'est-ce que tu deviens, ça fait longtemps qu'on ne t'a pas vu !" Je me voyais parmi eux lancer des blagues vaseuses, prenant garde à ne blesser personne, surtout à ne pas nous blesser tous ensemble. Je le voyais, je serais bien entraîné à ces blagounettes, j'aurais une expérience de dingue, car je les fais aujourd'hui déjà, mais il était manifeste que j'allais progresser, cultiver un style discret et mélancolique.

Je vois cet avenir. J'ai cette merde dans la tête comme une puce électronique intégrée. Ç'avait l'air rodé comme un antique voyage organisé.

...

J'ai continué à parler de Boris.

"Le truc, c'est qu'il m'envoyait ces mails à la con tous les jours, rien à foutre qu'on soit un hebdomadaire… Mais maintenant, même ça, c'est fini."

Nous ne nous étions pas disputés, mais quelque chose était resté en suspens, chez elle aussi. Une sorte de distance, qui se transformait en… expression à la limite de la migraine.

"L'horreur", a-t-elle soupiré.

Puis elle a ajouté : "Il faut que je m'en débarrasse !

— De quoi ?

— Cette horreur, c'est devenu un mot béquille…

— Ah bon ?

— Je dis tout le temps « l'horreur », tu n'as pas remarqué ? Doc se fout de ma gueule, dès qu'il me voit, il dit « l'horreur »."

Mais de quoi elle parlait ? Est-ce qu'elle m'avait bien entendu ?

Elle est un peu trop absorbée par sa pièce… Depuis le début, je me dis qu'en réalité ça la dérange que j'aie moi aussi un problème.

"Maintenant, il n'envoie plus rien, ai-je répété.

— Quoi, il n'écrit plus du tout ?" Elle m'a regardé.

"Depuis que je l'ai insulté dans un mail, ça fait déjà trois jours. En même temps, le mec n'écrit pas pendant trois jours, et il est censé écrire tous les sept jours…"

C'est vrai, le mec n'écrit pas pendant trois jours, et il est censé écrire tous les sept jours. Pourquoi est-ce que je panique ?

"Dans les faits…", ai-je commencé, puis je me suis perdu dans mes pensées : comment poursuivre cette phrase.

Elle m'a attendu un peu, puis a repris : "Attends… il t'a écrit d'où la dernière fois ?

— Il est arrivé jusque dans Bagdad. Il m'a écrit depuis le palais de Saddam."

Elle a soupiré et a levé les yeux au ciel. "Et qu'est-ce que tu vas faire, maintenant ?

— Je ne sais pas… J'ai peur… S'il ne me contacte pas demain, alors… Je vais devoir faire quelque chose… Même si, dans les faits…"

Je me suis perdu dans mes pensées, de nouveau.

Et merde, cette dernière phrase ne menait nulle part…

J'y ai renoncé : "Le truc, c'est qu'ils paient un type que j'ai recommandé, mais qu'ils ne savent pas que c'est mon cousin et… et que ça fait des semaines qu'ils publient mes textes écrits à Zagreb. Tu piges ?

— Je pige", a-t-elle dit.

Elle pigeait peut-être, mais je voulais qu'elle comprenne enfin.

J'ai repris : "Le problème, c'est que si je lance des recherches, je devrai leur montrer ses mails. Sinon, ils ne comprendront pas pourquoi je panique. Et si je leur montre ça, alors, ça revient à tout avouer…"

Je l'ai regardée : "Évite juste de dire « l'horreur »…"

Elle a ouvert la bouche. Et n'a rien dit.

Elle avait enfin l'air de réfléchir à ma situation.

"Hum… Désolée, j'avais pas capté…"

Elle a baissé la tête et m'a regardé par en dessous.

"Désolée, je suis tellement absorbée par ce stress…"

Elle m'a caressé la main.

"Pas de souci", ai-je soupiré.

Elle a réfléchi à ce qu'elle pouvait ajouter. "Il va t'écrire demain, tu verras, a-t-elle dit. Et je serai là, avec toi, quoi qu'il arrive."

La tendresse dans sa voix rendait le monde plus léger.

Elle m'a caressé les cheveux.

C'était bon de ne pas être seul.

Nous nous sommes touchés du bout des lèvres.

"En tout cas, quand il reviendra, ne te sens surtout pas obligé de me le présenter", a-t-elle lancé. Je voyais bien, elle essayait de me changer les idées.

J'ai soupiré.

Je suis entré dans son jeu : "Quoi, tu as quelque chose contre mes cousins ?!

— Mais non voyons, a rétorqué Sanja, sans eux, la vie serait un long fleuve tranquille."

Je me suis allongé sur le canapé et me suis absorbé dans la contemplation du plafond. J'ai senti mon corps se détendre enfin. J'ai fermé les yeux, et ne les ai rouverts que bien plus tard.

À 19 h 29, une énorme horloge est apparue sur l'écran. C'était la même chose tous les soirs. Je ne sais pas si le journal télévisé commence comme ça partout, ou seulement dans les ex-pays socialistes. Je me frotte les yeux. Cette horloge me ramène à la réalité. Nous vivons dans une réalité qui doit être entretenue, comme n'importe quelle machine. La télévision tenait la bride au temps : elle fondait le présent, créait en grande pompe l'aujourd'hui.

Ce qui se passe aujourd'hui, c'est un hit absolu. Ce qui s'est passé hier, c'est sans intérêt.

L'horloge décomptait les secondes. 5, 4, 3, 2, et… Le monde pouvait commencer : le générique est hypnotique, la musique dramatique.

Sanja a bougé à côté de moi, mais quand je l'ai regardée, j'ai constaté qu'elle dormait.

Puis j'ai vu l'entrée de la banque Ri, à Rijeka. Ils ont zoomé sur le logo au-dessus de l'entrée : Ri BANKA.

Il y avait un problème avec la banque, c'était évident, puisqu'ils la filmaient. Je n'ai pas tardé à apprendre qu'inexplicablement, le fric avait disparu de la banque. Ouh, ils vont me refiler ce sujet demain, me suis-je dit. Ils vont me reprocher qu'on n'ait pas été les premiers sur ce coup. Que font mes sources ?

Ce n'est que plus tard qu'est venu le tour de Bagdad. Là-bas, la situation se *normalisait*, a dit l'homme qui me regardait dans les yeux.

Sanja s'est collée contre moi dans son sommeil.

Je suis passé à la télé bosnienne. Je trouvais ça plus facile de regarder les Bosniens. Chez eux, tout était sensiblement pareil, mais en pire, si bien que leur vision des choses, d'une certaine manière, m'apaisait.

Ils annonçaient un reportage sur un homme qui, comme le révélait le présentateur, "avait remporté le titre honorifique de policier de l'année".

Puis, *Satisfaction* a retenti, dans la version électronique de mon portable. J'ai regardé l'écran : MARKATOVIĆ.

En cet instant précis, je n'avais pas la moindre envie de contrer ses idées.

"C'est qui ? a demandé Sanja en levant la tête.

— Personne. L'une de mes nombreuses conquêtes…"

Elle s'est contentée d'un sourire ironique.

"Markatović, ai-je expliqué. Je le rappellerai plus tard.

— On dirait que ce type est né un portable à la main.

— C'est pour le taf.

— Mais bien sûr."

...

Les tendances de progression sont à présent de 30 à 40 kilomètres par jour, les poches de résistance sont éradiquées depuis les airs, et moi je continue à manger ces biscuits que je traîne depuis le Koweït, ça fait déjà longtemps qu'ils me dégoûtent, ils s'effritent dans la bouche comme du sable sucré, se coincent dans la gorge, je taxe de l'eau aux gens, sinon, je bois constamment du Coca-Cola chaud, ça, y en a en veux-tu en voilà, comme s'ils étaient les sponsors de ce rallye, je suis cocacolisé, je suis pétillant.

...

Elle prend la télécommande et zappe. Elle s'est arrêtée sur une série policière.

Je lui caresse le cou, comme pour lui faire un petit massage. Je me suis glissé derrière elle et ai embrassé ses reins découverts, et elle a gigoté de plaisir. Elle s'est retournée, m'a embrassé sur la bouche et caressé les cheveux. Elle s'est remise à regarder la série policière, et a poussé un profond soupir. Puis elle s'est appuyée contre moi, et m'a regardé d'un air suppliant, comme si elle voulait se reposer. Je comprends tout. Quand tu as passé suffisamment de temps avec quelqu'un, tu déchiffres tous ses gestes, tout devient langue.

Je me suis allongé derrière elle, comme pour me reposer.

Pendant ce temps, une experte de la police scientifique, qui était aussi psychiatre au passage, exposait le profil psychologique d'un pervers sexuel, affirmant qu'en réalité, il désirait secrètement être attrapé, et que c'était pour ça qu'il leur laissait des indices, mais qu'il était terriblement intelligent, ce qui ouvrait aux scénaristes une infinité de fantastiques combinaisons. Ce genre de séries était de plus en plus répandu. La civilisation tout entière vivait dans la peur des pervers sexuels, car la société est un pervers sexuel.

Je lui ai caressé le dos, puis me suis aventuré plus bas.

"Hmm… tu sais, je dois me préparer, la générale est à onze heures", a-t-elle dit.

Pendant ce temps, l'experte de la police scientifique, suivant des indices microscopiques, était arrivée si près du pervers qu'il l'avait agressée. Pourtant, elle avait réussi à s'en sortir avec juste une petite égratignure sur le front, et il allait être condamné à de longues années de prison, voire à mort.

Puis le téléphone a sonné, le fixe.

Sanja s'est levée et a répondu. Elle a écouté, puis a haussé les sourcils et dit : "C'est pour toi, une femme."

J'ai pris le combiné.

"Allô ?

— Allô… *Tu sais qui c'est ?*"

Je me suis chié dessus… J'ai imaginé une femme dure, trapue, une dégaine de mama de grande famille italienne, qui distribue les gifles aux petits jeunes de la Mafia. C'était elle qui faisait tenir la maison, ou du moins, c'est l'idée qu'elle se faisait d'elle-même. En réalité, sa principale obligation consistait à entretenir une coiffure datant de l'époque où l'homme avait marché sur la Lune.

Dissimulant ma peur, j'ai dit : "Milka ?

— Eh, tu vois, tu m'as reconnue.

— Comment… Comment aurais-je pu ne pas vous reconnaître."

Je ne savais pas très bien si je devais lui dire *tu* ou *vous*. C'était la sœur aînée de ma mère, et elle venait lui rendre visite comme une sorte d'autorité familiale, mais je ne l'avais pas vue depuis qu'elle s'était disputée avec ma mère autour d'une affaire d'héritage familial, où elles n'avaient rien à revendiquer mais avaient pris parti pour des camps opposés, ce qui les avait menées à devoir témoigner l'une contre l'autre au tribunal local…

La dernière fois que j'avais vu Milka remontait déjà à pas mal d'années.

Mieux vaut la vouvoyer, ai-je décidé, comme ça, je vais peut-être arriver à maintenir une distance… "Comment allez-vous ? ai-je lancé.

— On fait aller. Et toi ?

— Ça va.

— Tu sais pourquoi je t'appelle ?"

Il fallait de nouveau jouer aux devinettes. Mais malheureusement, ce n'était pas bien difficile. Milka est la mère de Boris.

"Hm, c'est sans doute à cause de Boris ? ai-je marmonné.

— Mais il est où ? a-t-elle demandé. Qu'est-ce qu'il fout ?

— Qu'est-ce qu'il fout… Heu… Mais qu'est-ce qu'il fout ?"
j'ai bloqué.

J'ai regardé Sanja comme pour demander de l'aide.

"Alors, il est où ? a insisté Milka.

— Écoutez, il est en Irak…

— Hé. Ça, je sais. Mais il ne me donne plus de nouvelles du tout", a-t-elle dit comme si elle s'excusait au nom de son fils. Puis elle a gémi. Elle a poursuivi sur le même ton, comme si elle révélait une infamie : "Cette espèce de malappris. Je ne sais pas ce que je vais faire de lui.

— Hmhm ?" ai-je dit. Je ne savais pas que Milka et moi avions tant de choses en commun.

"Est-ce qu'il te donne des nouvelles ?

— Oui, oui", ai-je répondu. Je sentais qu'il valait mieux la rassurer. "Il m'a écrit il y a quelques jours."

Elle pensait qu'il m'envoyait des lettres comme au service militaire, et elle m'a demandé : "Il a dit s'il allait bien ?

— Oui, genre, normal, quoi." Je ne savais pas quoi dire d'autre.

"Et il est où maintenant ?

— À Bagdad.

— Je n'aurais jamais dû le laisser partir, a-t-elle dit d'un ton contrit, avant de pousser un nouveau gémissement.

— Que voulez-vous…", ai-je bredouillé.

J'étais tout tendu.

"Mon pauvre petit", a repris Milka en gémissant… J'avais le sentiment que ces gémissements étaient un paravent tactique, derrière lequel se préparait une embuscade. "Tu n'aurais jamais dû l'envoyer là-bas…

— Ah non, pas de ça, tata Milka !" ai-je rétorqué. Ma respiration s'est faite lourde, je tenais la dernière ligne de défense.

"C'est lui qui m'a supplié, je ne suis pas venu le chercher, je ne l'ai pas forcé…

— Je sais, je sais…", a dit Milka en reculant.

Mes muscles du dos se sont contractés. Il fallait devancer son prochain assaut.

"… Et d'ailleurs, j'ai eu des problèmes à cause de lui, ai-je dit sur le ton de l'avertissement. Il n'écrit pas tout à fait… comme il faut.

— Il est complètement fou !" s'est écriée Milka.

Ça m'a un peu étonné de sa part. Puis elle est passée sur le ton de la confidence : "Crois-moi, il n'est pas normal, ce gosse !

— Ah bon ?"

Elle a poursuivi d'un ton amer : "J'ai honte. Les gens me demandent de ses nouvelles… Et lui, il ne m'appelle jamais."

Puis elle s'est tue. J'avais très envie de la consoler, et je me suis mis à défendre cette canaille.

"Peut-être qu'il ne peut pas vous appeler. Vous avez un mail ? me suis-je souvenu.

— Quoi ?

— Un mail."

À présent, me semblait-il, elle commençait à penser que j'étais moi aussi fou.

"Ben non, pourquoi j'aurais un mail, a-t-elle répliqué. Mais il pourrait m'appeler au téléphone. J'imagine qu'il a un portable.

— Ça ne marche pas là-bas." Ma voix tremblait tandis que je mentais. "Peut-être qu'il ne peut vraiment pas vous appeler, c'est le chaos complet à Bagdad.

— Donc, tu penses que tout va bien ?" a-t-elle demandé d'un ton fatigué.

Le chaos complet et tout va bien, mais bien sûr, ai-je pensé. Pourtant, j'ai dit : "Ben oui, y a pas de raison, c'est normal, tout ça."

Elle a soupiré encore une fois, comme si elle baissait les bras, et a soufflé : "D'accord. Alors… Excuse-moi. Tu sais ce que c'est, une mère. On s'inquiète.

— Je sais, tata Milka, c'est compréhensible… D'accord… on se tient au courant."

Enfer et damnation, pourquoi ai-je sorti ce *on se tient au courant*, ai-je pensé en reposant le combiné. Qu'est-ce que je voulais dire par-là ? Que cette conversation allait avoir une suite ? L'espace d'un instant, je me suis senti pris dans la toile d'un sinistre soap-opéra. Je voyais se succéder une tonne d'épisodes plus stupides les uns que les autres.

Sanja m'a regardé.

"Il n'a pas appelé ses parents ? Même pas de Bagdad ?"

J'ai soupiré. "Il a peut-être perdu la mémoire, ça arrive souvent, dans les soap-opéras.

— L'horreur, a-t-elle commenté.

— Milka", ai-je conclu.

...

Je ne peux rien t'affirmer avec certitude, tout peut être contredit, ce pourquoi je ne défends aucune opinion, je parle juste, j'avance au travers des mots, je me fraie à grand-peine un chemin derrière l'armée, ils filent, impossible de les rattraper, tu les perds de vue un instant, et ils ont déjà disparu.

...

"Tu vois, il y a les gens cools, et les gens hot. Les gens cools te laissent vivre, et les gens hot ne te lâchent pas... Avec eux, tout finit toujours par être en commun ! Tu leur ouvres la petite porte, et il en rentre un million...

— OK, pas la peine de te torturer avec ça maintenant", a dit Sanja. Elle s'habillait pour sortir. "Il va peut-être se manifester demain.

— D'abord, il y a eu ce Boris, et maintenant, sa mère. Il y en a certainement d'autres. Nous sommes des gens cools qui vivent dans un pays hot, c'est ça, notre problème.

— Absolument, a-t-elle opiné en se regardant dans le miroir.

— Même pas le temps de te retourner... que tu tombes dans un drame collectif !"

Toujours, quand je suis à bout de nerfs, au lieu de péter les plombs, je me mets à philosopher. C'est une forme particulière de vidage de sac.

"Ce fou furieux n'a pas appelé sa mère une seule fois, Dieu sait quel merdier c'est entre eux, et maintenant... Tu sais ce qu'elle me dit ? « Tu n'aurais pas dû l'envoyer. » Tu te rends compte ? Comme si c'était moi qui l'avais mobilisé !" J'ai regardé autour de moi, comme pour voir si j'avais un double. "Comme si j'étais George Bush en personne !

— Elle l'a dit comme si elle t'accusait ou...

— Elle m'a lancé ça genre, en passant. Je veux dire, elle sait... elle sait très bien que c'est lui qui est venu me supplier.

— Fais comme si tu n'avais pas entendu. Elle dit ça sans réfléchir. Tu sais comment sont les mères : « Ah, si ça ne s'était pas passé comme ci, mais comme ça »... « Ah, si tu m'avais écoutée, à tel et tel moment »... Elles veulent toujours remonter le cours du temps. Ma mère aurait pu dire ça aussi.

— C'est bien ce qui me fait peur."

J'ai allumé une cigarette.

"Tu ne connais pas Milka", ai-je ajouté.

Sanja a regardé l'horloge, et dit : "Hé, pas la peine de te mettre dans cet état. Il ne s'est encore rien passé, si ?

— Non, ai-je concédé. À part qu'ils m'entraînent dans leurs merdes. Maintenant, je suis obligé de m'impliquer dans leurs histoires de fous.

— Tu n'es pas obligé.

— Tu parles que je ne suis pas obligé ! Tu vois bien que ça me rend déjà fou !"

Elle a pris un air désapprobateur.

Je faisais les cent pas en tirant des bouffées comme si je les avalais.

J'ai expiré rageusement et secoué la tête. Je me suis planté devant la fenêtre fermée comme devant une tribune, en levant les bras au ciel : "Pourquoi est-ce qu'il n'y a rien qui marche dans ma vie, pourquoi ?!

— Hé, calme-toi…

— Rien, rien !!! Ma vie ne vaut rien !" J'étais entraîné par une vague de pessimisme. J'éructais ces phrases avec délectation. "Tout est pourri ! Putain de saloperie, il faut tout envoyer chier ! Tout ! Tout ! C'est pas une vie, c'est de la merde !" C'était ce genre de moment où tu n'as pas envie que quelqu'un te détrompe, et elle a dit : "Non, ce n'est pas vrai…", et par esprit de contradiction, je l'ai regardée et j'ai dit : "Ah oui ?! Alors, pourquoi est-ce qu'on ne va pas visiter cet appartement ? Tu peux me l'expliquer ?"

Elle m'a lancé un regard surpris : "Je ne vois pas le rapp…

— Il y en a un ! Il y a un rapport ! Tout a un rapport !" J'expulsais rythmiquement ma rage.

"Je n'ai pas eu le temps", a-t-elle dit. Puis elle a inspiré, comme si elle avait perdu son rythme de respiration. "Tu penses que je n'ai pas envie…

— Je ne pense rien !" ai-je tranché.

Je suis retourné m'asseoir. Je regardais de côté, mais je sentais ses yeux sur moi.

Je me suis tourné vers elle. À présent, c'était elle qui regardait de côté, comme si elle analysait le vernis du parquet.

"Désolé", ai-je dit.

Elle m'a regardé par-dessus son épaule.

J'ai agité mes bras en l'air, comme un mauvais chef d'orchestre. "Toute cette histoire me rend fou, excuse-moi.

— Ne te défoule plus jamais sur moi, a-t-elle dit comme si elle comprenait mais qu'elle fixait une limite.

— Je ne le ferai plus. C'était vraiment nul de ma part. En plus, tu as ta générale et tout…"

Je l'ai embrassée sur l'épaule.

"OK, a-t-elle dit, mais elle a ignoré mon contact. Je dois y aller."

Elle s'est dirigée vers la porte. J'ai dit : "Excuse-moi, vraiment, c'était pas le moment de te déconcentrer…"

Elle s'est arrêtée devant la porte, indécise. Je me suis approché.

"Tout va bien se passer. No stress… Tu peux le faire",
ai-je dit.

Elle m'a serré dans ses bras. Fort.

Puis elle m'a regardé comme quelqu'un qui reviendrait de
loin… Heureuse que je sois de retour.

"Tout va s'arranger avec lui, crois-moi", a-t-elle dit en me
caressant le visage, et elle est sortie.

J'ai pris une bière dans le frigidaire.

J'ai ouvert la canette, posé un verre sur la table.

Milka, Boris, toute cette putain d'embrouille gagnait du
terrain, s'étendait à moi et Sanja. Impossible de rester cool,
me suis-je dit. Embrouilles, réseaux. Folie. Gens hot.

Pourquoi lui avais-je crié dessus ? Ce n'est pas comme ça
que nous communiquons… Elle n'y est pour rien.

Il faut que je me calme… Tandis que la mousse de bière
grimpait le long du verre, j'ai essayé de réfléchir au fait que
c'était une belle image, la satisfaction incarnée, comme dans
une pub.

J'ai regardé cette bière devant moi. J'ai pris le verre comme
un type dans une pub, bu deux gorgées, et soupiré.

…

Elles sont fantastiques, fantastiques,
fantastiques ! Inaugurées pour la première
guerre du Golfe, les roquettes Tomahawk
demeurent un fantastique petit bijou de
technologie qui vole, vole, vole, suit le
terrain et touche de son ogive de 450 kg la
cible programmée, jusqu'à une distance de
1 600 km ! Que c'est beau d'écrire ça, pas
la moindre douleur ! La marine de guerre
des États-Unis a environ 1 000 Tomahawks, et
chaque Tomahawk coûte 600 000 dollars, et moi

je fais le calcul : franchement, pour tirer
sur quelqu'un avec ça, faut avoir une putain
de bonne raison, je veux dire, pour tirer sur
quelqu'un avec une valise de 600 000 dollars,
faut avoir, cousin, une excellente raison
financière, sinon, mon frère, ça vaut pas
la peine ! Si la roquette coûte plus cher
que ce qu'elle touche, c'est quand même un
peu ballot ! J'ai compris, putain, c'est le
principal problème de l'engagement américain
dans le monde ! Tu ne peux pas tirer sur
n'importe quel crétin ! Tu peux faire la
guerre là où ça vaut la peine ! Tiens, par
exemple, en Afrique, ça vaut vraiment pas
la peine ! Tout ce que tu touches – c'est
pas cher ! Ce que tu as détruit ne justifie
en rien le prix des roquettes ! C'est le
problème des guerres dans le Tiers Monde !
L'immobilier vaut que dalle ! Autrement dit :
tu produis des pertes !
   Voilà ! Des pertes ! On en est là !
Franchement, ils pourraient faire un petit
effort pour se développer, en Afrique, il
faut les pousser un peu, et après seulement
leur tirer dessus ! Sinon, c'est absurde ! Ça
n'a pas de sens, et le plus important, c'est
le sens !
   Mais un jour, quand le prix du Tomahawk
aura baissé, le monde va changer ! Quand on
aura inventé une arme de pointe à un prix
abordable, le monde sera différent ! Alors,
les Amerloques pourront intervenir même là
où il n'y a pas de fric ! La question, c'est
quand est-ce que ça va arriver ! Et si ça
va arriver ! Moi, je pense que les armes de

pointe resteront toujours chères ! Juste pour
que tout le monde ne se mette pas à tirer
sur tout le monde ! Si un pauvre se procurait
un Tomahawk, tout partirait en couille ! Le
riche, au moins, il évite ses propriétés,
il fait des calculs, mais quand un pauvre
a des armes… Je veux dire, genre, tu n'as
rien, juste des armes ! Épineuse situation
psychologique !

Tu as envie de tirer avec, comme ça, pour
qu'on voie que toi aussi, tu as quelque
chose !

Tu ne peux pas résister, c'est aussi simple
que ça, tu dois tirer un peu ! C'est le
problème avec les guerres de pauvres ! (À
toi de voir ce que tu vas faire de ça, mais
moi, j'ai besoin de philosopher un peu, je
m'emmerde comme un rat mort ici !) Tiens, par
exemple, les Serbes, des pauvres, ils font la
guerre pendant toutes les années 1990, sans
le moindre plan financier ! Ils guerroient,
ils guerroient, et ils sont de plus en plus
dans la merde ! Ça, ça n'arrive pas aux
peuples avancés ! Alors que nos frangins
les Serbes, ils s'épuisent à tirer, ils
enregistrent d'énormes pertes, et ensuite,
ils ne savent pas quoi faire ! Ils prennent
la moitié de la Bosnie, et après, ils restent
assis dessus sans rien faire ! Sans un sou !

Tu sais, tout ça, ça épuise les gens
psychologiquement aussi ! Après la guerre
et ce putain de stress, ils aimeraient bien
se reposer un peu ! Mais pas maintenant,
fait chier, il faut rattraper tout ce qui
a été perdu et trimer ! Qui peut forcer un

guerrier à travailler - une vieille énigme
indienne ! Tu peux pas le caser comme ça dans
une réserve et lui faire planter du maïs !
Geronimo pourrit sur pied, comme tous ses
camarades ! Dès que la baston s'arrête, ils
vont chez le psychiatre ! Alors que tant que
la merde dure, tant que tu conquiers cote de
niveau par cote de niveau, tas de caillou par
tas de caillou, buisson d'épines par buisson
d'épines, que tu déplaces la frontière, tu as
l'impression que tout ça mène quelque part,
que ça se développe, comme si, comme ils
disent, il y avait une perspective !
  C'est notre gros problème, à nous les
guerriers pauvres ! Comme tu le vois, je
m'inclus dedans ! Je sais ce que c'est,
m'en parle pas ! Depuis que la guerre est
finie, depuis que j'ai vu que c'était fini
un point c'est tout (t'es arrivé là où t'es
arrivé), je me sens comme, comme !!! Pas la
moindre idée de ce que je pourrais bien faire
maintenant ! Devenir philosophe ?! Curé ?!
Quoi ?! Quoi ?!

...

"J'ai vu que tu avais essayé de m'appeler, dis-je à Markatović en guise de bonjour.
  — T'as le temps de prendre un café ?" a-t-il demandé. Puis
il a immédiatement ajouté : "C'est important."
  Il m'a énervé avec ce "c'est important". Pourquoi ne pou-
vait-il pas m'inviter normalement à boire une bière ? Pourquoi
nous voyions-nous constamment comme deux improbables
hommes d'affaires ?

"Tu es seul, ou tu veux encore me fourrer dans une de tes combines ?

— Je suis seul, promis. Allez, viens", a-t-il répondu. Avant d'ajouter : "Hé, j'ai un appel de Dijana, je dois le prendre... Je te rappelle dans une minute."

J'ai attendu. Je me tortillais sur le canapé. Il suffit que quelqu'un me mette la puce à l'oreille, et je suis incapable de rester dans l'appartement. Surtout pas dans un tel état de nerfs.

J'avais déjà enfilé ma veste quand le téléphone a sonné. Mais le fixe.

Ça ne peut pas être Markatović, il appelle sur le portable.

Je suis resté planté devant le téléphone, à le regarder. Je n'avais pas de putain d'indicateur du numéro entrant.

Il a sonné longtemps.

Et encore une fois.

C'est quand même pas Milka, me suis-je dit.

Il s'est remis à sonner.

Le téléphone sonnait encore quand je suis sorti de l'appartement – j'ai claqué la porte comme si je m'étais disputé avec quelqu'un.

Quand je suis sorti dans la rue, je me suis rappelé que je ne savais pas où aller. Markatović m'avait-il dit où il était ? Et merde... Peu importe... C'était mieux comme ça ! J'en avais ras le bol de ces rendez-vous professionnels dans des endroits avec de la musique d'ascenseur, des bières hors de prix et l'odeur du cigare. Quand je buvais dans ces rades élitistes, l'envie de vomir me prenait bien plus tôt que d'habitude.

Je me suis mis en route pour Limited.

Markatović a sans doute enfin fini sa conversation avec Dijana, et m'a rappelé.

"Je suis déjà en route, ai-je dit. Pour Limited.

— Merde, c'est pas vraiment sur mon chemin...

— Écoute, j'y suis déjà, j'ai même trouvé une place de parking.

— Mec, mais je suis en costume, genre, avec une cravate…

— Enlève-la”, ai-je rétorqué.

Il a voulu ajouter quelque chose, mais je l'ai interrompu : “Hé, je dois me garer, là, si c'est si important que ça, viens.”

Limited ne pouvait vraiment pas s'enorgueillir d'une atmosphère professionnelle : j'ai eu de la peine à me frayer un chemin jusqu'au bar. J'ai regardé autour de moi, en me tordant le cou, dans l'espoir d'apercevoir un visage connu. Les vieux de la vieille venaient parfois ici ; de soir en soir, tu pouvais compter les survivants de ta génération. Aucun doute là-dessus, nous subissions des pertes considérables. Le bar était plein à craquer, mais si un vétéran m'avait demandé qui il y avait, je lui aurais dit : “C'est la foule, mais y a personne.”

Je n'avais rien d'autre à faire que de regarder des filles inconnues, attendre Markatović et essayer de deviner ce qu'il avait bien pu nous pondre après l'image de marque de La Vallée et son manuel sur la Bourse… Va savoir pourquoi il était devenu aussi inventif. On aurait dit qu'il imaginait des boulots juste pour garder les gens plus longtemps à table. Il avait ce regard fiévreux. J'avais le sentiment qu'il échafaudait ces combines juste pour rentrer le plus tard possible à la maison. Nous n'en parlions pas, mais c'était comme si Dijana lui était devenue en quelque sorte importune. Quand il était avec elle, il se tenait comme s'il n'existait pas. Même quand il parlait d'elle, il adoptait un ton sinistre. Il disait qu'il l'aimait, mais impossible de se décider à rentrer à la maison. Il avait acheté un appartement, mais on voyait qu'il n'aimait pas y être. Il ressemblait un peu à un sans domicile fixe. Il étirait sa journée de travail dans des proportions délirantes, et errait en ville avec cette cravate. Il ne pouvait pas convier ses partenaires professionnels à des cafés nocturnes, et avait donc recours à moi. Il concoctait des idées pour donner l'impression que nous faisions quelque chose. Il m'emmenait dans des endroits dépourvus d'atmosphère pour que nous n'ayons pas l'air de faire la bringue. Il avait commencé à boire de manière que ça ne ressemble en rien à une fête. Il se cachait à lui-même tout le problème. Nos beuveries devaient ressembler à des heures supplémentaires, car s'il n'avait pas été en train de travailler, il aurait dû enfin rentrer chez lui.

Il est apparu sur le pas de la porte et, en dépit de tout, ça m'a fait plaisir de le voir.

Le voilà, le vieux gothique, il a enlevé sa cravate, défait son dernier bouton de chemise, il a peut-être même essayé de froisser son costume avant d'entrer… Il m'a demandé : "Ça fait longtemps que tu attends ?

— Non, t'inquiète…

— Quoi de neuf ?" Il m'a fait un clin d'œil en regardant autour de lui.

"Comme tu le vois, nous subissons des pertes considérables…"

Il connaissait cette réplique, et il m'a fait un sourire triste en me tapant sur l'épaule : "Tu n'as pas idée d'à quel point tu as raison…"

Il a commandé un double whisky avec beaucoup de glace.

"Je m'enfile ces cafés à longueur de journée, s'est-il plaint. Mais là, j'en ai ras le bol. Ça va finir par me rendre malade", a-t-il dit pour se justifier.

Tout était clair comme de l'eau de roche, et j'ai hoché la tête.

Quand il a eu son verre, il m'a dit : "Il y a une table libre dans la loggia, allons nous asseoir, on ne peut pas parler ici.

— Mais c'est plus animé ici.

— J'ai mal aux reins, j'ai été me faire masser aujourd'hui, je ne peux pas rester debout."

Ça m'énervait de devoir m'enterrer dans un coin, autour des tables de la loggia. Je n'aimais pas les vues statiques ; je voulais voir des choses bouger devant moi. C'est mon côté méditerranéen. Partout en Méditerranée, de l'Afrique du Nord à Venise en passant par Istanbul – la mer a habitué les gens à contempler l'arrivée des vagues, le rythme en lui-même… En Méditerranée, tu peux t'asseoir n'importe où, sur des escaliers, un muret, par terre, sans but, et regarder la houle de la mer ou de la rue. Markatović était un continental, et ce sentiment lui était complètement étranger, ce qui lui importait, c'était une table, pas la vue sur mer, et en plus il avait mal aux reins, si bien que nous nous sommes assis à cette table, et il m'a demandé : "Alors, tu fais quoi en ce moment ?"

J'ai réfléchi un peu, et j'ai répondu : "En gros, j'attends de voir ce qui va se passer."

Il m'a regardé intensément, comme si quelque chose d'important lui était passé par la tête. Je ne voulais pas qu'il me mentionne le manuel sur la Bourse ou quoi que ce soit d'approchant, et je l'ai interrompu : "Et toi ? Ça avance, ton roman ?"

Markatović m'a lancé un regard par en dessous. "Doucement. J'ai pas beaucoup le temps d'écrire...", a-t-il dit. Puis il a poursuivi, sans transition, comme un mauvais DJ : "Tu as vu, aujourd'hui, à la Bourse...

— Ne me parle plus de la Bourse ! l'ai-je coupé. D'accord ?"

Markatović m'a regardé d'un air vexé, et j'ai eu envie de lui dire qu'il ferait mieux de rentrer chez lui... Ou de se bourrer la gueule dans les règles... J'en avais plus qu'assez de le regarder devenir un alcoolique des heures supplémentaires, le tout en évitant sa femme et en parlant constamment de sujets sans intérêt.

"Qu'est-ce qui te prend ?

— Ni de La Vallée ! ai-je repris. Ne t'avise plus de me parler de lui.

— Désolé... Pas de souci..." Il a levé les mains en l'air.

"Soit on rentre à la maison, soit on boit dans les règles de l'art !" ai-je lancé.

Il m'a regardé, déconcerté.

"Je ne comprends pas... J'ai fait quelque chose qui t'a vexé ?" a-t-il demandé, presque effrayé.

Il s'était tout recroquevillé. Soudain, il avait l'air d'être conscient de tout, et les rides autour de ses yeux composaient une grimace défaite qui mendiait la pitié. Je l'ai regardé, et j'ai renoncé au couplet que j'avais préparé.

J'ai presque eu de la peine. Je n'étais plus du tout en colère.

J'ai dit : "Hé… Je suis un peu tendu, c'est tout. Désolé."

Markatović a descendu son whisky, et s'est mis à agiter le bras pour commander une deuxième tournée.

On aurait dit que c'était une manière de gagner du temps.

Il a enfin réussi à attirer l'attention du serveur.

Il a pris une inspiration, il ne savait pas par où commencer.

"C'est la grosse merde, a-t-il soufflé.

— Mais non, l'ai-je détrompé. J'ai juste un souci au taf, c'est tout.

— Quoi ?

— Un débile qui me fait tourner en bourrique. Je l'ai recommandé comme reporter en Irak, il est parti là-bas, et maintenant, il ne répond plus.

— Ouh, tendu ! a convenu Markatović. Et qu'est-ce que tu vas faire, maintenant ?

— J'attends. Il peut encore se manifester.

— T'inquiète, il va forcément refaire surface. Ça sert à rien de psychoter à l'avance. Tiens, par exemple, y a quelques jours, y a un type qui est revenu, un genre de caméraman, et tiens-toi bien : le mec a fait passer en contrebande des tuyaux d'or de la maison de Saddam à Tikrit ! C'est un antiquaire qui me l'a raconté, genre…"

Il avait l'intention de continuer, mais son portable a sonné. C'était Dijana, et il lui a dit qu'il était avec moi, et que nous avions encore quelques trucs à régler.

Si je devais décrire sa voix, je dirais qu'il s'efforçait d'être soporifique. J'avais déjà remarqué ce ton mélancolique qu'il employait avec elle. Ça sonnait comme une ballade sur les mers lointaines : on aurait dit que Markatović intervenait à l'antenne de "Soirée maritime", en direct du cargo *Trpanj* qui croisait au large de Singapour, pour saluer sa femme et ses deux petits garçons. Il avait hâte de les voir, mais entre eux s'étendait la mer immense et grise.

"Non mais, vraiment, je suis avec Tin... À Limited, on finit de régler deux trois trucs", a dit Markatović. De l'intérieur du bar parvenait une musique qui anéantissait l'impression souhaitée de rendez-vous professionnel : *You gotta fight, for your right, to paaarty...* Dijana devait certainement penser que nous étions en train de nous amuser comme des petits fous. Tu vois, me suis-je dit, il a raison, Markatović, d'aimer les lieux calmes et impersonnels.

À présent, il fixait son portable. Manifestement, la communication avait été interrompue.

Il a poussé un soupir las.

"Elle est tellement nerveuse ces derniers temps...

— Tu travailles trop, l'ai-je discrètement averti.

— Il faut bien", a-t-il soupiré avant de se perdre dans ses pensées. Puis il m'a brusquement demandé : "Tu as entendu, ce truc, à la banque Ri ? Aujourd'hui à la Bourse..."

Je l'ai regardé. C'est vraiment une maladie, me suis-je dit.

"Markatović, je t'en conjure, arrête de te comporter comme si nous étions en train de travailler !" ai-je fulminé.

Il m'a regardé comme si j'avais vraiment dépassé les bornes. Je le vois bien, il va se vexer. Sa tolérance à lui aussi a des limites. Il a répliqué : "Mais qu'est-ce qui te prend ! Je te pose la question le plus normalement du monde !"

Je ne voulais pas que nous nous disputions sur un malentendu complet, et j'ai dit d'un ton conciliant : "J'ai entendu. C'était au journal. J'aurais dû en entendre parler avant, mais je n'étais pas au courant.

— Ah, d'accord.

— Hé, Markatović, c'est la nuit, la nuit profonde, c'est un peu tard pour le boulot. Là-bas, à l'intérieur, y a des filles en train de tortiller du cul, ai-je fait remarquer.

— Ce truc, avec la banque Ri, c'est vraiment grave", a-t-il marmonné.

J'ai levé les yeux au ciel… "C'est fantastique, me suis-je écrié, comme l'homme peut se fuir lui-même grâce aux événements médiatiques ! Toutes ces affaires ont l'air si importantes, et nul ne peut t'empêcher d'en parler, même si tu es dans la merde pour de tout autres raisons."

Markatović m'a observé d'un air vexé, avec une incompréhension totale.

Je n'ai plus personne avec qui sortir, ai-je pensé. C'est la fin. Il faut que je me trouve de nouveaux amis. Ou que je déménage.

"Quelqu'un l'a appris avant les autres et a vendu. Certainement quelqu'un en interne, m'a informé Markatović.

— Et ? Tu veux que j'écrive un livre dessus ?

— L'action va dégringoler.

— Oui, ai-je ricané. Elle va très probablement toucher le fond."

J'ai gloussé sans raison, levé mon verre et l'ai cogné contre le sien, et Markatović m'a regardé par en dessous.

"Tu crois ?

— J'en sais rien, je raconte des conneries. Ça ne m'intéresse pas. Est-ce que tu peux te mettre ça dans la tête, putain ?!"

Il a soupiré comme l'homme le plus esseulé du monde.

Nous avons bu chacun une gorgée, puis il a dit : "Je suis dedans."

Je l'ai regardé. Il avait l'air plus sérieux tu meurs.

"Attends, t'as des actions ? De la banque Ri, RIBN-R-A ?

— Oui, a-t-il opiné. Et pas qu'un peu."

Je ne savais pas quoi lui dire. Je suis resté comme bloqué sur le mauvais temps.

"Ben t'es entré quand ?

— Tu vas pas le croire. Ce matin, a-t-il répondu en regardant fixement son verre, comme s'il envisageait de se le casser sur la tête.

— Putain, t'étais encore coké d'hier soir… Est-ce que t'as dormi, au moins ?

— C'était une décision rationnelle, a-t-il dit d'un air sombre. La banque avait été rachetée par les Allemands, putain de bordel de merde !"

J'ai hoché la tête d'un air compatissant. Et voilà, même les Allemands, c'est plus ce que c'était. Dès qu'ils débarquent chez nous, ils deviennent pourris.

Il a repris : "J'ai investi une tonne de fric, même ce que j'avais reçu ce matin de La Vallée… Je suis l'action, elle oscille… J'ai un *live feed* sur mon ordi, je voyais tout : l'action était à la hausse… Je pensais saisir l'occasion et me retirer dès qu'elle aurait un peu monté, c'est comme ça que je me suis fait du blé il y a deux mois, mais dans des dimensions plus modestes. Là, je voulais tirer parti du moment où j'avais du fric sur mon compte en banque…"

J'avais du mal à comprendre. "Attends, l'action a monté ce matin ?

— Oui, mais j'ai compris après coup que le management de la banque avait créé artificiellement de la demande… Pour se débarrasser de ses parts. Manifestement, c'est la banque elle-même qui a racheté leurs actions, et nous, les autres, on les a rejoints… Les enfoirés étaient au courant des pertes. Ils nous ont sorti une manœuvre digne de Tito à la bataille de la Neretva…

— Putain, quelle arnaque !" J'ai secoué la tête.

"Je peux toujours essayer de revendre demain matin, mais ça va être tellement à perte que, que, que je suis fini… Je, je ne vais pas pouvoir honorer les contrats que j'ai conclus…", bredouillait-il.

Et voilà, j'ai plus de garant, ai-je pensé.

"L'autre solution, c'est d'attendre, a-t-il repris. Qu'ils redressent la situation. Cette Bayer Landesbank a bonne réputation…

— Oui. En Allemagne, ai-je dit sobrement. Mais j'ai l'impression qu'ici, ils ne la jouent pas de la même manière. Ils pourraient bien tout simplement disparaître.

— Alors, l'État doit intervenir, il faut bien que quelqu'un intervienne !" s'est écrié Markatović, écartant les bras.

Je l'ai regardé avec pas mal de remords, à cause de mes semonces précédentes.

"Mais ce n'est plus une banque publique, ai-je objecté.

— Oui, mais tu vois, ce que je me dis", là, il a fait une petite pause, et suivi d'un regard absent le cul d'une fille qui sortait... Puis il a repris, sur le ton de la confidence : "Tu vois, y a une tonne de boîtes autour de Rijeka qui sont liées à cette banque, et du coup, je me dis que l'État ne peut pas permettre que tout coule avec elle...

— Il y a une certaine logique, ai-je dit, compatissant.

— Alors, tu penses que je dois attendre ou pas ?"

Je n'en avais pas la moindre idée.

"Allez, dis-moi, qu'est-ce que tu en penses ?" m'a-t-il imploré. Son visage avait changé. Soudain, il me regardait comme un petit garçon. Je me suis souvenu du type avec qui je m'étais inscrit à la fac. Je le vois, il s'en remet à moi en tant qu'homme des médias. Il veut croire que je suis bien informé.

"Alors ?" demande-t-il.

Je vois qu'il a terriblement confiance en moi.

"Je ne sais pas", je dis.

Il s'est rapproché et m'a demandé, dans un chuchotement rauque : "Que te dit ton *instinct* ?"

Je me suis un peu reculé, j'ai vu son visage défait, et j'ai ajouté : "Je ne sais pas. C'est chaud de perdre autant. J'imagine que j'attendrais. Mais c'est juste un feeling.

— Tu attendrais, hein ? Ses yeux avaient retrouvé leur éclat.

— Je veux dire, j'en sais rien... J'essaie juste de me mettre à ta place", me suis-je protégé.

Mais Markatović s'était déridé, comme s'il avait enfin entendu une bonne nouvelle.

Il cherchait quelque chose dans ses poches.

"T'as essayé cette coke que je t'ai filée ? a-t-il demandé.

— Je me la réserve pour demain.

— Je vais me rafraîchir un peu", a-t-il lancé en se dirigeant vers les toilettes.

```
Y a rien à acheter ici, j'ai fumé mes deux
dernières cigarettes, pas le moindre kiosque,
juste les blindés et le désert, personne
ne vend des glaces, y a même pas cette mère
Courage qui tire sa carriole, je ne me
souviens plus dans quoi tu m'as dit que ta
copine jouait, j'ai pas bien compris, je
pourrais t'appeler pour te poser la question,
ça m'intéresse vraiment, mais ils nous ont
dit de faire attention à Thuraya, qu'ils
peuvent nous localiser, et ça serait con
de crever à cause du théâtre, même si c'est
estimable, estimable...
```

Quand Markatović est revenu des WC, il avait une tête comme s'il essayait de se rappeler quelque chose. "Qu'est-ce que tu disais, déjà ? Le type en Irak ne donne pas de nouvelles ?

— Ouais. Et en plus, ce débile, c'est mon cousin.

— Ouh", a-t-il soupiré, comme s'il comprenait très bien la situation. Il a fait une grimace, soufflé une bouffée : "J'ai fait la même erreur avec mon père…"

J'étais un peu déçu que Markatović ramène immédiatement la conversation à lui, mais il a poursuivi : "Son entreprise a été rachetée par une crapule, soi-disant pour investir, mais il a juste revendu l'immobilier… et rideau !

— Classique", ai-je dit. J'avais écrit des centaines de fois sur ce scénario… J'avais reçu quelques menaces.

"Et, tu vois, j'ai voulu embaucher mon vieux, pour qu'il ne reste pas là à déprimer… Mais il me rend dingue ! Il n'y connaît rien, et il se mêle de tout, il m'appelle tout le temps, donne des conseils, genre, comme un père… Ça le tue que je ne l'écoute pas ! Et il s'est mis à picoler sec… Je ne lui donne plus rien à faire. Mais…" Il a ri en baissant les yeux. "Je n'arrive pas à le renvoyer.

— Et qu'est-ce que tu vas faire de lui…

— Je n'ai qu'une hâte, qu'il parte à la retraite", il m'a regardé comme s'il disait la chose la plus drôle du monde. "Encore deux ans à tirer."

3. TROISIÈME JOUR

Autour de moi, des Esquimaux.

Ils m'enfouissent dans la glace, et je me dis que c'est bien pour moi – car un jour, on pourra m'en extraire, intact, quand on aura trouvé un remède à ma maladie.

Puis les Esquimaux s'en vont, en chantant.

Ensuite arrive, d'un pas lourd, un gros ours polaire, celui qui boit du Coca-Cola.

Il est rejoint par toute une famille d'ours blancs, qui s'assoient sur ma tombe.

"Hm, tiens donc, je ne suis peut-être pas tout à fait mort", me dis-je en regardant leurs derrières par en dessous.

Mais... ils grossissent.

Leurs derrières sont chauds, ils font fondre la neige.

Et voilà, je les attends.

C'est alors que, par chance, mon réveil a sonné.

Avant de me brosser les dents et de boire mon café – j'ai allumé mon ordinateur portable. Je me suis connecté à internet, les mails ont commencé à arriver, je n'étais pas très bien réveillé... *A big penis is not an illusion anymore*, m'écrit un individu bien intentionné. On m'offrait du Viagra et l'abonnement à un club de rencontres grâce auquel 75 % des membres avaient déjà réussi à baiser... On m'informait que j'avais gagné 206 000 livres à la Loterie nationale britannique, mais je n'étais pas complètement convaincu, car j'avais aussi gagné, quelle coïncidence, 667 000 euros à la Lotería Española... Chaque jour, je gagnais à la loterie et j'avais une opportunité de baiser avec un gros pénis, mais je n'arrivais plus à m'en réjouir – c'est ce qui s'appelle la saturation… J'avais également reçu un mail de Kofi Edwards, directeur de la Fidelity Bank du Nigeria, où, par un concours de circonstances, 20 millions de dollars américains s'étaient retrouvés bloqués sur un compte, et ce bon vieux Kofi me demandait un service, que j'aille les retirer. Rien à dire, que des bonnes surprises. Mais aucune nouvelle de Boris.

Sanja est entrée au moment où la mousse du dentifrice me coulait le long du menton. Elle se moque toujours de moi en me disant que je ne sais pas me brosser les dents, mais à présent on voyait bien qu'elle n'avait *pas envie* de rire. C'était un sourire qui fuyait. Elle avait un journal à la main, et j'ai tout de suite compris qu'elle était dedans. Je pense qu'elle s'était composé cette expression *rien de spécial* sur le chemin du kiosque à l'appartement, mais elle n'y tenait plus.

En crachant la mousse, j'ai dit : "Dites donc ! Ça ne serait pas le jour de sortie de la première interview de la petite ?!"

Elle a ri de sa propre gêne. Cette mise à nu de la vanité, c'est ça, l'intimité. Devant les autres, elle allait arborer un masque de dame qui a *l'habitude* de tout ça, mais devant moi… Elle s'est mise à sauter en l'air comme une petite fille, émettant des sons comme si elle imitait une sirène de police. Je l'ai embrassée sur le nez. Nous en faisons peut-être un peu trop, mais une première interview, c'est une première interview !

Et nous voilà à table, à nous donner des coups d'épaule, et dans la rubrique culture du *Quotidien*, chez notre mortelle concurrence, s'étale ce titre : DE LA PURE ALCHIMIE SUR SCÈNE. Dessous, une photo d'elle et Jerman, dans le feu de l'action, lors d'une répétition… Il avait le bras autour de sa taille… Hm… C'est bon, me dis-je pour me calmer, il a juste le bras autour de sa taille… Mais les types du GEP ont pondu ce titre, et mon cœur crachote comme un vieux diesel un matin d'hiver, et je ne peux pas m'empêcher de lui demander : "Attends, c'est quoi, ce titre ?

— De quoi ?

— On dirait qu'il y a une alchimie entre toi et Jerman…

— Ça va pas la tête ?" Elle me regarde en haussant les sourcils.

Devrais-je me satisfaire de cette réponse, me suis-je demandé. Je ne pouvais pas poursuivre la conversation en mode rubrique culturelle.

"Ne me dis pas que… sous le coup de l'émotion… tu n'as pas remarqué l'ambiguïté de ce titre… ai-je dit.

— Allez… a-t-elle soupiré. J'ai remarqué, oui, mais… ça ne veut rien dire.

— Dis-moi : est-ce que tu me trompes ? ai-je demandé de but en blanc.

— Non, a-t-elle répondu en me lançant un regard dur, avant d'ajouter : Et toi ?"

Elle m'a un peu surpris. Qu'est-ce que je venais faire là-dedans ?

"Non.

— Est-ce que tu es attiré par d'autres femmes ?

— Qu'est-ce que ça vient faire là ?" Quelle contre-attaque, ai-je pensé.

"Alors ? Tu es attiré par d'autres femmes ?

— Euh… non", je dis.

Puis je demande, sentant bien que ce n'est pas la bonne chose à faire : "Et toi par d'autres hommes ?"

Elle m'a lancé un regard légèrement hostile et a dit : "Non."

"Désolé, ai-je dit.

— C'est bon", a-t-elle répondu. Après une pause, elle a ajouté : "Goujat !"

Ça m'a rassuré qu'elle se mette en colère.

Mieux vaut ne pas s'étendre sur le sujet, me suis-je dit. Mieux vaut ne rien savoir. Bien entendu que je suis attiré par d'autres femmes ; comment pourrait-il en être autrement ? À mon avis, cette discipline amoureuse idéale n'existe pas… Il est absolument impossible de ne pas être attiré par d'autres femmes. Mais je me retiens.

Est-ce la même chose pour elle ?

Mieux vaut ne pas y penser, me suis-je dit. C'est juste un sale torchon. Dès que ça parle d'une fille, il faut forcément que le titre soit ambigu ! Le chauvinisme machiste des médias ne m'avait jamais autant énervé.

Il y avait deux autres photos, où elle était seule ; posées, en studio… J'ai contemplé ces clichés… Il fut un temps, elle était maigrichonne. Ces quatre dernières années, elle avait pris de belles formes, et on les voyait bien. Elle avait – pouvait-on lire sous la photo – toutes les prédispositions pour devenir une star. Sous-entendu, manifestement, une sex-symbol et une vamp.

Je trouvais tout ça très étrange.

Au quotidien, Sanja se défendait d'une telle image d'elle. Elle arborait ostensiblement des tenues unisexes et juvéniles, jeans-tennis. Mais j'étais en train de regarder cette image défensive s'évanouir sous le coup de la prescription.

Je regarde ces clichés… Elle porte son costume de la pièce, vulgaire et excitant. C'est le rôle qui veut ça, elle n'y peut rien. Mais, ce regard de chatte, cette taille nue, ce sein effronté sous sa blouse légère, cette cuisse, en couleurs… Et voilà, tout s'évanouit, je sens pointer une érection, et je me lance dans ces approches légendaires : je lui attrape les fesses… Je lui embrasse le cou…

Mais elle me repousse : "Hé, je vois qu'il n'y a que ces photos qui t'intéressent !"

Je suis resté ahuri comme un crétin pris sur le fait.

"Allez, regarde ce qu'ils écrivent…

— D'accord, d'accord, ai-je opiné du chef.

— Tout le monde va avoir la même réaction, c'est forcé… a-t-elle gémi.

— Mais non, mais non… C'est pas ça, c'est juste que…"

À présent, je regarde de nouveau cette interview, genre. J'ai un reste d'érection, et le visage triste.

Dans son interview, Sanja parlait de la pièce. Hé… Plus exactement, elle pensait qu'elle en parlait. Mais personne ne discutait jamais théâtre avec les jeunes actrices. Ça crevait les yeux : c'était le prétexte officiel, mais leur vision de l'art n'intéressait personne. Le plus important, c'étaient vraiment les photos. Certes, dans l'introduction, ils mentionnaient Brecht à contrecœur, et ils l'interrogeaient sur son jeu, histoire de, dans la première question... Puis elle parlait de cette *alchimie sur scène*. Puis, doucement, presque imperceptiblement, ils passaient à des sujets personnels, alignant des questions *annexes* : "Comment vous entendez-vous sur scène avec Leo Jerman, votre partenaire principal ?" Elle dit qu'ils s'entendent très bien, et ainsi de suite, et ils lui demandent : "Dans la pièce, vous avez une scène dénudée et pas mal de situations « sensuelles ». Est-ce difficile à jouer ?" Elle dit que c'est son travail, qu'elle est professionnelle, et ils rebondissent : "Comment et combien répétez-vous ces scènes d'amour ?" hm, "combien répétez-vous", malin, les salauds... L'entretien en est arrivé à l'érotique-soft, il ne sera plus question d'art. Ils l'interrogent ensuite sur ses relations, afin de savoir "combien son expérience personnelle lui a été utile pour interpréter le personnage". Ils en arrivent finalement à sa "relation actuelle" – ça, c'est moi, me dis-je – et elle dit qu'elle veut préserver sa vie privée, ce en quoi je la soutiens totalement, ce pourquoi je ne comprends pas pourquoi je suis vaguement déçu qu'elle ne m'ait pas mentionné. Ils lui demandent ensuite si, si on le lui demandait, elle serait prête à se dénuder complètement "pour les besoins d'un film" ("Pour un bon film, un bon rôle et un bon salaire, oui"), puis quelle est l'importance du sexe dans sa vie et... *Le rythme soutenu des répétitions a-t-il un impact sur votre vie sexuelle ?*" ("Hahaha, oui, un peu").

Et ainsi de suite : pas un mot sur l'antimondialisme, pas un mot sur George Bush, pas un mot de tout ce sur quoi elle philosophe à la maison. Elle ne l'a même pas remarqué.

Je sais, je sais comment ça se passe : la journaliste se comporte de manière amicale, elle endort ta méfiance, genre, juste une petite conversation détendue autour d'un café, pas de pression… Et voilà, ma petite Sanja n'a même pas remarqué qu'elle était tombée dans la catégorie interview avec une starlette ; elle peut bien dire ce qu'elle veut, ça sera insignifiant par rapport aux photos. Putain, elle avait foncé tête baissée comme un Européen de l'Est dans le capitalisme ! Hier encore, me suis-je dit, elle me faisait la leçon sur les médias, sur comment nous prescrivons ce qui est normal… Et ensuite, la tête la première dans les stéréotypes ! Cette lecture me mettait en rage. Maintenant, au moins, elle comprendrait que c'était un peu plus difficile de n'en faire qu'à sa tête dans la presse. Tu restes à la place qu'on t'a assignée ! On te donne un formulaire, et tu le remplis comme à l'administration fiscale ! Si tu es une jeune actrice qui doit montrer ses seins dans un théâtre renommé à la périphérie de l'Europe – même Brecht ne pourra pas te tirer de là !

Je l'avais avertie de tout ça avant, mais sans doute pas suffisamment. Elle tombait d'accord avec moi, disait qu'elle savait comment ça marchait. Mais je voyais bien que ces discussions la déprimaient. J'avais peur qu'elle ne pense que je voulais contrôler sa carrière. J'avais peur d'exagérer avec mes inquiétudes. J'avais peur, en fin de compte, de ma propre jalousie, de mon désir de moraliser et de la posséder. Parfois, j'avais toutes ces merdes patriarcales dans la tête. Comme si c'était inscrit dans mes gènes. Ça remontait à la surface, tout simplement. J'avais eu des relations dans lesquelles je ne m'aimais pas moi-même. Maintenant, je fais attention. Je fais attention à ce que ça ne remonte pas.

Elle aussi, elle avait promis de faire attention à ces interviews… Et voilà le résultat.

"J'ai dit des bêtises ? a-t-elle demandé.

— Non, non. C'est le concept de l'article qui est, genre…"

Elle attendait que je poursuive, mais j'ai fait semblant de ne pas réussir à trouver mes mots.

Je dis : "C'est le concept de l'article qui est, genre, je ne sais pas, genre… Tu vois, c'est un peu, genre…"

Heureusement que les jeunes parlent comme ça, et qu'ici et là, tu peux utiliser ces conneries à des fins diplomatiques.

...

Soyons réalistes, moi-même, je ne sais pas comment elle pourrait faire attention à ces choses-là, sauf à ne pas donner d'interviews du tout. Les actrices sont livrées en pâture aux journalistes people – si elle attendait d'être interviewée par un critique de théâtre, elle en avait jusqu'au départ à la retraite. Les critiques n'interviewaient jamais les actrices, parce qu'ils n'y connaissaient rien au métier de comédien. Personne n'y connaît rien au métier de comédien, même s'il est omniprésent...

Peut-être précisément pour ça, me suis-je dit. Jouer la comédie, c'est le paradigme de notre époque ; tout le monde s'identifie à quelque chose. Jouer la comédie, c'est du concentré de *liberté de choix*. Plus personne n'est obligé d'hériter d'une identité, chacun peut s'inventer, s'inspirer de Kurt Cobain, Madonna ou Bill Gates. Il fut un temps, tu naissais serf et tu mourais serf. Ta place était claire. Aujourd'hui, chacun peut théoriquement devenir n'importe qui, chacun a l'obligation de chercher sa personnalité ; de "se trouver", comme on dit. Même la princesse Diana s'était cherchée... Et c'était, me suis-je dit, précisément ça qui était impardonnable, car la famille royale est un reliquat de l'époque pré-comédie, un symbole identitaire. Et elle doit être exactement ce qu'elle est, et pas autre chose. Ils sont les seuls à ne pas avoir le droit de "se chercher".

Diana s'était cherchée, et en cela, elle était proche des citoyens "ordinaires" qui, en réalité, sortent de l'ordinaire.

Hier, j'avais lu ça au sujet d'Hendrix. Comment il s'était cherché, comment il s'était identifié... À l'été 1966 encore, alors qu'il jouait dans le club new-yorkais WHA, Hendrix voulait ressembler à Dylan ! Il portait sans cesse des bigoudis dans son sac, et se lissait les cheveux pour obtenir une coiffure à la Dylan ! Il n'avait rien à voir avec Hendrix !

Il se cherchait, il ne savait pas qui il était. Tout le monde aux États-Unis pensait qu'un Noir ne pouvait pas être un rocker… En réalité, Hendrix n'existait même pas jusqu'à ce que, par un concours de circonstances, il n'arrive à Londres, où il avait été accueilli comme une bête de foire, une espèce exotique, et il avait jeté ses bigoudis dylanesques, voulu avoir l'air le plus étrange possible, arboré une coupe afro, et s'était mis à acheter des costumes extravagants dans les friperies Granny Takes a Trip et I Was Lord Kitchener's Valet. Il voulait avoir l'air de venir d'une autre planète. Il s'était un peu laissé emporter, et était devenu Jimi Hendrix.

Mais son père, ai-je pensé, n'avait plus la moindre idée de qui il était.

C'était une révolution. Il s'était inventé : avant Hendrix, il n'y avait personne comme Hendrix. Quand tu inventes un nouveau rôle, un nouveau personnage, tu changes la culture. La recherche de son rôle, le choix de ses fictions personnelles, l'identification, ça finit, malgré tout, par changer le monde… Jouer la comédie, c'est un état du monde, une pratique culturelle, le produit de la liberté ! Nous sommes tous des comédiens en quête de rôle. Tout le monde imite quelqu'un, mais si les éléments se combinent bien, alors, peut-être que tu peux vraiment décoller comme Hendrix.

Il n'y a pas d'héritage. Les modèles ne se choisissent plus selon le principe de la proximité. Les fils ne veulent pas ressembler à leur père, même pas à la campagne. Les filles ne veulent pas ressembler à leur mère mais à Madonna. C'est une lutte d'influences, une lutte d'images. Quand la fille, à un certain âge, comprend qu'elle se comporte comme sa mère, et pas comme Madonna, le combat est perdu. Mais pendant longtemps, très longtemps, une partie de la personnalité n'accepte pas la défaite. Les images restent dans un univers parallèle, dans une identité parallèle, dans les rêves.

Jouer la comédie est un mode de survie élémentaire. En réalité, c'est comme ça depuis toujours, me suis-je dit. L'identification est le fondement du développement de la personnalité, ça a toujours été le cas. Quand on te dit : "Sois ambitieux", ça signifie : choisis un rôle fort. Et identifie-toi. Mais aujourd'hui, le choix de rôles est plus grand. Démocratique. L'offre est conséquente sur le marché de l'identité. C'est pour ça que le socialisme a sombré. Il n'offrait pas suffisamment d'options, suffisamment de masques, suffisamment de sous-cultures, suffisamment de films. Il y avait trop peu de rôles, trop peu d'images, trop peu de types de tennis. L'offre était quasi moyenâgeuse. Il y avait même trop peu de nations. Trop peu d'États. Trop peu de variations. Trop peu d'infimes différences narcissiques. Trop peu de médias.

Aujourd'hui, nous sommes tous des comédiens, ai-je pensé. Nous portons nos costumes, nous nous produisons dans le monde. D'où les critiques de théâtre iraient-ils se mêler de ça ? Les comédiens appartiennent à la rubrique "lifestyle", car la comédie, en réalité, n'est pas de la comédie, la comédie, c'est la vie. L'acteur est l'idole des temps nouveaux, le symbole de la liberté, de la liberté de choix. Mais toute idole doit payer son statut d'idole... De quoi est-ce que je m'étonnais, alors ? Les actrices revenaient aux journalistes people au même titre que les pillages à la piétaille.

...

"À quoi tu penses ?
— Je ne sais pas, c'est mon flux de conscience qui a dû se mettre en marche... C'est juste un peu bizarre de lire cette interview et de regarder ces photos... Mais je vais m'habituer."
Ce n'était pas ce qu'elle avait envie de m'entendre dire.
"Tu penses que c'est l'horreur, c'est ça ?" a-t-elle demandé d'un ton si craintif que ça m'a fait de la peine.

Inutile de la déprimer, ai-je décidé. Elle en est à ses débuts, ça l'impressionne que les médias lui accordent de l'attention, elle est fascinée par cette reconfiguration de sa propre identité. Je la vois : elle regarde ces pages, et elle sent qu'elle n'est plus ordinaire. Cette image superficielle d'elle-même l'excite. Quand quelqu'un, surtout de force, t'ôte ta personnalité, ça te donne la possibilité de te sentir léger comme un ballon qui s'élève dans les airs, sans sentiment de culpabilité.

"Mais non, ce n'est pas l'horreur, je dis. Tu n'as rien dit de mal. C'est le genre, l'interview désinvolte. C'est tout... c'est comme ça. On ne va pas en faire un drame.

— On ne va pas en faire un drame, rétorque-t-elle. Mais on n'est pas très content.

— Est-ce que toi, tu es contente ?

— Je ne sais plus. Je pensais que tu te réjouirais avec moi..."

J'ai fait précisément ce qu'il ne fallait pas faire, ai-je pensé. Je lui ai gâché sa joie.

"Hé, tout va bien, ai-je dit. Ça me fait juste un peu bizarre, c'est tout.

— À moi aussi, a dit Sanja.

— Oui... Tu vas t'habituer.

— Deux pages, dit-elle comme si elle n'arrivait pas à y croire.

— Pas mal, pour un début", je dis, dépérissant au bord de la table.

Elle lisait, relisait l'article. Son visage arborait tantôt l'expression d'un enfant ravi, tantôt celle d'une mère inquiète.

"Il faut bien que je donne des interviews. Sinon, personne n'entendra jamais parler de moi.

— Tu n'as pas besoin de te justifier."

Elle m'a considéré en plissant des yeux, comme pour me jauger.

Il faut voir le côté positif des choses, me dis-je. Je sais qui elle est, et... qu'est-ce que j'en ai à foutre de ce que vont penser les gens, de ce que vont dire les commentateurs de comptoir et qui sais-je encore ? Si elle commençait à se soucier de tout ça, elle perdrait la motivation, et tout resterait en plan comme ma dramaturgie.

“Hé, tout va bien, je dis. J'ai juste un peu la gueule de bois, c'est tout.

— Aujourd'hui, c'est sans espoir... Fais-moi un café noir*, a-t-elle fredonné.

— Même les jacinthes n'ont plus d'odeur**”, ai-je ajouté, quitte à raconter des conneries.

...

C'est pas en Irak que je vais baiser.
Y avait bien cette Libanaise, une journaliste,
qui m'avait lancé deux trois œillades,
ce qui ne m'était pas arrivé depuis
des lustres, mais elle est partie d'un coup
avec son équipe, comme si sa mère l'avait
appelée pour le déjeuner... Ces Libanaises
sont mon seul espoir, elles sont libérales
pour les critères du désert, ce mirage
me tuait pendant que sa jeep s'éloignait,
un putain de mirage dans mon âme en poste
tandis que je la regardais comme un affamé...

...

“J'imagine qu'on va pas aller visiter cet appart, aujourd'hui ? je dis, je demande.

— Ben, c'est la première, dit-elle.

———

* Citation d'un vers de la chanson *Nemoj srećo, nemoj danas* (S'il te plaît chérie, pas aujourd'hui), du célèbre groupe de rock serbe Riblja Čorba. Dans la chanson, le chanteur a la gueule de bois et supplie sa compagne de ne pas lancer de discussions ce jour-là.
** Citation d'un vers de la chanson *A ti me iznevjeri* (Et tu me trahis), du célèbre groupe de rock yougoslave Bijelo Dugme, sur un chagrin d'amour.

— Oui, c'est bien ce que je dis. Non mais… prépare-toi, c'est le plus important."

Elle m'a fait un sourire implorant, comme si elle me suppliait de me dérider.

"Pas de souci, ai-je ajouté. J'ai juste un peu mal à la tête… Markatović m'a tué avec ses histoires.

— Qu'est-ce qui lui arrive ?

— Encore ses trucs de business…"

Elle a penché le cou, et a lancé sur le ton de la blague : "C'est bon, pas besoin de me servir vos histoires de boulot. Vous vous êtes bourré la gueule, un point c'est tout."

Je sais. Mais je n'ai pas pu m'empêcher de penser que Dijana disait la même chose à Markatović.

"OK, si tu le dis."

Soudain, ça sonnait comme si j'étais vexé.

"Mais je ne te reproche rien ! a dit Sanja. Je déconne.

— C'est bon, t'inquiète."

J'ai écrasé ma cigarette à moitié fumée et suis parti pour la rédaction avec un sale goût dans la bouche.

…

Je passe devant cette agence de voyages Last Minute Travel. Devant la Thaïlande, le Kenya, Cuba… En seconde, avant de m'insérer dans la circulation. Je devrais peut-être me payer un voyage lointain et me volatiliser comme Boris. J'ai toujours eu, dans mes rêveries, la porte grande ouverte… Mais non, non ! Je venais justement de décider de me caser, d'acheter un appartement, de planter mes racines ! C'est ce que je veux, n'est-ce pas ?

Personne ne sait plus comment il faut vivre, me suis-je dit.

Personne ne sait plus si sa vie est la bonne… Ou s'il faut la bouleverser de fond en comble. Peut-être dès demain.

Toute cette liberté de choix suscite de l'incertitude, me suis-je dit. À dire vrai, je n'avais pas précisément l'habitude des horizons dégagés.

Il y avait eu le communisme, puis la guerre, puis la dictature… Un éternel bourrage de mou. Quand tu vis dans ce genre de système, les circonstances, par chance, sont telles que de toute façon tu n'as pas beaucoup de fric pour faire de grandes expériences. Ta vie se restreint, tu marches sur un sentier étroit. Tu te raccroches à ta position locale, et tu attends que ça passe.

Certes, pendant la guerre des années 1990, j'avais essayé Amsterdam, Londres et Rome… Je n'avais tenu nulle part plus d'un mois et demi. Je n'avais pas envie d'être serveur, de faire la plonge dans les restaurants, de dormir dans des taudis et de baragouiner leurs langues dans lesquelles je ne pouvais pas être spirituel. Non seulement tu es au fond du trou, mais tu ne peux même pas en rire. Personne ne pige ton texte, et tu te sens comme si tu n'existais pas. Impossible d'être toi. Tu dois adopter leur vision de toi – leur expliquer qui tu es est illusoire.

Ici, je pouvais au moins écrire dans les journaux, si décevants qu'ils soient. Là-bas, je n'aurais jamais pu devenir ne serait-ce qu'un putain de journaliste. Ils n'étaient que quelques-uns de ma génération à être partis à l'étranger et à avoir réussi à faire quelque chose. Ils s'étaient sans doute donné énormément de mal. Je savais que ce n'était pas pour moi. Je n'avais même pas envie d'essayer depuis cette position d'infériorité. Je rentrais de ces métropoles en Croatie, et j'étais terriblement heureux de revenir dans mon pays. Puis j'arrivais, à peine à la gare, j'achetais les journaux, et j'étais choqué par les titres. Les journaux transpiraient la misère, une incroyable stupidité, mais aussi le mal. Dès la gare, la dépression me rattrapait. Où me cacher ? Où disparaître ? La marge de manœuvre était méchamment étroite.

Je restais ici, coincé, à attendre des jours meilleurs. En dix jours seulement, j'oubliais complètement que j'avais été à l'étranger, car notre réalité était agressive : tant de passion, tant d'hostilité, tant de douleur, tant de victimes. On aurait dit qu'il n'y avait rien d'autre au monde. Tout le reste avait des airs de conte de fées.

Je vivais cette vie locale, et j'avais mes vagues illusions.

Je rêvassais, et j'étais empêché de vivre *comme je l'entendais*. Ma vie était régie par des fous de divers acabits… J'avais toujours été entre les mains de quelqu'un, comme arraché à mon destin.

Je savais que tout ça, c'était la faute des *puissants*. Ils *assumaient la responsabilité*, en quelque sorte. Comme une organisation terroriste, genre, quand ils détournent un avion et prennent des otages. Ça me tenait lieu d'alibi. Vraiment, je ne pouvais pas être tenu responsable de la merde qu'ils produisaient. Ma vie se déroulait dans cette merde, si bien que d'elle aussi, je n'étais que partiellement responsable.

Je m'étais toujours dit, ah, tout ce que je pourrais faire, comment je pourrais vivre si je n'avais pas ces crétins au-dessus de moi ! Assis devant la télévision, je les insultais, ils en prenaient tous pour leur grade. Toutes ces années à aboyer au bout d'une chaîne trop courte…

Mais à présent, elle s'était dangereusement rallongée !

Ce moment était enfin arrivé. La *normalisation*, comme ils disent. La démocratie. L'individualisation de la faute. Je peux bien faire comme si tout ça, c'était encore la faute des *puissants*, mais le sentiment n'est plus aussi convaincant. La terreur s'est dangereusement relâchée. En vérité, c'est un putain de choc.

Je ne suis pas habitué.

D'une certaine manière, c'était plus facile quand c'était la guerre et toute cette merde. Je n'étais pas seul avec moi-même. Au moins, je pouvais blâmer quelqu'un, alors que maintenant, personne n'assume la responsabilité. Où sont donc passés les terroristes au pouvoir ? Ouh ouh, les terroristes, où êtes-vous ? Je me sens un peu seul… avec mes décisions.

Je me rappelle, quand Tuđman est mort – six mois plus tard, j'ai fini chez le psychiatre. J'ai eu une crise. L'angoisse.

Il était le dernier à nous hurler dessus, le dernier dont j'attendais le départ.

Puis, l'abîme s'était ouvert.

Ensuite, pendant quelque temps, j'ai pris du Xanax. Ça me manquait, d'avoir quelqu'un qui m'agresse. J'avais peur de m'agresser moi-même.

J'étais en transition. Je me demandais ce qui m'arrivait. Putain, avais-je réalisé, c'est que maintenant, je suis censé être un *sujet* ! Trop tard pour reporter la faute sur quelqu'un, me répétais-je. En vérité, maintenant, je suis censé prendre mes *responsabilités*. Agir, choisir.

Mais des voix fielleuses s'étaient mises à me résonner dans la tête. C'étaient les fantômes des anciens terroristes : *Peut-être que tu es incapable. Peut-être que t'as pas les couilles. Peut-être que tu n'es rien ni personne. Allez, montre-nous – comment est-ce que tu comptes vivre comme tu l'entends ?*

Je les faisais taire.

Donc – *la liberté de choix, baby...* disent les voix fielleuses. *Allez, montre-nous – choisis !*

Mariage, enfants, appartement ?

Drogue, alcool, macrobiotique ?

Christianisme, méditation, petite bourgeoisie ? Militantisme, antimondialisme, hédonisme ? Thaïlande, Malaga, pornographie ? Partouzes, glamour ? Placements, jeux d'argent, plan épargne logement ? Kenya, Cuba ? Ou continuer comme avant ?

Toutes ces options me tuaient.

Il y avait tant d'opportunités de bonheur que je devais en laisser passer la majorité.

J'avais le sentiment d'avoir tant de choses à rattraper. Toutes ces années de jeunesse fichues. Je ne savais pas comment faire. Comment rattrape-t-on des années ?

J'ai sans cesse l'impression d'être en train de louper quelque chose. Un sentiment stupide. Je passe à côté de tout. Tous les jours cette Thaïlande.

Je commence à en avoir ras le cul de cette Thaïlande. Je la vois, en allant en voiture au travail, tous les jours, et voilà, j'ai des envies de péter les plombs, de tailler la route, de dépasser la rédaction en filant sur l'autoroute, du vent dans mes cheveux, en hurlant une chanson optimiste pour chasser les esprits qui me tiennent enchaîné à cet endroit dont je m'extrais… J'ai dans la tête des images de toutes ces mers et ces oasis, ces endroits paradisiaques où on sirote son verre lentement et en paix, sous une pergola et un chapeau de paille, et où il n'y a pas la moindre trace de cette existence, si bien qu'on peut toujours faire semblant d'être quelqu'un d'autre… J'ai frissonné. C'était quoi, ces images qui me tournaient dans la tête ? Est-ce que j'avais vu ça à la télé ? Est-ce que c'était une pub ? Putain de merde, ça ressemblait vraiment à une pub !

…

Je suis entré dans la rédaction et me suis assis à un bureau jonché de journaux. Nous étions abonnés à tout, rien ne pouvait nous échapper.

Je regarde les titres : "Qui veut gagner des millions : il perd tout sur un nom de poisson", "Qui sont les « dix hommes illustres » qui feront entrer la Croatie dans l'Union européenne ?", "Les journalistes quittent l'Irak", "Un bateau de plus sombre en mer avec des migrants africains", "Génération P – comment Pepsi a conquis les enfants soviétiques"…

Je passe sur l'ordinateur, sur internet. Pendant mes instants de détente, je regarde ma page d'accueil. Une caméra y filme non-stop le volcan Popocatépetl, au Mexique.

Cette gueule de bois ne passe pas… Je dois m'activer, j'ai besoin d'un truc qui me donne un coup de fouet. Je me lève, longe les ascenseurs, commande un Red Bull au café de la boîte ; c'est un petit comptoir coincé contre la cage d'escalier, un genre d'antichambre de la rédaction.

Pendant que je commandais, j'ai aperçu du coin de l'œil une grosse femme dont le visage trahissait qu'elle attendait. Elle a cette expression patiente, absorbée en soi-même que l'on peut voir dans les salles d'attente de centres médicaux. Quelque chose en elle m'a rappelé Milka, et je me suis hâté de disparaître.

Je consulte une énième fois mes mails. Mais je le vois tout de suite : aucune nouvelle du cousin. Ce type me fait tourner à vide. Je jure intérieurement, comme un mec dans un embouteillage.

Je manque peut-être de patience. Je repense à cette femme qui attend, obstinément, comme un retraité dans un centre médical. Chaque fois, je me dis : ça, ce sont les gens qui ont réussi à supporter le socialisme. Cette génération. Ils s'inscrivaient sur les listes d'attente pour un logement, et l'État leur donnait un appartement. L'attente était un travail rentable. Ils ont ça dans la peau, maintenant.

Mais sur le marché actuel, ça n'existe plus, attendre ses droits. C'est une autre sensation du temps. Il file, tout simplement. Et nous nous étions promis tant de choses. Nous sommes impatients. Nerveux. Accélérés. Les pubs pour la vie nous sont balancées au visage comme un chiffon rouge dans une corrida endiablée. Nous haletons. Prenons à nouveau notre élan. Buvons du Red Bull. Ce genre de génération.

Le journal était resté ouvert sur ce titre : "Génération P – comment Pepsi a conquis les enfants soviétiques", d'où ces réflexions.

Ce Russe raconte comment Pepsi a, dans les années 1970, obtenu la permission d'entrer sur le marché soviétique et conquis le cœur des enfants. *Génération P*, c'est le titre de son roman, en référence à Pepsi. Mais – me suis-je dit – Pepsi et l'enfance, on s'en fout ! On est des adultes. On peut supporter plus de caféine. Nous sommes la génération Red Bull. Nous fonçons comme des taureaux, et devant nous, il y a toujours quelque chose qui nous échappe.

Le Chef nous a demandé hier de la *créativité*. Donner un nom à une génération, ça marche à tous les coups, me suis-je dit… Je pourrais écrire un texte sur la génération Red Bull ! Me débarrasser de tout ce blabla économique barbant, et me lancer comme essayiste… Sanja donne des interviews ; il est grand temps que je fasse preuve d'un peu d'ambition ! Enfin – je dois d'abord régler cette crise irakienne.

Et j'essaie encore une fois. J'appelle le numéro *Thuraya* de Boris. On me met en communication par Londres. Et un message enregistré en arabe se déclenche avant même la sonnerie.

Je réessaie. Cette fois-ci, ça sonne.

Ça sonne, ça sonne.

"Décroche, espèce de trou du cul !"

Rien.

Faux départ. Il le fait exprès, ai-je pensé. Il me mène par le bout du nez, comme un vulgaire bovin de la génération Red Bull, que je m'épuise à prendre mon élan.

J'ouvre de nouveau ma boîte mail. Je tape "Réponds, c'est urgent. Je sais que je t'ai blessé, mais… j'ai craqué. Tu n'as pas idée des problèmes que j'ai à cause de toi. Réponds de toute urgence, ou je lance une recherche… Fais pas le con, ça suffit, c'est du sérieux." J'ai envoyé ça.

Puis j'ai senti que ça ne donnerait rien. Il manquait quelque chose. Des excuses. J'ai ravalé un truc répugnant et écrit : "Écoute, je te prie sincèrement de m'excuser pour mes insultes dans les derniers mails… Je me suis senti provoqué. Excuse-moi. Tiens-en compte et réponds…"

J'ai regardé ce mail partir avec une mine écœurée.

…

HERO of the PEACE, peut-on lire sur une affiche arborant une photo de Bush Junior. Un jeune Irakien en blouson en jean, col roulé blanc et avec du gel dans les cheveux – tiens, c'est donc ça, un minet irakien – embrasse la photo de George Bush.

Mais malheureusement, ça n'arrivait qu'en dixième page du journal du GEP... Le sujet perdait dangereusement en attractivité. Il y avait également un titre inquiétant, auquel je devais revenir : *LES JOURNALISTES QUITTENT L'IRAK.*

L'article était signé de mon ex-collègue Rabar : "Guerre en Irak, jour 28"... Une bonne accroche, claire, lisible... "Les hôtels se vident rapidement... écrit-il... Certains collègues attendent déjà avec impatience la prochaine guerre, et jouent aux devinettes : « À ton avis, les Américains vont attaquer la Syrie ou l'Iran ? Et la Corée du Nord ? »" C'est le style de Rabar, il emploie aussi l'ironie, mais à petite dose, pas comme mon fou furieux... Au passage, il annonce la suite des événements, ce qu'un lecteur lambda ne remarque pas, mais un professionnel note l'habileté, car le titre *LES JOURNALISTES QUITTENT L'IRAK* signifie, principalement, que lui, Rabar, quitte l'Irak. Les types du GEP sont des pros : ils annoncent d'abord *LES JOURNALISTES QUITTENT L'IRAK*, disent que c'est devenu ennuyeux, et ensuite, bien entendu que le lendemain, ils n'auront pas de papier sur ce petit pays insignifiant, et tout est logique, la réalité suit son cours ; tandis que nous – nous n'avons pas de titre *LES JOURNALISTES QUITTENT L'IRAK*, nous n'avons même pas de reportage, mais par contre, nous avons encore un journaliste là-bas, oh cousin... Par ailleurs, nous avons une atroce gueule de bois... Nous réunissons toutes les conditions pour un échec retentissant... De la pure alchimie sur scène, comme ils disent.

J'ai pris un cachet d'une marque connue contre le mal de tête.

J'ai appelé Sanja. Elle était encore à la maison.

"Il ne s'est pas manifesté, ai-je dit.

— Qu'est-ce que tu racontes ?"

Je parlais à voix basse, par précaution.

"Pas de nouvelles de Boris.

— Aaah... Rien, donc ?

— Rien de rien.

— Hmm", elle ne savait pas quoi dire ; on aurait dit que ses pensées étaient ailleurs.

"Qu'est-ce que tu ferais, à ma place ?

— Franchement, je sais pas… Là, comme ça, y a rien qui me vient, a-t-elle dit, avant d'ajouter : Tu ne pourrais pas demander conseil à quelqu'un ?"

Justement, je te demande conseil, à toi, ai-je pensé. On n'est pas censés être un couple ?

"Je pourrais, ai-je répondu d'une voix sourde. Je vais voir.

— Allez, courage, on se tient au courant, je dois y aller, là.

— OK, bonne chance !"

Elle n'y est pour rien, je me répète. Elle est dans le stress de sa première. Pour elle, c'est être ou ne pas être. Et laisse-la tranquille… Tu dois demander conseil à quelqu'un, elle a raison, il est plus que temps. Au Secrétaire, d'abord ? Par où commencer ? Par le fait que le type est mon cousin ? Que j'ai falsifié la guerre en Irak sous son nom ? Ça, c'est une putain d'entrée en matière : "Écoutez, j'ai falsifié l'événement mondial numéro un…"

...

J'ai tout de même fini par me diriger vers le bureau du Secrétaire. J'avais un vague plan, qui consistait à commencer par m'accuser de manière indéterminée, pour susciter son intérêt… Et ensuite, il finirait bien par me tirer les vers du nez.

Magnifique, comme plan.

Je suis entré, et il m'a accueilli comme un livreur de pizzas qu'il attendrait depuis trop longtemps : "Ah, t'es là ? Je voulais justement t'appeler.

— Les grands esprits se rencontrent.

— On va chez le Chef !" a-t-il dit, sans tenir compte de mon plan. Il s'était déjà mis en route. Pas si vite, ai-je pensé.

J'ai essayé de trouver un moyen de le retenir.

Putain, mais c'est quoi mon plan B ? me suis-je demandé.

"Écoutez, ai-je dit, j'aurais aimé vous poser une question avant…

— Dis, le truc sur la banque Ri, ça n'aurait pas été mal qu'on l'apprenne plus tôt…"

Étrangement, ça m'était complètement sorti de la tête. Le dossier "banque Ri" s'était perdu quelque part dans les recoins de mon cerveau. Puis je me suis rappelé que c'était censé être mon travail principal. Le Secrétaire a ouvert la porte et dit : "T'es pas vraiment dans le coup, hein ?"

J'ai senti la pique, et je me suis dit que j'allais tout lui expliquer, c'est le regard que je lui ai lancé, mais, quand j'ai ouvert la bouche pour dire quelque chose, j'ai compris que je n'avais pas d'explication, et j'ai juste bredouillé : "Écoutez… Euh… L'histoire de la banque de Rijeka, ça a surpris tout le monde."

Nous nous tenions sur le pas de sa porte. Ou plutôt, je m'étais planté là, et le Secrétaire essayait de passer. "On va chez le Chef !" a-t-il répété.

Alors, j'ai pris mon courage à deux mains et j'ai dit : "Mais j'ai un problème avec le mec en Irak.

— Avec qui ? a demandé le Secrétaire en me poussant hors de la pièce. Je ne me suis pas laissé faire.

— Ben, vous savez qui." J'étais encore, d'un point de vue technique, dans son bureau, juste sur le pas de la porte, et il était déjà sorti.

"C'est bon, laisse tomber ça pour l'instant !" a-t-il dit avec une légèreté qui m'a surpris.

Je n'avais pas le choix, je lui ai emboîté le pas et nous nous sommes retrouvés dehors, à découvert, dans la rédaction.

Il a frappé à la porte de Pero le Chef. Il a d'abord passé la tête à l'intérieur, puis est entré.

Je l'ai suivi.

La conversation sur la banque Ri était saturée d'expérience cinématographique… Pero le Chef voulait quelque chose du genre thriller sur le braquage de la banque, le Secrétaire cherchait une histoire pittoresque et des personnages, et je me tuais à leur expliquer qu'un de leurs types avait tout simplement fait un mauvais investissement... Puis il s'était efforcé de retirer ses billes en prenant des risques... Le type n'avait averti personne avant d'être complètement dans la merde. Un peu comme moi avec Boris.

"Et ensuite, pendant un certain temps, ils ont dissimulé leurs pertes, sans doute le temps que le management vende ses actions... C'est sur ça qu'on peut les avoir, c'est une fraude...

— Hmhm, opinait le Chef, Hmhm.

— Ils disposaient d'une information sensible et confidentielle, et ils l'ont utilisée en Bourse – ça s'appelle un délit d'initié, aux États-Unis, on peut aller en prison pour ça, mais chez nous, ce n'est pas réglementé par la loi...

— Comment ça ? m'a interrompu le Chef.

— Il n'y a pas de loi, l'Assemblée ne l'a pas adoptée.

— Sans blague ? Comment ça se fait ?

— Je ne sais pas. Ils ont tellement parlé d'honneur qu'ils ont oublié ce menu détail.

— Arrête de philosopher, a tranché le Chef. L'important, c'est qui s'est tiré avec la thune.

— C'est un crétin qui a fait un mauvais placement... Le vol est difficile à prouver.

— Hé, ce n'est pas un vol... a dit le Secrétaire en regardant droit devant lui.

— Sans blague, mec ?!" a lancé Pero le Chef.

Ce n'était peut-être pas le bon moment pour ça, mais c'est alors que j'ai commencé à parler de la *responsabilité des médias*. J'ai dit que le sensationnalisme en économie était dangereux. Nous devions penser aux autres actionnaires, aux gens qui priaient le destin que tout se finisse bien, ai-je dit en pensant à Markatović. Nous n'avions pas le droit d'être cancaniers en économie, ce n'était pas la presse people, quand le capital disparaissait, quand les épargnants se ruaient au guichet, c'était la fin... Chez nous, c'était comme ça qu'on détruisait les banques, parfois même intentionnellement, ai-je dit.

Le Secrétaire levait les yeux au ciel, comme s'il était pressé et que je le retenais.

Le Chef a dit : "Ponds-nous d'abord un papier là-dessus, et ensuite, tu pourras raconter qui a détruit les banques intentionnellement. Et ne t'avise pas de parler de responsabilité, mais sois plus réactif à l'avenir !

— Noon", je dis, puis je prends une profonde respiration. Je pensais répéter encore une fois tout ce que j'avais dit, juste en d'autres termes, mais Pero le Chef s'est levé.

"On fait comme ça, a-t-il conclu. Il nous faut juste une photo du type."

Puis il a jeté un regard par la fenêtre, comme pour évaluer s'il allait pleuvoir ou non.

"Le ciel s'est salement assombri...", a dit le Secrétaire.

Pero a renchéri : "Comme dirait ce Serbe... *Comme s'il allait tomber de la merde.*"

Ça les a fait rire.

J'ai dit : "Kovačević.

— Pardon ?" Le Chef m'a regardé.

"Ce Serbe. C'est Kovačević, le dramaturge.

— Hmhm", a opiné le Chef d'un air sombre.

Il s'est sans doute rappelé à ce moment-là que c'était de moi qu'il tenait cette citation. Il n'aimait pas ça.

Mais maintenant, il allait retenir aussi l'auteur de la citation, et la prochaine fois, il pourrait dire : "Comme dirait Kovačević, le dramaturge"... En gros, je fournissais à Pero de la formation continue. Mais allez savoir pourquoi, il n'en retirait aucune satisfaction.

Il m'a lancé un regard noir : "Ne me parle pas de dramaturges ! Où est le fric ? Quels sont les réseaux de ce type ? C'est de ça que je veux entendre parler !"

Il a pris son imperméable, enfilé les manches, secoué les épaules.

C'était le dernier moment pour dire : "J'ai un autre sujet.

— Quoi ?

— La génération Red Bull. C'est un commentaire phéno-ménologique sur notre…

— Laisse tomber", a-t-il tranché sans réfléchir.

Le Secrétaire a ajouté : "Ça, c'est pour un éditorial. On a des éditorialistes pour ça."

Manifestement, il ne leur venait pas à l'esprit que je puisse être moi aussi un éditorialiste.

Le Chef s'est dirigé vers la porte.

"Mais hier, tu nous parlais de créativité…", ai-je assailli le Chef alors qu'il posait la main sur la poignée. "Genre, que c'était à nous d'inventer quelque chose… La politique n'est plus dans la politique… Où est donc passée l'hystérie ?" J'in-voquais ses théories, et il s'est figé en les reconnaissant. "Le Red Bull, c'est tout ça… la fébrilité… la panique sur le mar-ché, tout ça… Le Red Bull, ça couvre tout ça. Je veux dire, symboliquement…

— Ah oui ? a-t-il acquiescé depuis le pas de la porte.

— Je veux dire, de fait, c'est plutôt pour, genre, un édito, mais je peux essayer, moi aussi !"

Il m'a regardé, stupéfait. Jamais auparavant, je n'avais essayé de me mettre en avant. Et merde, je m'étais toujours dit : il ne faut pas avoir l'air trop insistant, tu passerais pour un malo-tru. Il faut avoir l'air *modérément désintéressé*. À l'école, déjà, nous méprisions les premiers de la classe qui se mettaient en avant, et cette attitude m'était restée, comme une remorque.

J'avais longtemps eu l'air modérément désintéressé, mais j'avais dû faire trop de zèle. Ils ne comptaient absolument pas sur moi. Maintenant que j'avais donné une idée, ils allaient faire appel à un sage autoproclamé pour la rédiger.

"Allez, allez", a marmonné le Secrétaire, à qui je barrais sans doute la route.

Mais Pero le Chef a dit : "Écoute… T'as qu'à essayer… Si tu te sens capable."

Pas mal tourné, ai-je pensé.

"OK, ai-je dit.

— Mais la semaine prochaine, a-t-il précisé. Là, maintenant, tu t'occupes de cette banque.

— D'accord."

Ouh, je n'aurais pas cru que ça serait si important pour moi. Je suis resté planté sur place, et le Chef est sorti. Le Secrétaire lui a emboîté le pas, non sans m'avoir lancé un regard mauvais. Ensuite, je suis sorti aussi – je n'avais plus rien à faire là.

...

J'ai envisagé de réessayer de parler de Boris au Secrétaire, mais il a filé dans le couloir pour rattraper le Chef.

Je me suis rappelé le fond de l'histoire. Le Secrétaire s'était récemment vu retirer sa carte bancaire de la boîte avec laquelle il pouvait se payer des restos, si bien que maintenant, chaque fois que le Chef partait déjeuner, il lui courait après. Il considérait tout simplement les déjeuners gratuits comme son dû. Mieux valait ne pas me mettre en travers de sa route, ai-je pensé.

Je le regarde parler en sautillant derrière le Chef, comme s'il avait quelque chose d'important à ajouter précisément maintenant.

J'avais déjà entendu dire que peu avant le déjeuner, le Secrétaire inventait des sujets de conversation, démasquait les tire-au-flanc et les incapables, forgeait des théories du complot, juste pour détourner l'attention du fait qu'il s'incrustait. Silva avait appris d'une de ses amies, qui couchait de temps en temps avec Pero le Chef, que le Secrétaire disait à Pero du mal de Čarli. Soi-disant, Čarli racontait à qui voulait l'entendre que Pero était un crétin incompétent…

Soi-disant, le Chef allait bientôt supprimer la rubrique gastronomique de Čarli. Quand le Secrétaire était de la partie, me suis-je dit, d'une manière ou d'une autre, on en revenait toujours à la bouffe.

Comme quoi, les conséquences de la rationalisation du système sont imprévisibles. Quand ils avaient retiré sa carte au secrétaire par mesure d'économie, qui aurait pu prévoir que cela ébranlerait profondément les relations interpersonnelles dans la boîte ? Mais voilà, il était à présent tout simplement obligé de baratiner Pero pour que ce dernier ne se souvienne pas qu'il aurait pu manger seul… Pero trouve sans doute ça divertissant. C'est devenu leur petit rituel.

J'espérais que le Secrétaire n'allait pas maintenant affabuler sur moi. J'avais pris du retard sur la banque Ri, et je voulais un édito… "Il n'y a plus de vrais journalistes, ils veulent tous être écrivains ou philosophes", répétait souvent le Secrétaire avec dégoût… En plus, je leur faisais la leçon sur la responsabilité des médias… Et pour couronner le tout, je l'avais bousculé au passage. J'avais bien vu le regard qu'il m'avait lancé en sortant. Tout bien considéré, il avait peut-être enfin compris que j'étais un tire-au-flanc arrogant.

Hm, je n'avais vraiment pas besoin d'une inimitié avec le Secrétaire en ce moment.

Et merde, me suis-je dit, pourquoi est-ce que le travail se transforme toujours en guerre psychologique ? Où était-il stipulé dans le contrat que je devrais sans cesse réfléchir à ces intrigues de fou ?! En réalité, le travail était facile, mais les gens… Je faisais tourner mon portable dans ma main.

Devais-je appeler le Secrétaire pour arrondir les angles ?

Ces pensées me faisaient me sentir un peu comme un trou du cul. Voilà où ça me mène, me suis-je dit, mon ambition et cette merde avec Boris… Au bout du compte, ça fait de moi un trou du cul.

Non, je ne l'appellerai pas, ai-je résolu.

Les choses vont bien finir par s'arranger d'elles-mêmes, dès que Boris aura répondu, me disais-je. Dès la semaine prochaine, le monde sera différent. Là, tout tangue, tout se divise, les crevasses s'ouvrent, mais… Tout allait bien finir par rentrer dans l'ordre.

J'avais besoin d'un verre.

...

Au café de la rédaction, cette femme était encore là à attendre.

Je ne sais pas ce qui m'a pris, mais je lui ai demandé : "Vous attendez quelqu'un ?

— Je suis Anka Brkić, la mère de la star de football Niko Brkić, qu'aurait dû jouer à Nantès !" a-t-elle débité, comprenant que son heure était enfin arrivée.

J'ai clignoté comme si on venait juste de me brancher.

"Que vous voulez-vous dire par « qu'aurait dû jouer à Nantès ? »", ai-je demandé. Étant donné qu'elle prononçait "Nantès" comme ça s'écrivait, je m'en suis tenu à cette règle.

"Il aurait dû jouer à Nantès, mais... il n'est pas parti.

— Ah, je comprends. Mais ça se passe souvent comme ça, non ?"

Elle a repris sa respiration : "C'est pas ça... Il aurait dû jouer à Nantès, ils le voulaient... Mais le manager, Čatko, il l'a vendu aux Émirats, en Arabie ! Y aurait plus de fric là-bas, soi-disant... Mais il a pris tout l'argent, y dit que c'est comme ça dans le contrat, qu'il lui appartient... Que mon fils lui appartient ?!

— Eh oui, que voulez-vous, ai-je acquiescé, mais s'il a signé ce contrat..." J'ai pris ma vodka-Red Bull, et me suis apprêté à partir.

Mais cette femme avait le genre de regard dont il est impossible de se détacher sans être grossier : "Et alors mon Niko, par principe, il a pas voulu aller aux Émirats. Il a dit : « J'préfère encore être paysan chez nous ! » Et maintenant, Marko Čatko et sa clique, y menacent de lui casser les jambes, et je suis venue les dénoncer !

— Ah oui ? Vous avez été voir la police ?

— Qu'est-ce que j'irais faire à la police ? Ikan Čatko, le frère de Marko, il est haut placé à la police ! J'ai pas le choix, je dois passer par les journaux !"

Je lui ai dit qu'elle devait attendre Vladić, qui s'occupait des pages sport.

"Oui, c'est ce qu'on m'a dit, mais…" Elle s'est arrêtée, au bord des larmes.

(… *"Mais on m'a dit de m'adresser à Tin… C'est le mec de chez nous qu'est à Zagreb."* Je redoutais qu'elle sorte ça.)

Elle a enfin repris : "… Mais ils m'ont dit qu'ils savaient pas s'il allait venir, et que j'avais pas le droit d'entrer… Je suis là depuis ce matin. Je n'ai même pas pu, veuillez m'excuser, aller au petit coin."

J'ai poussé un soupir de soulagement.

"Vladić va certainement venir boire un coup. Il est gros, le visage rougeaud, avec des lunettes. On voit tout de suite qu'il s'occupe de sport. En attendant, venez aux toilettes, je vais vous accompagner."

J'ai accompagné la mère de la star de football Niko Brkić aux WC de la rédaction et je lui ai gardé la porte, car je voyais bien qu'elle avait peur. Elle m'a abondamment remercié, et est retournée attendre.

…

Je suis retourné à mon bureau, devant internet, devant Popocatépetl.

Le site était alimenté par le Centro Nacional de Prevención de Desastres.

Une fumée menaçante se déverse du Popocatépetl dans le clair matin mexicain.

Le Centro Nacional de Prevención de Desastres, sur sa signalétique en animation numérique, classe actuellement le risque d'éruption au niveau orange.

Les gens autour de moi téléphonent, écrivent des textes, fouillent dans les ordures, construisent la réalité, recherchent des événements… Je les regarde : ils essaient de rester dans le coup.

Dans cet état de méditation existentialiste, j'ai repensé aux tuyaux en or de la maison de Saddam à Tikrit.

Les tuyaux en or de Saddam… Markatović m'avait dit qu'ils avaient été passés en contrebande par un caméraman qui travaillait pour des étrangers.

Peut-être, ai-je pensé, que Boris aussi s'est lancé dans un business du même genre, et qu'il en a négligé sa carrière de journaliste ? Peut-être qu'il s'est procuré une sculpture mésopotamienne vieille de plusieurs années, et qu'il la traîne dans le désert… Qui sait ? Les truands locaux essaient certainement de refourguer aux étrangers diverses marchandises et œuvres d'art classées. S'ils cherchent un journaliste avec une gueule de contrebandier, ils vont certainement tomber sur lui ! Si là-bas, un vulgaire caméraman est capable de trafiquer les tuyaux de Saddam, Dieu sait ce que cet olibrius va ramener. Probablement un truc dénué de valeur, mais gros.

Attends un peu… Ce caméraman, qui ça pourrait bien être ? Un des mecs de chez nous qui filmaient pour les étrangers quand c'était la guerre ici. Maintenant, c'est des vétérans, des pros comme il est un peu plus difficile d'en trouver dans les pays normaux. Hé – ai-je sursauté – je les avais complètement oubliés ! Il y en a certainement encore là-bas. Comment avais-je pu ne pas penser à eux ?! Les mecs de chez nous se repèrent entre eux. C'est auprès d'eux qu'il faut se renseigner ! Tous les journalistes sont à Bagdad, dans le centre, dans les hôtels, les conférences de presse. À coup sûr, les compatriotes se connaissent déjà.

Il faudrait que je demande à Rabar qui des mecs de chez nous est encore là-bas… "Les journalistes quittent l'Irak"… Il était certainement en route, à moins qu'il ne soit déjà rentré. Nous ne nous sommes jamais disputés, ai-je pensé, rien à foutre qu'il soit passé au GEP.

J'avais déjà appuyé sur son numéro dans le répertoire de mon portable, été mis en communication, quand j'ai compris que c'était un numéro de la rédaction. Les premiers chiffres étaient les mêmes que pour le mien.

J'ai raccroché.

J'avais besoin de son nouveau numéro, au GEP. Il aurait fallu appeler sa femme et lui demander… Mais je n'avais ni son numéro de fixe, ni son adresse. Je n'avais plus l'adresse de personne. J'appelle les gens sur leur portable, j'écris des mails – en ce qui me concernait, ils vivaient tous quelque part dans les airs.

Je suis allé voir la secrétaire.

J'ai dit à voix basse : "Désolé, j'aurais besoin d'un service, un truc privé…"

Elle a eu l'air effrayé.

"Pourquoi tu fais des messes basses ?"

Elle m'a pris au dépourvu.

"Ben, j'aurais besoin du numéro de fixe de Rabar, ou au moins de son adresse…

— De Rabar ?" Elle m'a lancé un regard inquiet.

"Non, mais c'est pour une affaire privée. Je lui avais prêté des trucs… Tu as son numéro de fixe dans ton répertoire ?"

Elle a pris des airs de conspirateur.

Elle a écrit le numéro, en silence, comme si elle me donnait le téléphone d'un dealer.

Je lui ai fait un clin d'œil.

"Iraki pipel", ai-je dit.

J'ai vu qu'elle ne comprenait pas, et j'ai lancé pour plaisanter : "C'est, genre, le mot de passe.

— Et moi, je dois dire quoi ? a-t-elle demandé.

— Aïm sori, ai-je répondu, avant d'ajouter : Merci beaucoup.

— Aïm sori", a-t-elle dit.

La femme de Rabar m'a donné son numéro de portable, et j'ai réussi à l'avoir, entre deux avions, à l'aéroport de Francfort.

"Hé, ben ça, pour une surprise !" s'est écrié Rabar. On aurait dit un vieux pote que j'aurais un peu négligé. Il ne manquait plus qu'il ajoute "Ben alors, comme ça, on donne plus de nouvelles ?"

"Salut, ai-je dit beaucoup plus bas que lui. Je me suis souvenu de toi, et…

— Super ! a-t-il répondu. Alors, comment ça va chez nous ? Il pleut ?

— Ben… Ça va peut-être pas tarder.

— Fantastique ! a-t-il tonné. Du crachin, de la pluie, des averses, une grosse drache… C'est ça qu'il me faut !"

Je me suis dit que le séjour en Irak avait eu un impact étrange sur lui aussi.

"J'avais tellement hâte de voir la pluie, putain ! Mais ici, à Francfort – rien", a-t-il soupiré, déçu.

Après une discussion sur la météo, je lui ai enfin demandé qui des mecs de chez nous était encore en Irak. Il a énuméré quelques noms : Matko Kokanović, tu connais Matko, il est producteur de terrain pour des Néerlandais, et puis Vito Čuveljak, le photographe, il travaillait pour nous avant… enfin, pour vous, maintenant il bosse pour Reuters… Pis y a aussi ce Tomica, je ne sais pas si tu le connais, il est caméraman pour ATPN, c'est une boîte anglaise… Il a mentionné deux autres types, un Zidarić et un Šovagović, que je ne connaissais pas.

Il n'a pas évoqué Boris, et moi non plus.

Je lui ai dit que nous travaillions sur un sujet à la con : recenser tous les gens de chez nous qui étaient en Irak, pour montrer que nous aussi, genre, nous prenions part aux événements mondiaux… Et j'ai ajouté : "Le sujet ne m'intéresse tellement pas que j'en ai rien à faire si vous nous le piquez…

— Écoute, a dit Rabar, j'ai un truc à te demander… Le GEP et le PEG ne se sont pas réconciliés depuis mon départ ?

— Oh que non…

— Un cessez-le-feu ? a-t-il demandé.

— Que dalle. À l'ancienne.

— Et merde… Bon, ben, je t'ai tout dit… À plus !" a conclu Rabar, car il s'était rappelé nos camps respectifs au cours de la conversation.

En quelques semaines, il avait manifestement complète-ment oublié nos bisbilles locales. Il suffit de passer un peu de temps à l'étranger, et tous nos conflits et notre haine se mettent à avoir l'air absurdes, voire invraisemblables. Ça me le faisait aussi, pendant la guerre, quand j'allais à l'étranger. Mais dès que tu rentres au bercail, tu te rhabitues vite.

J'ai fait quelques recherches sur Google, et trouvé les adresses mail des types que Rabar m'avait énumérés.

Je leur ai demandé dans un mail de dire à Boris de contacter la rédaction au plus vite. J'ai mis en pièce jointe, au cas où, une de ses photos irakiennes. Ils pourraient au moins me dire s'ils l'avaient déjà vu ou non… J'étais vraiment content de ne plus être au point mort. J'allais forcément recevoir une informa-tion. C'est alors que mon portable a sonné. Il affichait : RABAR.

"Hé, Rabar, j'écoute…"

Mais non, c'était Dario. Il a dit : "Heu, tu m'as appelé ?"

Et merde, Dario le petit nouveau avait manifestement hérité du numéro professionnel de Rabar, celui que j'avais appelé en premier.

"Non, c'est rien, j'ai juste, genre… J'ai appuyé sur le mau-vais bouton", ai-je dit au gamin.

Et lui, soudain en position de force, a lancé :

"Hmm, si t'as besoin de Rabar, il est parti au GEP…

— Non, ai-je rétorqué. C'était une erreur.

— Pas de souci, mec… a-t-il dit comme un jeune policier qui aurait enfin appris quelque chose.

— Allez, salut", ai-je tranché.

…

"Being a Marine is not something I do. It's what I am", dit l'un d'eux.

Puis il cite Rommel : *"When in doubt, attack."*

...

Markatović m'a appelé.

"T'as des nouvelles de la banque ? Tu penses qu'ils vont la sauver ? a-t-il immédiatement pleurniché.

— Je pense surtout qu'ils vont sauver leur cul.

— Tu crois ? J'attends, alors ?

— Mais qu'est-ce que j'en sais ?! Tu n'as rien vendu ?

— Non, a-t-il dit. C'est ce qu'on avait convenu."

J'ai secoué la tête et respiré profondément. J'ai pensé à lui crier dessus et à lui dire que *nous* n'avions rien convenu du tout. Puis je me suis rappelé que je lui avais déjà crié dessus la veille au soir... J'ai dit : "Ne te décharge pas de ta responsabilité sur moi. Je n'ai rien à voir avec ça. C'est ton fric.

— Je vais quand même attendre, a-t-il dit timidement.

— Que veux-tu, moi aussi, j'attends qu'un crétin me réponde... ai-je dit. Puis j'ai ajouté : Il fut un temps, les gens attendaient, et c'est comme ça qu'ils recevaient des appartements."

Il m'a sans doute mal compris, et il a simplement dit : "Merci beaucoup".

J'ai cliqué sur le site www.mes-sous.com, où les types de la Bourse avaient leurs forums. Ils échangeaient des informations, mais il ne fallait pas les prendre au mot. Si l'un d'entre eux avait des actions de RIBN-R-A, il allait trouver des arguments, juste pour tenter d'arrêter la dégringolade... Ainsi, une personne sous le pseudonyme de Cravate savait de source sûre que l'État allait sauver la banque, sinon, ils auraient des problèmes politiques dans la région de Rijeka... C'était peut-être Markatović. Les autres l'abreuvaient d'insultes. Seul l'internaute Radex le soutenait. Peut-être que lui aussi, c'était Markatović. Les combattants en minorité avaient souvent plusieurs pseudonymes, afin de mieux orienter l'opinion publique. Je me suis connecté, sous mon pseudonyme

Gjuro Pucar Stari*, et ai exprimé un soutien modéré à Cravate et Radex.

Je me suis mis à appeler des grosses légumes… J'avais interviewé deux fois le ministre de l'Économie alors qu'il était dans l'opposition, et il n'aurait été que justice qu'il me réponde. Sa porte-parole m'a assommé de politesses et redirigé vers le bureau du vice-président du gouvernement, où j'ai adopté un style plus agressif – je leur ai dit qu'ils avaient intérêt à me dire quelque chose, et la porte-parole m'a répondu qu'elle n'admettait pas le chantage comme mode de communication…

"Non, vous avez intérêt à me dire quelque chose, plutôt que je doive…

— Quoi ? Inventer ? a-t-elle demandé, avant d'ajouter : Nous avons tout dit en conférence de presse.

— Vous n'avez rien dit. L'État va-t-il aider la banque ou non ? ai-je lancé d'une voix éprise de justice, au nom des petites gens et des petits actionnaires.

— Ce n'est pas une banque publique.

— On raconte qu'ils vont vous la rendre. Vous n'avez rien dit à ce sujet, ai-je attaqué.

— Ne nous faites pas dire ce que nous n'avons pas dit…

— Mais vous n'avez pas non plus dit « non »…

— Nous n'avons rien dit…

— Ah, vous voyez ! je jubilais.

— Inutile d'essayer de me provoquer. Je vous tiendrai informé si monsieur le vice-président…

— D'accord", ai-je dit.

J'avais épuisé toute mon agressivité journalistique. Je ne sais pas comment font les autres. Je ne suis pas fait pour ces conneries.

---

* Đuro Pucar Stari (1899-1979) : homme politique socialiste de Bosnie-Herzégovine, issu d'une famille paysanne pauvre. Membre des Partisans pendant la Seconde Guerre mondiale, il est l'un des principaux organisateurs de la Résistance sur ce territoire. Décoré héros du peuple et héros du travail socialiste, il est président du Présidium de la République de Bosnie-Herzégovine de 1946 à 1953.

J'ai posé mon menton entre mes mains et ai regardé dehors, le ciel qui continuait à s'assombrir, en réfléchissant à la génération Red Bull, aux cornes et aux ailes.

Puis Čarli a fait irruption dans la rédaction.

Il a débité sa réplique habituelle : "J'arrête pas de courir toute la journée…" Pour éviter que quiconque ne lui refourgue un quelconque boulot, il devait émettre des signaux de surcharge de travail et d'horrible nervosité. Il a trouvé le temps de me faire un clin d'œil et de dire : "J'ai vu l'interview… J'ai récupéré les billets qui sont arrivés à la rédaction, j'irai voir."

Puis il a fondu sur son ordinateur et s'est mis à taper comme un forcené.

Silva a enfin fini par arriver aussi. Elle a dit qu'elle avait parlé avec une femme qui attendait dehors…

"Tu veux dire, la mère de Niko Brkić qu'aurait dû jouer à Nantès ?"

Elle a dit qu'elle aimerait bien écrire sur le sujet, ce qui m'a étonné. Elle a dit qu'elle en avait marre d'être cantonnée à la rubrique people, qu'elle voudrait bien des sujets un peu plus sérieux, et qu'est-ce que j'en pensais.

Silva veut se débarrasser de son image d'ex-mannequin, ai-je compris. Elle s'était récemment inscrite en sociologie, à côté du travail… Il n'est jamais trop tard pour la fac de sciences humaines.

"Et tu traiteras ça sous quel angle ?

— Malversations dans le sport", a-t-elle répondu d'un ton professionnel.

Rapidement, elle m'a exposé sa thèse : qu'en réalité, il n'y avait rien de positif dans le sport.

J'ai acquiescé.

Silva a repris : "Dans le sport, comme dans le mannequinat, ils te prennent quand tu es encore un gosse et que tu ne piges rien à rien. Et tu es en permanence entouré d'une espèce de mafia… Il est encore mineur. Tu n'as pas idée…"

On dirait qu'elle aussi, elle aurait dû un jour jouer à Nantès, me suis-je dit.

Tout ça, c'est du pareil au même : du commerce de jambes. Je savais qu'ils l'avaient envoyée à Milan quand elle avait dix-sept ans, elle y était restée un certain temps, mais elle n'était jamais passée en ligue un. Elle était revenue. Puis elle avait compris qu'elle pouvait ici faire mine d'avoir remporté un franc succès à l'étranger, et elle avait joué son rôle de mannequin, elle sortait avec des types obscurs, apparaissait dans la rubrique "Que font les personnalités ?", gagnait des clopinettes dans les défilés locaux, était sous coke, et pas très loin de la prostitution de luxe. Elle était redescendue sur terre quand elle était tombée enceinte d'un type qui avait préféré garder l'anonymat.

Au nom de tout ça, je me suis rallié à sa diatribe contre le sport. "C'est vrai, dans le sport, on considère le travail des enfants comme normal. Ça n'existe nulle part ailleurs ! Regarde ces gamines, ces gymnastes. La maltraitance infantile, dans le sport, c'est le quotidien ! Et un sportif, tu peux le maltraiter toute la journée, car le sport est le seul boulot où il n'y a pas de temps de travail fixe ! Tout ça, c'est illégal. En plus, le sport n'a aucune vocation. C'est du showbiz pour mecs, et c'est tout.

— Je vais prendre ce sujet, a lancé Silva d'un ton résolu, comme si elle partait au combat.

— Prends-le !" ai-je dit comme si je donnais un coup de tampon et refermais définitivement son book de mannequin.

...

Je me suis mis en route pour mon interview avec Olenić, le témoin de toutes nos réformes. Je ne me serais jamais souvenu de lui s'il n'avait pas mis une annonce pour un appartement dans le centre... Une dizaine de jours auparavant, j'étais allé visiter l'appartement, il était trop cher, mais j'avais convenu d'une interview.

Je suis passé prendre le photographe, Tošo.

"On prend ma bagnole ? a-t-il demandé.

— OK."

Mme Anka Brkić était toujours à son poste. J'imagine que maintenant, elle attendait Silva. Je l'ai saluée.

"C'est qui ? m'a demandé Tošo devant l'ascenseur.

— C'est la mère de Niko Brkić, qu'aurait dû jouer à Nantès.

— Aaah… Jamais entendu parler de lui", a-t-il dit d'un ton pensif, comme si c'était une erreur de sa part.

Une fois dans la voiture, Tošo m'a proposé un joint.

"Je sais pas trop, ai-je dit, j'ai la gueule de bois."

J'ai quand même tiré deux lattes, et Tošo s'est chargé du reste. Nous nous traînions dans les embouteillages. Quand quelqu'un klaxonnait, Tošo se contentait de soupirer : "Eh…" Le nombre d'automobiles à Zagreb avait énormément augmenté ; après la guerre et l'isolement, les lignes de crédit s'étaient ouvertes, et la décennie de privations avait cédé la place à une phase de compensation. Hé… Les gens achetaient dès qu'ils le pouvaient, les centres commerciaux poussaient comme des champignons après la pluie, le pays était entré à l'OMC et autres organisations semblables au moment précis où Naomi Klein sortait son *No Logo*, juste pour nous gâcher le plaisir.

Mais les routes étaient restées les mêmes. Hé… La ville était en train d'imploser… Quand un automobiliste derrière nous s'est endormi sur son klaxon, Tošo a dit : "Eh oui…"

J'ai dit : "Elle est bonne, c'est qui ton fournisseur ?"

Il a semblé hésiter : "Écoute… c'est un peu, genre… compliqué à expliquer…

— Pas de souci. Je demandais ça comme ça.

— Non, c'est pas un secret ! a dit Tošo. Mais j'achète dans le quartier, à un gamin qui s'appelle Jo… Sauf que tu vois, l'autre jour, je le vois entrer dans un café, et, genre, y a tout son groupe de potes qu'est assis en terrasse… Je crie : « Jo ! », et putain, ils se sont tous retournés !

— Sans blague ?" ai-je dit, absent.

Tošo fixait le bouchon devant lui : "Hé, attends… Après, il m'a expliqué… Tu vois, quand ils parlent business au téléphone, ils s'appellent tous Jo, genre, à cause des flics. Et c'est comme ça qu'ils se disent bonjour : Salut, Jo, ça se passe ? Pas de souci, Jo, tout roule…

— Aaaah… Ils s'appellent tous Jo.

— Et du coup, tu piges, si les flics cherchaient Jo, ils l'auraient dans le cul, parce que dans le quartier, y a cinquante types qui s'appellent Jo. Mais le truc, c'est que quand j'ai crié « Jo », les mecs m'ont tout de suite capté. Genre, maintenant, ils me connaissent. Quand je vais au café, le serveur me dit : « Salut Jo ».

— Ouh, je ne savais pas que toi aussi, tu étais Jo ?!" Je me suis tourné vers lui.

"Mais moi non plus !" s'est écrié Tošo.

Puis il s'est tu et a ajouté : "Eh oui…"

Nous avons enfin fini par arriver dans le centre, une petite pluie s'était mise à tomber entre-temps, et nous avons sonné à la porte un peu mouillés et essoufflés.

Le vieil économiste nous attendait dans son appartement frisquet et sombre, rasé, en costume noir, chemise blanche et cravate bordeaux. Il avait plus de quatre-vingts ans, mais il se tenait droit comme un vigoureux chef d'orchestre à la retraite. Je suis habitué à ce que les gens se sentent importants à mon arrivée ; je passe mon temps à les interviewer, me consacrer intensément à leur personne, avant de les oublier totalement.

Nous nous sommes assis à la table basse du salon.

Il parlait de l'économie sous le socialisme : "… L'ouverture économique vers le monde a eu pour conséquence une démocratisation politique dans le pays… Le marché a mené à une décentralisation des prises de décision… La bureaucratie politique, effrayée par cette perte de pouvoir, a mis un coup d'arrêt aux réformes…"

Je regardais M. Olenić parler des temps enfuis le menton légèrement levé, comme s'il posait pour les vieux maîtres. Je me suis servi un verre de bon whisky, aimablement mis à disposition sur la table. Le vieil économiste est sans le sou, mais il a quand même acheté du whisky… Classe, me suis-je dit.

Tošo arpentait la pièce, s'accroupissait, se relevait… Entre deux clichés, il m'a demandé d'une grimace de faire s'animer un peu M. Olenić. Je sais, il voulait une question qui énerve un peu le vieux, pour qu'il lève les mains et que son visage prenne une expression, au lieu de parler comme un présentateur de journal télévisé soviétique.

"Vous avez participé à la réforme yougoslave de 1965. Pourquoi a-t-elle échoué ?"ai-je demandé.

Son expression a changé, ses yeux se sont mis à briller. "Cette réforme a été menée par Kiro Gligorov, à l'époque ministre des Finances…"Et maintenant les mains. "… Mais on ne peut pas dire qu'elle a échoué." Il secoue la tête, lève le doigt. "Le monde a jugé que c'était un virage fondamental…"Il baisse le doigt, comme pour désigner un point précis sur la table. "… C'était la fin de l'économie planifiée directive. Nous avons pris nos distances avec les autres pays communistes…"Il montre les paumes, comme pour demander : qu'est-ce qu'il vous faut de plus ? "Donc, une forme de marché dans un cadre socialiste… Ça nous a apporté la décentralisation, mais aussi des résistances, des procès… Plus tard, les dirigeants en Croatie et en Serbie ont été limogés… Vous comprenez, 1971 en Croatie, c'est l'écho des réformes de 1965.

— Oui, oui, j'acquiesce, et Tošo mitraille.

— Mais tout cela a tout de même fini par donner, en 1974, la constitution fédérale…"Il s'énerve un peu. "… C'est l'économie qui était derrière tout ça…" Il hoche la tête. "Nombreux sont ceux qui se sont opposés aux réformes dans la vieille structure politique, et le règlement de comptes avec Aleksandar Ranković…" – comme si, de la main, il faisait tomber une figurine de la table – "… était une tentative de faire taire ces résistances."

Tošo s'est redressé ; il avait le front baigné de sueur.

"Génial !" s'est-il exclamé. Il avait sans doute fait une bonne série de photos.

"Pardon ?" a dit monsieur Olenić.

Tošo a perdu contenance, et a dit "Hé oui, ce Ranković, c'était la police secrète, c'est ça… Vous avez bien fait de le virer." Je les observais à travers mon verre, manquant de m'étouffer.

Le vieil économiste m'a regardé comme la personne sensée du groupe : "Je ne l'ai pas viré. C'étaient des processus.

— Des processus, bien sûr", ai-je répété. Et Olenić a ajouté, écartant les mains : "Tu enlèves un domino ici, ça s'écroule là-bas.

— Bon, moi, j'ai fini ma part du travail, je vais vous laisser, a dit Tošo.

— Salut, Jo, ai-je lancé.

— Au revoir, monsieur Jo", a renchéri le vieil économiste.

J'avais la gorge sèche, et je me suis servi un autre whisky. Et un verre d'eau.

Olenić a parlé du développement, puis de la crise de la dette des années 1980, "quand il n'y avait plus personne pour imposer des décisions par la voie autoritaire".

À la fin, il avait participé à la tentative de transition de Marković : "Nous voulions une privatisation humaine, comme ce qu'ont eu les Slovènes, à la sociodémocrate, pas comme ça a fini par se passer chez nous… Mais Marković a été bloqué par Milošević. Une fois de plus, c'était une bureaucratie politique terrifiée à l'idée de perdre son pouvoir, mais en costume nationaliste. Et c'est ainsi que la Yougoslavie a sombré", a conclu M. Olenić, récitant sa version abrégée de l'histoire récente.

"Un instant", ai-je dit à Olenić.

Mon téléphone sonnait, numéro inconnu. J'espérais un appel du ministère, au sujet de la banque Ri.

J'ai décroché, pour entendre : "C'est moi, Milka.

— Qui ?

— Moi, Tata Milka, tu m'entends ?"

Je l'entendais.

"Heu, écoute, est-ce que tu pourrais me rappeler plus tard, je suis en interview, là…

— Dis-moi où il est ! a-t-elle crié. Ne me fais pas ça à moi, c'est mon fils unique !

— Je suis actuellement en interview."

J'ai raccroché.

J'ai posé le portable sur la table, puis je l'ai fait glisser loin de moi, comme si ce n'était pas le mien. J'avais une suée. Le téléphone s'est remis à sonner.

M. Olenić, ce vivant témoin de la déchéance, restait assis à m'observer.

Le portable hurlait *Satisfaction*, là-bas, de son côté de la table.

Je cherchais une issue dans ma tête : quelque chose que pourrait dire le porte-parole de quelqu'un. Que dire ? Que je n'étais pas là ? Hier déjà, j'avais senti qu'elle allait faire de moi le bouc émissaire. Le portable vibrait et bourdonnait. Milka… Je savais que je ne pouvais pas duper Milka. C'était une mère, et moi un vulgaire journaliste. J'ai regardé le portable. Je me suis dit qu'il faudrait quand même que je réponde. Elle allait comprendre que quelque chose ne tournait pas rond, si je ne répondais pas. J'ai décidé de me calmer, me suis raclé la gorge, m'imaginant une voix aux accents graves et apaisants.

J'ai tendu la main vers l'appareil, puis me suis ravisé. Je n'y arriverais pas, je le sentais.

Je connaissais bien Milka : elle était redoutable… Surtout à domicile.

Les femmes en province connaissent leur champ d'action : les affaires de famille, proche et élargie. Elles laissent la politique et autres affaires étrangères à leurs maris, mais pour ce qui est des questions familiales – s'il s'avère qu'il faut espionner quelqu'un, le prendre en filature, lui laver le cerveau, lui arracher des aveux et des repentances, elles sont là pour ça.

Milka – je le savais depuis toujours – était le chef informel de notre ministère familial de l'Intérieur. Elle rendait visite à tout le monde, invitait régulièrement, interrogeait. Elle tenait la bride même aux cousins éloignés sur d'autres continents... Je m'étais toujours effacé devant Milka. Elle agissait imperceptiblement, se répandant comme une substance dans l'atmosphère. Quand elle venait chez nous, elle se plaignait toujours de son fils, incitant ma mère à se plaindre elle aussi de moi... Et elles se plaignaient ensemble, en ma présence, de mes études inachevées, que je n'étais pas marié, que je n'avais pas d'enfants, pas d'appartement, et que je descendais cinq bières en moins de temps qu'il ne faut pour le dire. Leur mode d'action, c'étaient les lamentations, et elles semaient la désolation autour d'elles. En présence de Milka, je me sentais minable même quand je pensais que tout allait bien pour moi. J'étais heureux de ne plus voir Milka depuis qu'elle s'était éloignée de ma mère à cause de cette affaire d'héritage familial, où elles n'avaient rien à hériter mais avaient pris parti pour des camps opposés.

C'était là la source du conflit. Milka était plus âgée, elle avait une position d'autorité, et elle n'avait jamais pardonné à ma mère d'avoir agi sans tenir compte de ses conseils ; c'était à peu près comme si un chef de commissariat avait ignoré les ordres du ministre. Mais ma mère avait tenu bon dans sa révolte, avec bravoure...

Mais elle en payait, disait ma mère, les conséquences durables... Car Milka, par un travail de terrain aussi minutieux qu'acharné, avait retourné toute la famille contre elle, faisant de ma mère une sorte de dissident tribal.

Ma mère est aigrie, maintenant, elle critique Milka dès qu'elle en a l'occasion, elle est remontée comme un dissident soviétique qui aurait le KGB sur le dos, mais... les soutiens sont tièdes, et il est plus qu'évident que Milka est encore au pouvoir.

Milka avait, dans une certaine mesure, réussi à isoler notre famille du reste de la tribu, ce dont je lui étais, soit dit entre nous, reconnaissant.

Étant donné que nous n'avions pas d'autre sujet de conversation, ma mère m'informait continuellement de l'évolution d'un conflit qui, vu de Zagreb, avait des airs de soap-opéra inspiré d'une histoire vraie. Parfois, je racontais avec un sourire ironique cette pittoresque intrigue méditerranéenne dans les fêtes. Quoi qu'il en soit, ma mère menait sa guerre de dissidente, et ça la maintenait en vie ; sans ça, la retraite l'aurait tuée. Mieux valait qu'elle mène sa guerre plutôt qu'elle sombre dans la léthargie, pensais-je.

Je n'y réfléchissais pas en profondeur, comme Olenić réfléchissait à l'économie. Vu d'ici, de Zagreb, toute cette histoire semblait en deçà de la réalité, et ne rien avoir à faire avec moi. Aurais-je vraiment dû analyser sérieusement ce conflit ?!

Oh, oui, j'aurais dû !

Car, en y réfléchissant mieux, dans toute cette campagne, ma mère avait un atout dans son jeu… Moi !

C'est pour ça qu'elle donnait mon numéro à tout le monde – pour leur montrer combien notre faction était puissante. Nous n'avions peut-être pas de réel soutien sur le terrain, mais nous tenions la capitale et les médias… L'Ouest était de notre côté, tout comme les intellectuels libéraux.

Ce n'est que maintenant que je comprends ce que signifiait dans cette intrigue le fait que ma mère m'envoie Boris… Elle lui avait donné mon numéro de portable, et l'avait envoyé mendier un service comme un miséreux – comme s'il demandait l'asile. Elle voulait humilier Milka aux yeux de tous ! Mais c'est bien sûr, c'est pour ça que Milka était sans nouvelles de Boris ! Il avait accepté l'aide d'une dissidente et trahi sa propre mère, il était passé dans l'autre camp comme un danseur du Bolchoï qui aurait vendu son âme homosexuelle.

Je comprenais peu à peu combien j'étais impliqué, et je n'avais pas la force de plonger dans ce magma… et de balader Milka au sujet de Boris, par-dessus le marché. Car, c'était clair, elle pensait à présent que j'étais moi aussi mêlé à ce complot… Et elle avait raison. Du point de vue de Milka, j'étais le principal agent au service de ma mère. C'était un fait. Ma mère avait ourdi la conspiration, et je l'avais mise en œuvre. Non seulement nous avions humilié Milka, poussé son propre fils à la trahir, frappé là où ça faisait le plus mal, mais... Nous étions allés encore plus loin ! Nous avions envoyé son fils en Irak pour le faire disparaître dans le désert...

Le portable bougeait sur la table à force de vibrer.

Olenić m'a regardé, puis a regardé le portable devant lui. Il a grimacé comme s'il avait vu un cafard dans sa cuisine. Il semblait considérer toute cette bouffonnerie comme indigne du contexte historique dont nous étions en train de parler.

Le portable vibrait, et je sentais me rattraper tout ce que je fuyais depuis des années. Des images me défilent dans la tête... Milka se change en ambassadeur suprême d'une vie passée... Je voyais la province se lancer à mes trousses, tout ça... Le passé, les fantômes de la vie prémoderne, le magma dont j'avais voulu m'émanciper. Je me voyais fuir dans une friche urbaine (quelque chose comme les Champs-Élysées), poursuivi par des villageois armés de fourches et que sais-je encore (ce qu'ils avaient sous la main), comme dans une révolte paysanne, et Milka les guidait comme la Marianne de Delacroix, héroïne à la chemise déchirée, elle levait un poing vengeur et me menaçait de ses seins vieillissants... Dieu du ciel !

Mais d'où est-ce que ça sortait ?! Oui, j'avais fui à Zagreb, j'étais devenu citadin, j'avais été à des milliers de concerts, je vivais avec une comédienne qui jouait dans des pièces avant-gardistes, j'étais cool, je faisais tout dans les règles... Peut-être même que j'exagérais un peu. Car : la peur qu'on puisse me prendre pour un bouseux me poussait à lire des livres postmodernes absolument incompréhensibles, à aller voir des pièces avant-gardistes insupportables, y compris celles où maltraiter le public était le principe de base, à écouter de la musique progressiste même quand ça ne correspondait pas à mon humeur... Je détestais tout ce qui était superficiel, tout ce qui était populiste ! Si quelque chose devenait trop populaire, je ne pouvais plus le supporter... Même au plus fort de l'ivresse, quand l'envie me prenait de lever les mains sur un refrain connu, je les gardais baissées. J'étais peut-être un peu coincé. Mais j'avais une discipline ! J'y TRAVAILLAIS ! En vain... Soudain, je sentais à nouveau *leur* souffle sur ma nuque. Ils étaient en embuscade. J'avais cru leur avoir échappé, mais ils m'avaient cerné en se servant de Boris comme appât, et maintenant, le piège se refermait. Ce portable vibre sur la table, et tout devient hot. J'ai une suée.

J'ai poussé un soupir maladif.

"Ils sont lents... mais ils me rattrapent", ai-je dit à Olenić.

Il m'a lancé un regard, c'est le moins qu'on puisse dire, interrogateur.

"Que dites-vous ?

— Rien, je citais Admiral Mahić*.

— Hmhm, a-t-il dit en me dévisageant comme un psychiatre. C'est un chef militaire ?

— Non, rien à voir."

J'ai attrapé mon portable et l'ai éteint.

Olenić a eu un petit rire inattendu, et s'est perdu dans la contemplation de quelque chose.

Je me suis dit que je ferais mieux de continuer l'interview, d'oublier Milka, mais j'étais incapable de penser à une question.

Je me suis servi un autre whisky.

"Selon vous, que va-t-il advenir de la banque Ri ?" ai-je demandé de but en blanc.

M. Olenić s'est penché en avant. Son sourire s'est évanoui. Je me suis dit que je l'avais agacé avec mon comportement névrotique. Il m'a lancé un regard sévère. "À l'époque du nationalisme le plus exacerbé des années 1990, quand on ne pouvait plus dire business..." Il s'est rengorgé. "... mais *négoce !* Un mot bien de chez nous. À l'époque, nos banques ont été pillées entre acolytes, et tout le monde a poussé un soupir de soulagement quand elles ont été vendues aux étrangers !

_____

* Admiral Mahić (1948-2015) : poète bosnien.

— Oui, oui, ai-je acquiescé, m'efforçant de le calmer.

— Je pense que c'était précisément la *fonction* du nationalisme... en Europe de l'Est. Vous comprenez, les nationalistes sont ceux qui ont le droit de tout vendre, parce qu'on part du principe qu'ils en souffrent !

— Intéressant, ai-je dit. Mais maintenant...

— Maintenant, ils n'ont qu'à réfléchir un peu !" a-t-il tranché.

Va donc dire ça à Markatović, ai-je pensé.

"Mais les Allemands veulent se débarrasser de la banque, ai-je dit. L'État pourrait la reprendre !"

Olenić s'est composé une mine dégoûtée. Il a levé le menton.

"Écoutez, la Yougoslavie était une somme de petits nationalismes qui s'étaient unis pour combattre les grands. C'est comme ça que nous nous sommes débarrassés des Italiens sur la côte et des Allemands sur le continent. Nous n'y serions jamais arrivés tout seuls. Quand ç'a été fait, alors, nous nous sommes débarrassés de la Yougoslavie, à savoir, des Serbes, et maintenant, nous sommes autonomes. Mais du coup, désormais, nous avons à nouveau affaire aux grands, les Italiens et les Allemands. Ce n'est pas plus compliqué que ça."

Hm, lapidaire, ai-je pensé.

"Mais tout ça, c'est beaucoup de souffrance de gens innocents", ai-je dit en vidant mon whisky.

Olenić m'a regardé comme si je disais des conneries hors contexte. Puis, comme s'il avait oublié quelque chose, il a ajouté : "Les Italiens et les Allemands nous ont repris toutes nos banques. Bien entendu, quand je dis Allemands, je pense aussi aux Autrichiens. Après, il y a les Hongrois. Ils ne sont pas aussi importants, mais INA*...

---

* INA : Compagnie pétrolière croate, rachetée à un prix dérisoire au milieu des années 2000 par la compagnie pétrolière hongroise MOL, au cours d'une procédure mafieuse impliquant le Premier ministre de l'époque, Ivo Sanader.

— Certes, ai-je essayé de l'interrompre, mais revenons à la banque Ri. Les Allemands la mettent en vente... Qu'en pensez-vous, est-ce que l'État va la reprendre ?"

Olenić s'est levé, agacé, et est allé à la fenêtre. Il a écarté le rideau et jeté un œil dehors. La pluie tambourinait. "Tout ça est absurde, quand on y pense. J'ai construit le socialisme. C'était, en réalité, une résistance contre le capital mondial." Il regardait par la fenêtre d'un air résigné, comme s'il contemplait les vestiges de son combat. "Nous ne faisons que tourner en rond. Pour nous défendre des Allemands, nous devons nous allier aux Serbes. Et inversement."

Mais encore, ai-je pensé, il vient, ce pronostic ?

"Peut-être, ai-je dit, mais je m'intéresse plus au court terme...

— Pas moi ! a tranché Olenić. À mon âge, je n'ai plus le temps pour ça. Si vous voulez m'interviewer, ne m'embrouillez pas avec des détails. Je connais les journaux. Si je vous parle de la banque de Rijeka, vous allez mettre ça dans le titre, et supprimer tout ce qui est important."

Je suis resté assis à ma place, en silence. Je regardais Olenić devant la fenêtre, à contre-jour. Ce vieux vient d'une époque austère, me suis-je dit. Par miracle, il est encore là ; c'est peut-être le dernier d'entre eux dont je ferai la connaissance... Les vieux modernistes, ai-je pensé. Comme ils étaient sérieux, quand ils allaient droit vers leur but. Si je rencontrais aujourd'hui le Tito de 1937, s'il débarquait à Limited dans une machine à remonter le temps, et qu'il me disait le fond de sa pensée, en me regardant droit dans les yeux, je m'écarterais certainement, le prenant pour un fou.

Je me suis resservi un whisky.

Le vieux, debout, regardait toujours par la fenêtre. Il y a eu un éclair dehors, et il s'est retourné, m'a jaugé du regard...

Je pense qu'il me prenait pour un ivrogne. J'avais l'impression qu'il attendait que je parte.

Mais je ne pouvais pas partir, il me manquait encore des anecdotes.

J'avais un peu peur de demander une anecdote à Olenić. Il serait bien capable de me jeter dehors sous ce déluge si je lui disais "Racontez-moi une anecdote", et je me suis donc mis à parler de Kiro Gligorov de manière détournée, car il m'avait semblé qu'il prononçait son nom avec amitié. Juste pour l'entraîner dans la sphère privée.

Olenić s'est rassis. Il s'est lui aussi servi un peu de whisky, ce qui était bon signe.

"Intéressant, a-t-il dit d'un ton mélancolique. À un moment, vous m'avez précisément rappelé Kiro.

— Sans blague ! ai-je dit avec un enthousiasme démesuré. Pourquoi ?"

Il s'est un peu déridé : "Il y a quelques années, j'étais en Macédoine, à une sorte de symposium. Quelqu'un s'était rappelé mon existence, et ils m'avaient invité…"

Il s'était comme attendri, la sévérité s'était évanouie de son visage, et il m'a raconté, aidé de quelques-unes de mes questions subsidiaires, une histoire singulière sur le démantèlement de la Yougoslavie.

Voici ce que m'a raconté Olenić :

"… Et quitte à être en Macédoine, j'ai pensé, je vais appeler Kiro, quand on vient dans un pays dont on connaît le président, ça serait dommage de ne pas lui rendre visite… Kiro était pile à la fin de son deuxième mandat, et je m'étais dit qu'il ne devait pas avoir trop de travail… Et donc, on est là, assis dans son bureau, et son portable n'arrête pas de sonner. Il venait juste de le recevoir, et il ne savait pas comment l'éteindre.

Je ne savais pas non plus.

C'était exactement comme là, maintenant, pendant qu'on parlait, sauf que le sien sonnait sans interruption, vu qu'il était président. Mais il ne savait pas l'éteindre comme vous venez de le faire, non, nous étions là, deux vieux assis devant ce portable à le regarder. Et ce portable nous tyrannisait comme un enfant qui pleure… Voilà ce que ça m'a rappelé.

Enfin bon… Ce portable sonne, je me plains de nos retraites ridicules, et il me dit : « Ole… ». C'est comme ça qu'il m'appelait : Ole… Il me dit : « Ole, tu vois, j'ai un salaire de 700 marks, alors que je suis président, et je n'arrête pas de me dire que je pourrais avoir un peu plus, mais je n'ose pas leur demander de m'augmenter, ça me gêne… »

Il était comme ça, Kiro, il avait toujours été comme ça. Et donc, on discute, on se raconte nos vies, même si ce portable qui n'arrête pas de sonner nous tape sur les nerfs. Et à un moment, il me demande mon avis – qui pourrait bien le remplacer au poste de président. Son deuxième mandat touchait à sa fin, il ne pouvait plus se porter candidat. Et maintenant, il était censé choisir quelqu'un qu'il soutiendrait personnellement, et il ne savait pas qui soutenir dans la jeune génération...

Et je lui dis : « Ben je ne sais pas, je ne suis pas assez votre politique, peut-être Vasil Tupurkovski »... Ce Tupurkovski, vous voyez qui c'est ? Ce moustachu ventripotent, qui portait toujours des vieux pulls. Mais il n'était pas bête. Et il avait de l'expérience, politique, de l'époque de la Yougoslavie, il était socialiste, et je m'étais dit qu'il pourrait être pas mal...

Et Kiro me dit : « Oui, Vasil, moi aussi, j'ai pensé à lui... Il n'y a pas non plus des tonnes de candidats, mais je ne sais pas... »

Kiro se perd dans ses pensées, il regarde dans le vide...

Et là, il me demande : « Tu te rappelles, Ole, quand la Yougoslavie s'est effondrée ?

— Bien sûr », je dis.

Et Kiro commence : « C'était pendant ce dernier congrès du Parti... » Vous comprenez, Kiro me parlait de cette dernière session où tout avait basculé, car d'abord, les Slovènes étaient partis, puis Račan avait fait sortir les Croates... Mais avant qu'ils ne partent, me dit Kiro, ç'avait duré toute la sainte journée, car c'était discussion sur discussion et dispute sur dispute, sans cesse des drames, la tension avait duré des heures, la nuit tombait et la session n'en finissait pas, et Vasil, qui était assis à côté de lui, me dit Kiro, lui chuchotait sans cesse à l'oreille qu'il crevait la dalle, qu'il n'y tenait plus, qu'il allait lui aussi sortir...

Et Kiro lui dit, attends, tu vois bien que tout le monde a envie de partir, et les Slovènes, et les Croates, mais si tu pars maintenant, alors, tout le monde retiendra que c'est nous, les Macédoniens, qui sommes partis en premier...

Tu n'as pas le droit de partir, lui dit Kiro, et il lui obéit, mais à grand-peine...

Et ensuite, quand les Slovènes sont sortis, Vasil chuchote à Kiro : C'est bon, maintenant, j'y vais...

Mais Kiro ne le laisse pas partir.

Mais je meurs de faim, dit Vasil. Et Kiro le contient, il lui dit, un peu de patience, tu vois bien que le pays est en train de s'effondrer, merde. Il est hors de question qu'on pense que c'est nous qui avons détruit la Yougoslavie parce que tu avais un creux, attends la pause, sinon, l'Histoire te jugera...

« Et bon, dit Kiro, heureusement, les autres aussi ont fini par avoir faim et il y a eu une sorte de buffet, et Vasil a pu se sustenter, et moi, je n'ai pris que deux canapés, je n'avais envie de rien, tu comprends, je n'avais envie de rien parce que je savais ce qui allait arriver... Je pouvais déjà compter les morts, crois-moi, j'avais de l'expérience... » Bon, je vous raconte ça en serbe, comme Kiro me l'a raconté, vous comprenez...

« Et donc, dit Kiro, après le buffet, la session a repris, mais ça s'est fini rapidement, parce que ni les Slovènes ni les Croates ne sont revenus dans la salle de réunion... » Je n'arrive plus à me souvenir en détail de tout ce que m'a raconté Kiro... Mais vous saisissez la situation... Et Kiro me dit : « Je n'avais pas le choix : j'ai dit à Vasil, on rentre à Skopje, on n'a plus rien à faire ici. »

Et Kiro était bouleversé, parce qu'il avait construit la Yougoslavie et fait des réformes, vous comprenez...

Et Kiro me dit : « On prend nos affaires, on va à la voiture, et je dis au chauffeur : À l'aéroport ! Et je me dis : et voilà, la Yougoslavie s'est effondrée, c'est la fin d'une époque historique, qui sait quand je reverrai cet endroit, peut-être que je ne reviendrai jamais à Belgrade, il tombe une petite pluie fine, c'est à vous fendre le cœur... »

Mais sur ce, Vasil entre dans la voiture et dit : Kiro, y a ce restaurant fantastique à Karaburma, c'est ouvert toute la nuit, et ils ont toujours des grillades fraîches... Et Kiro le regarde et dit : Mais tu viens de manger ! Je ne peux rien avaler, Vasil, je n'ai pas d'appétit, je me sens barbouillé… Si tu veux, vas-y, toi, je t'attendrai dans la voiture, je ferai un petit somme. Et ils y sont allés, qu'il me dit, « et Vasil est entré dans le restaurant, mais ça le mettait sans doute mal à l'aise de me faire attendre, dit Kiro, et il est revenu dix minutes plus tard avec ces grillades dans un sac plastique. Et nous nous sommes mis en route pour l'aéroport, j'avais posé ma tête contre la fenêtre, je voulais me calmer les nerfs, somnoler un peu, mais j'avais ce bruit d'aluminium qui me résonnait dans la tête, parce qu'il n'arrêtait pas de traficoter dans ce sac plastique…

Et on embarque, l'avion s'élève au-dessus de Belgrade, et je regarde en bas dans la nuit… J'aimerais juste dormir, et je ferme les yeux, mais ça me tourne dans la tête : et maintenant, que va-t-il se passer ? Je me repasse toute ma vie, et je pense : la Yougoslavie s'est effondrée, je n'arrive pas à y croire… Et que va-t-il advenir de la Macédoine, quand la foire d'empoigne va commencer… Et voilà, ce gouffre s'ouvre sous nos pieds, et je n'arrive pas à dormir parce que j'entends sans cesse ce bruit d'aluminium, je l'entends traficoter dans son sac plastique, ce bruit me dérange, et j'étais à bout de nerfs, alors j'ouvre les yeux et je regarde Vasil, pour lui dire… Et là je bloque, je n'arrive pas à y croire, je le regarde engloutir cette viande.

Et lui, quand il a vu que je le regardais… Il m'a dit : Kiro… La côte de porc froide, y a que ça de vrai ! »

Kiro me raconte ça, et son portable n'arrête pas de sonner sur la table, et je ne savais pas s'il était énervé à cause du téléphone ou à cause de l'histoire.

Et là, Kiro ouvre les bras et lance : « Et maintenant, Ole, dis-moi – est-ce que ça a l'étoffe d'un président ? »"

…

C'est trop long pour une anecdote dans un article, ai-je compris en sortant de l'immeuble d'Olenić… L'averse se calmait, et j'étais affamé, presque autant que Vasil, et je me suis immergé sans tarder dans un design des années 1970, à savoir, une gargote populaire rance vestige du socialisme, dans laquelle avait survécu une serveuse en *borosane**.

De nos jours, où la moindre boutique avait pour vendeuse une minette apprêtée répandant autour d'elle une atmosphère de compétition, ces rades hors du temps avaient un effet relaxant. J'ai mangé mon assiette de tripes puis, dans cet état de semi-ivresse, je suis resté au comptoir. J'ai essayé d'entamer avec la serveuse une conversation sur l'Irak, dans le style "est-ce que la guerre était pire chez nous ou chez eux".

Je voulais essayer de me convaincre que Boris, étant donné qu'il avait survécu ici comme soldat, réussirait sans doute à survivre là-bas comme civil. La vieille serveuse m'a allègrement ignoré ; à l'école de sa diplomatie de comptoir, elle avait appris qu'il ne fallait pas parler de la guerre avec les types de mon âge, car il était difficile de savoir qui avait un syndrome de stress post-traumatique, et qui un cousin en Irak. Elle s'est contentée de dire : "Je pourrais pas revivre ça encore une fois..."

J'ai quitté cet endroit – absolument pas dénué de valeur, en plein centre-ville – en pensant à l'inévitable privatisation qui finirait par chasser de là comme la peste la vieille serveuse en Borosane et ses assiettes de tripes.

En chemin, j'ai téléphoné à Sanja, elle m'a dit qu'elle rentrait à la maison pour se reposer un peu et se concentrer avant sa première, et j'ai décidé de retourner à la rédaction, pour la laisser tranquille. Là-bas, j'ai consulté mes mails. J'ai été tout excité de constater que j'avais reçu un message de Vito Čuveljak, qui tournait en Irak pour Reuters...

---

* *Borosane* : chaussures de travail en toile montantes pour femme, à talon légèrement compensé, de la marque croate Borovo, emblématiques de la classe ouvrière yougoslave.

Čuveljak me répondait qu'il n'avait jamais entendu parler de Boris, mais qu'il allait se renseigner...

Le mail suivant était une énième offre d'agrandissement du pénis, mais rien n'y a fait, mon excitation était retombée.

J'ai essayé de travailler à mon interview avec Olenić, mais mon portable s'est remis à sonner. Le même numéro. Je l'ai mémorisé sous *MILKA*.

Je ne réponds pas, et maintenant, elle a compris que j'avais la trouille. J'ai mis le portable en silencieux, ne laissant que le vibreur. À intervalles réguliers, le portable tremblait sur la table. L'écran affichait, comme gravé dans la pierre : *MILKA*.

Je commençais petit à petit à accepter ma position. Je regardais cet engin diabolique vibrer sur la table en pensant : c'est ma faute... Je n'aurais jamais dû l'envoyer là-bas. C'est tout que je pouvais dire à Milka. Quoi d'autre ? Comment tromper son instinct maternel ? C'est ma faute, et c'est tout.

Mais je n'ai pas répondu ; je me murais dans le silence comme un monstre sans cœur.

Puis, ça a enfin cessé. Le portable s'est calmé.

J'ai essayé de revenir à mon interview. Les phrases dansaient sur l'écran comme pour se moquer de moi. J'ai commandé un café au café de la rédaction ; Anka Brkić n'était plus là – manifestement, Silva s'était attelée à sa mission.

J'ai bu mon café en vitesse.

Puis, j'ai commencé à avoir mal aux épaules et au cou. La douleur remontait vers la tête. La voilà, elle est là, elle tambourine.

Puis ma mère m'a appelé.

Étant donné qu'elle considérait les appels sur les portables comme horriblement chers, c'était sans doute quelque chose d'important. Je ne lui avais pas parlé de l'embrouille avec Boris, car avec elle, le moindre problème prenait des proportions gigantesques.

Mais elle ne m'a pas posé de questions sur Boris. Par contre, elle avait lu, m'a-t-elle dit, l'interview de Sanja. Et qu'est-ce que c'était que cette histoire, qu'elle parlait de sexe, que ça lui faisait honte.

J'ai réfléchi.

"C'est elle qui parle, et c'est toi qui as honte ? ai-je demandé.

— Oui, j'ai honte, a-t-elle répondu, vexée.

— Et qu'est-ce qu'elle a dit pour que tu sois si hot ?

— De quoi hot ? Parle normalement… Je t'en prie… Quoi, qu'est-ce qu'elle a dit ? Elle dit qu'elle va se dénuder dans un film… Au lieu de vous marier et de faire des enfants, elle va se dénuder dans un film ! Vous… Vous avez vraiment un problème.

— Eh oui, ai-je dit. Que veux-tu."

D'habitude, elle avait le don pour me faire sortir de mes gonds, mais là, j'étais sans doute déjà dégondé.

Le fait que je reste froid l'a terriblement offensée. Elle s'est tue, je sentais sa rage, puis elle a sifflé : "Et c'est tout ce que tu as à me dire ?

— J'ai du travail. Je ne peux pas parler de ça maintenant.

— Je ne sais pas… Je ne sais pas… D'où vous venez, et qui vous a fait et qui vous a élevés, pour que vous finissiez comme ça, vraiment, je ne sais pas !" s'est-elle écriée avant de raccrocher.

J'ai réfléchi à pourquoi nous avions fini comme ça.

Si j'avais imité ma mère en quoi que ce soit, j'aurais eu le sentiment de ne pas exister. C'était là tout le problème de notre relation. Je me suis dit que j'étais peut-être trop vieux pour me sentir comme ça. Mais au moins, j'existais.

...

Le portable est une invention incroyable. Tu es assis quelque part, n'importe où, et il t'arrive sans cesse quelque chose. Markatović m'a appelé. Il parlait à voix basse. Il m'a dit qu'il téléphonait de la salle de bains, que sa femme faisait les valises.

"Les valises de qui ?

— Les siennes, a-t-il pleurniché.

— Aaah… J'ai cru que c'étaient les tiennes…

— Les siennes, elle fait les siennes ! Quand quelqu'un part quelque part, il fait ses valises, pas celles des autres", a sifflé Markatović.

Je ne sais vraiment pas pourquoi j'avais pensé qu'elle faisait ses valises à lui.

"Et elle va où ?

— Je ne sais pas, a-t-il murmuré. Elle a pété les plombs.

— Qu'est-ce qui s'est passé ?

— Je lui ai dit que j'avais des actions de la banque Ri, que j'attendais encore... C'est la goutte d'eau qui a fait déborder le vase."

J'ai soupiré. Si sa femme l'aimait, elle serait avec lui pour le meilleur et pour le pire, ai-je pensé.

"Et elle va où ?" ai-je demandé à nouveau. Je ne sais pas pourquoi je bloquais là-dessus.

"Je te dis que je ne sais pas ! a-t-il sifflé.

— Ben demande-lui, enfin !

— Elle est folle de rage, a-t-il dit d'un ton terrifié.

— Et alors ?! ai-je crié.

— D'accord. Je vais lui demander", s'est incliné Markatović avant de raccrocher.

Pour finir, même Sanja m'a appelé. Elle m'a dit qu'elle était allée faire une sieste, mais qu'elle avait été réveillée par le téléphone, ou plutôt par Milka qui cherchait à me joindre à la maison, elle avait refusé de croire que je n'étais pas là, et quand Sanja, très poliment, lui avait dit de la laisser tranquille, qu'elle devait relire ses scènes, Milka lui avait répondu que nous allions bien voir ce que c'était qu'une scène, et Sanja avait débranché le téléphone et était allée méditer... Ça allait déjà mieux, m'a-t-elle dit. Elle partait pour le théâtre, on se voyait après la première, et que je croise les doigts pour elle.

"Je croise les doigts", ai-je dit. "Merde", ai-je dit.

"Tout va bien se passer", ai-je dit.

J'ai appelé Markatović et j'ai dit : "J'ai mal à la tête.

— Ah oui ? Et... Pourquoi tu me dis ça ?

— Parce que je vais éteindre mon téléphone, boire un célèbre cachet, et rentrer chez moi dormir un peu. Que tu ne penses pas que je ne veux pas te répondre. En plein drame familial.

— Hmhm, a-t-il marmonné d'un air absent.

— Et alors, qu'est-ce qui s'est passé ? Dijana est partie ?" lui ai-je rappelé.

Il est sorti de sa léthargie, et m'a fait son rapport : "Elle s'est enfermée dans la chambre. J'ai regardé par le trou de la serrure. Elle écrit quelque chose. Je pense qu'elle m'écrit une lettre.

— Très bien. Préviens-moi quand tu l'auras reçue."

...

Malgré tout, je dois aller à cette première, et profiter du spectacle. Je n'ai pas le choix.

Après la douche, je me regarde dans le miroir.

Je regarde ma coupe mi-longue... Je rejette mes cheveux en arrière. Un peu de gel ? Hm, je ne sais pas exactement quelle allure je suis censé avoir pour cette première.

Ça fait déjà plusieurs années que je me cherche un style de vieux rocker qui ne soit pas pouilleux. Je ne sais plus quel est mon film. Avant, j'essayais de dire quelque chose par le biais de mon apparence, et maintenant, on dirait que je veux fuir quelque chose.

Je me regarde dans le miroir, nerveusement. Ça va être le grand test de Sanja, dans un théâtre renommé. Il faudrait que j'aie l'air relativement sérieux.

Mais pas trop non plus, me suis-je dit. Il faudrait que je combine l'un et l'autre...

Ensuite, j'ai essayé plusieurs variantes.

Incroyable ce que ça me fatigue, de me changer. Il y a quelque chose là-dedans qui m'épuise terriblement.

J'aurais dû lui demander quoi mettre. Je regarde l'heure. Ça serait bête de l'appeler maintenant. Ça pourrait devenir une anecdote ; un jour, dans une fête, elle pourrait raconter : "C'était mon premier grand rôle. Je me concentrais dans ma loge, genre, le trac… Quand mon portable a sonné, c'était lui, le pauvre, pour me demander : « Qu'est-ce que je dois mettre ? »"

Je me regarde dans le miroir… Quelle *forme* prendre ?

Est-ce que je mets quand même un costume ?

Seins.

Noir.

C'est fini.

Ouh, elle a tenu le coup, me suis-je dit. J'avais les mains moites.

Applaudissements.

Applaudissements fournis.

Il y a même eu quelques "BRAVO". Certes, je suis l'un de ceux qui ont crié ça, quand j'ai vu la crispation s'évanouir du visage de Sanja, quand ils sont venus saluer pour la troisième fois.

Mais la partie n'était pas gagnée pour autant.

Le public des premières consistait en une élite locale confite en hypocrisie, qui avait son rythme bien à elle de formation de ses opinions. Dans la queue devant le vestiaire, après la représentation, il était rare d'entendre des voix critiques, peut-être éventuellement une grimace par-ci par-là, un visage dont l'expression interrogatrice semblait inviter à la consultation, mais une demi-heure plus tard seulement, alors que se déroulaient les premières consultations autour du buffet, les choses étaient déjà tout à fait différentes. Il est des gens dont la vocation est d'être les premiers à émettre un jugement négatif. Ce sont leurs instants de gloire, et ils en sont parfaitement conscients tandis qu'ils concoctent leurs premières remarques ironiques. Ce sont des gens qui fréquentent tous les événements culturels, même si rien n'a l'heur de leur plaire. Mais nous avons besoin d'eux.

Čarli est l'un d'entre eux. Je le vois s'approcher de moi un sourire énigmatique sur le visage, comme s'il voulait me rappeler que je suis moi aussi l'un d'entre eux.

"Le metteur en scène... Il est tombé un peu à côté", a dit Čarli, qui avait toujours rêvé d'être metteur en scène.

Tout comme moi, Čarli faisait partie des gens qui faisaient un métier qu'ils n'avaient pas envie de faire, parce que c'étaient d'autres qui faisaient ce que nous avions envie de faire, c'est pourquoi nous étions particulièrement critiques envers eux.

"Je n'irais pas jusque-là, ai-je dit.

— Les acteurs sont bons, mais lui, tu vois, il s'est planté", a tranché Čarli.

Je ne pouvais rien contre lui. J'entendais dans sa voix l'écho de la mienne. Je ne pouvais pas me mettre maintenant à baisser le standing que nous avions établi ensemble au cours d'innombrables commentaires des pièces, des livres et des films des autres. Nous avions un standing terriblement élevé, et maintenant, avec ce standing, Čarli me tenait par les couilles.

J'ai soupiré, puis j'ai demandé : "Comment tu as trouvé Sanja ?

— Elle était super. Mais lui, vraiment, il s'est planté... Il aurait dû... genre...

— Quoi ?"

Pourquoi s'en prenait-il à Ingo ? Je m'étais attendu à ce que tout le monde s'extasie sur "la précision allemande de la mise en scène".

Mais Ingo Grinschgl est un Allemand de l'Est, pire encore, il a une tête d'Allemand de l'Est. Le visage tavelé et une coiffure de hippie, il n'avait pas l'allure d'un Occidental qui allait nous montrer ce qui était tendance. Manifestement, les snobs l'avaient renié.

"C'est bon, te fâche pas, a dit Čarli. Admets qu'il s'est un peu planté."

J'ai fait une grimace, comme si je reconnaissais peut-être la faute d'Ingo. Étant donné que Čarli avait vanté Sanja, il fallait faire un compromis, sinon, il se mettrait par pur esprit de contradiction à tout remettre en question, et le texte, et l'éclairage, et le jeu de Sanja. Quand la pression est forte, il faut parfois sacrifier un pion.

À cet instant, Ela s'est matérialisée à côté de nous. Čarli avait sans doute évacué de son esprit qu'elle pourrait être là ce soir ; il s'est figé comme si on l'avait soudain piqué avec une aiguille. Ela a salué Čarli, et elle m'a fait la bise comme pour me féliciter. Elle m'a dit que Sanja avait été fantastique.

Puis elle est restée avec nous.

"Comment ça va ?" a-t-elle demandé doucement à Čarli. Elle s'adressait à lui d'une manière particulière, légèrement maternelle.

Qui sait ce qu'il a été lui raconter, me suis-je dit.

Je me suis éloigné d'un pas ou deux.

Ela parlait à Čarli comme s'il avait besoin d'aide. Ce qui, bien entendu, était exact. Mais il n'était pas encore prêt pour une thérapie. Je voyais qu'il n'avait qu'une envie, s'enfuir et me laisser avec Ela. J'ai vu Silva arriver derrière eux, ce qui augurait des complications, j'ai dit que je devais aller aux toilettes, et j'ai disparu avant que Čarli n'ait eu le temps de réagir.

Je me suis dirigé du hall vers les WC, puis j'ai prolongé jusqu'au café des acteurs, où s'entassaient après les premières des curieux de toutes sortes.

C'était déjà bondé.

...

Là-bas, au comptoir, je suis tombé sur Sanja. Elle ne s'était pas changée du tout.

"Ouah", ça m'a échappé. Cette tenue à deux balles était vraiment sexy. Putain, et moi, j'avais mis le costume que je portais aux mariages et aux enterrements ! Où était passée notre coordination ?

Je l'ai embrassée. Elle m'a caressé les fesses, et je me suis machinalement retourné pour voir si quelqu'un nous regardait.

"Ça me fait bizarre de te voir en costume.

— Ben, j'ai pensé qu'il fallait, genre...

— Mais ça te va bien."

Ils nous regardaient. Ils avaient toutes les raisons de nous regarder, car elle avait eu le rôle principal ce soir, et les regards n'essayaient même pas de se cacher. Mais j'avais quand même l'impression qu'ils mataient tous son cul, moulé dans sa mini-jupe blanche dans une matière du genre plastique. Au-dessus, elle avait le nombril dénudé, puis une sorte de semblant de petit haut cousu à un push-up blanc qui lui grossissait les seins. Aux pieds, des bottines blanches brillantes. Elle portait un chapeau de cow-boy blanc et avait l'air, l'un dans l'autre, d'une pouffe-née. Parfois, les acteurs se laissent emporter par leur rôle. Il me semblait que Sanja, comme on dit, n'était pas encore sortie de son personnage.

Même moi, je n'avais pas pu m'empêcher – tandis qu'elle me demandait : "J'étais comment ?" – de la regarder dans les seins et pas dans les yeux.

Elle l'a remarqué, et m'a fait un sourire aguicheur.

J'ai ressenti un mélange de désir et de jalousie en me rappelant certaines scènes de la pièce qui avaient suscité en moi, dans le public, des pointes de malaise. Ils la tripotaient au passage, lui mettaient la main aux fesses, et ces seins nus à la fin...

"Tu as été parfaite", lui ai-je chuchoté à l'oreille. Puis j'ai ajouté : "Tu m'excites.

— Toi aussi", a-t-elle murmuré.

Elle était toute vibrante, m'a-t-il semblé.

"Tu as pris quelque chose ?

— Doc a apporté un peu de coke. On vient de se faire un rail, a-t-elle dit, puis elle a immédiatement ajouté : Allons un peu au calme."

Je l'ai suivie dans la foule. Elle s'est arrêtée devant les toilettes des hommes.

"Regarde s'il y a quelqu'un", m'a-t-elle chuchoté.

J'ai passé la tête dans l'embrasure. Un type se lavait les mains.

Quand il est sorti, nous nous sommes rués à l'intérieur. Il n'y a qu'un cabinet, le reste, ce sont des pissotières.

Nous sommes entrés dans le cabinet, et j'ai fermé la porte à clé.

Je l'ai embrassée et lui ai fermement attrapé les fesses. J'avais l'impression que j'allais exploser. Elle a baissé l'abattant, s'est assise sur la cuvette et s'est mise à me déboutonner. Ma bite est sortie comme un ressort. Elle m'a regardé dans les yeux par en dessous, a secoué la tête, avec une expression qui semblait dire silencieusement "Aouuuuh"… Puis elle a pris ma bite dans sa bouche.

Elle a sucé tendrement.

Son chapeau m'empêchait de la voir, et je le lui ai enlevé. Je ne savais pas quoi en faire, et je l'ai mis sur ma tête. Elle a lâché mon sexe une seconde, a fait une mine naïve, et a dit : "Oh, vous êtes cow-boy ?

— Oui, je suis de passage en ville", ai-je dit d'une voix rauque, puis j'ai entendu la porte grincer : quelqu'un était entré dans les pissotières. Elle s'est remise à me sucer, et je me suis figé, de peur qu'on nous découvre.

La porte a de nouveau grincé. Cette fois-ci, quelqu'un a appuyé sur la poignée, essayant d'entrer dans notre cabinet. J'ai quasiment arrêté de respirer, mais elle a continué à sucer. De l'autre côté de la porte, on entendait des grommellements.

Tandis qu'en bas, elle me léchait malicieusement la bite, j'ai fait une tête qui demandait pitié.

"Alors, t'en penses quoi, genre, d'un point de vue professionnel ?" a tonné quelqu'un d'un ton ironique dans les pissotières. Il m'a semblé que c'était la voix de Doc.

"Elle a des beaux seins, la petite", a dit quelqu'un d'autre.

Manifestement, cette critique de théâtre de toilettes pour hommes amusait beaucoup Sanja, et elle hochait la tête en me suçant, émettait des sons approbateurs, comme si elle jouait avec le fait qu'on puisse nous découvrir.

Elle est complètement folle, me suis-je dit, paniqué, mais ça ne diminuait en rien mon excitation, je pensais même, en parallèle, que la cocaïne avait un effet intéressant sur elle, tout en luttant pour ne pas jouir, j'avais dans l'idée que nous aurions dû baiser, mais elle n'arrêtait pas, et je la regardais, concentré, changer de rythme, sans montrer de signes de lassitude, l'avaler profondément, feuler doucement, ce qui ne s'entendait pas de là-bas, espérais-je, même si ça ne me semblait plus si important que ça, car la situation contribuait manifestement à son excitation, et j'ai juste eu le temps de penser qu'il était trop tard, que je n'arriverais jamais à tenir, oui, c'était le moins qu'on puisse dire, car j'ai été parcouru de frissons, et le sperme a jailli. Elle a attendu que je finisse, puis elle m'a souri.

J'avais les genoux qui tremblaient, et j'ai fait attention de ne pas tomber ni de faire de bruit.

Je lui ai embrassé les cheveux.

Quelqu'un, semblait-il, était sorti. L'autre était sans doute en train de se laver les mains, on n'entendait que le bruit de l'eau.

Je lui ai embrassé le visage et le cou.

"C'est bon, la voie est libre, sortons", a-t-elle murmuré après avoir entendu la porte d'entrée claquer.

"Ne regarde surtout pas autour de toi", m'a-t-elle dit quand nous sommes sortis des toilettes, car je m'étais mis à lancer des coups d'œil de côté comme un guérillero en plein combat de rue.

J'ai aperçu Doc qui s'était arrêté dans le couloir pour parler à une fille, et il nous a lancé : "Qu'est-ce que vous faites là ?

— On se drogue", a répondu Sanja d'une voix grinçante, imitant la sorcière, et Doc a éclaté de rire. Il portait un T-shirt orange pétant arborant en grosses lettres : LIGNE ANTI-DROGUE. Dessous, il y avait le numéro de téléphone d'une association.

Doc a dit à la fille à côté de lui : "Regarde-les, regarde-les bien, et ne deviens jamais comme eux – ce sont les pires !"

La fille à côté de lui ne savait pas si elle devait reprendre son sérieux ou rire.

Doc aimait jouer au connard, et il s'en sortait plutôt bien. Il était impossible de communiquer avec lui autrement que par insultes. Après cette épuisante journée diplomatique, c'était extrêmement rafraîchissant.

J'ai dit à la fille : "Il n'y a qu'en le voyant que je me dis qu'il y a encore de l'espoir pour nous… On se sent tous mieux en le voyant !"

La fille a fait un sourire hésitant, pour ne vexer personne. Nous nous sommes dirigés vers le hall.

Nous sommes arrivés au buffet, et j'ai pris un verre de vin blanc, bu une gorgée, puis attrapé un canapé avec une petite feuille de salade et une merde par-dessus, ça ressemblait vraiment à ça, mais le goût n'était pas mauvais.

À cet instant précis, un flash m'a ébloui, et Sanja m'a pris par le bras. Elle regardait droit vers ce flash, et elle n'a pas remarqué que j'avais la bouche pleine, et que j'allais avoir l'air d'un grossier personnage, si bien que j'ai essayé de me dégager, ce qu'a immortalisé le flash suivant, puis j'ai enfin réussi à me dégager, ce qu'a capturé le suivant, puis j'ai légèrement bousculé quelqu'un et me suis retrouvé au milieu d'un groupe de messieurs-dames âgés, qui m'ont lancé un regard méprisant, puis, ayant enfin réussi à avaler ce fichu canapé, j'ai dit à la dame la plus âgée du groupe : "Excusez-moi…" Ça m'a semblé insuffisant, et j'ai ajouté : "C'est ça, de sortir avec le rôle principal."

J'ai souri comme si j'avais dit quelque chose de spirituel, et la dame m'a répondu d'un sourire compatissant.

J'ai regardé vers Sanja : elle était toujours cernée par les flashs. J'ai envisagé de la rejoindre, puis j'ai hésité – j'allais peut-être avoir l'air de m'imposer devant les objectifs, en mode "le petit copain de la star qui avait décidé de sortir de l'anonymat".

Je suis resté à l'écart. Les autres acteurs l'ont rejointe, puis le metteur en scène… Ils avaient tous le sourire aux lèvres.

J'ai bu mon verre de vin. J'ai surpris des regards dans ma direction. C'est alors que j'ai compris que j'avais encore ce chapeau de cow-boy blanc sur la tête, le tout sur un costume noir (à fines rayures blanches, certes), et je me suis senti gêné un bref instant, comme si j'étais surpris a posteriori au milieu de cette scène dans les toilettes, puis je me suis souri à moi-même, quelque chose d'inattendu m'était venu à l'esprit : il faudrait que je découpe ces photos d'elle quand elles sorti-raient dans les journaux, me suis-je dit, car quand elle devien-drait une grande star, et qu'elle me quitterait, je pourrais toujours regarder ces photos, ces yeux, ce sourire, cette bouche où il y avait encore un peu de mon sperme, et je pourrais toujours, quand elle m'aurait quitté, me branler sur ces pho-tos.

Cette pensée m'a tout d'abord empli d'une joie perverse, puis je l'ai évacuée, la jugeant déprimante. Elle n'allait pas me quitter : d'où est-ce que je sortais ça. Il y avait bien des acteurs qui étaient devenus des stars, et qui avaient préservé leur couple et leurs relations d'avant la célébrité, ou plutôt, ces acteurs devaient bien exister, ces actrices devaient certai-nement exister, même si sur le moment, je n'arrivais pas à me souvenir d'exemples précis.

Non, non, c'est déprimant, me suis-je dit. Hé, c'est pas Hollywood, ici, me suis-je consolé.

Fort heureusement, à ce moment précis, Sanja s'est maté-rialisée à côté de moi, m'a embrassé et m'a enlacé ; il y a de nouveau eu un flash, et moi – je n'ai pas pu m'en empêcher – j'ai pensé que j'allais sur cette photo avoir l'air de quelqu'un à qui on a accordé une faveur.

Je n'arrivais pas à croire que ça m'arrivait vraiment.

Je m'étais préparé, j'y avais déjà réfléchi auparavant, j'avais vu des couples qui n'arrivaient pas à se suivre l'un l'autre dans la réussite ; j'avais vu des mecs incapables de suivre la réussite de leur femme, sur eux, ça se voyait toujours : qu'ils étaient perdus et que leur rôle, leur rôle de mâle, était en crise muette. J'avais vu ça, et j'étais certain que ça ne m'arriverait pas si les choses commençaient à rouler pour Sanja, et pourtant... Dès la première étape, j'étais envahi d'un sentiment d'infériorité. Étais-je vraiment un tel beauf ? Étais-je incapable de supporter sa réussite, ne pouvais-je pas tout simplement me réjouir ? Le rôle de l'homme, le rôle du guide dans la vie, le rôle du putain de protecteur, le rôle du philosophe de service, le rôle du "de service" en général, car les hommes ne font rien d'autre que d'être non-stop de service, toute cette merde était – je le sentais nettement – momentanément suspendue, et je ne savais pas comment me comporter autrement. C'est la fin de ton service, me suis-je dit, débranche ton cerveau, et fais-nous enfin un sourire.

J'ai eu toutes les peines du monde.

Je me suis dit l'espace d'un instant qu'elle avait pressenti tout ça, que quelque part, elle savait, et que cette pipe dans les WC était une sorte de compensation, non, me suis-je dit, c'est laid comme mot, non, c'était une preuve d'amour, une preuve que rien n'allait changer. C'était une preuve, car elle aussi avait besoin d'une preuve, elle aussi voulait que nous soyons sûrs l'un de l'autre, elle aussi avait besoin de s'en convaincre.

Je me tenais sous ce chapeau blanc à côté de Sanja, je me sentais un peu esseulé sous ce poids invisible, les flashs me mitraillaient, et je souriais de la manière dont la célébrité, un infime contact avec la célébrité, accélérait la réflexion, et ouvrait un espace où il était facile de se perdre.

Je buvais mon vin trop vite et mon verre était déjà vide, et j'ai jeté un coup d'œil alentour pour voir comment m'en procurer un autre sans tarder.

Ela avait sans doute le même problème, et nous nous sommes retrouvés devant le buffet au même moment. Nous avons pris chacun un verre.

Čarli et Silva avaient disparu. Le sourire mal assuré d'Ela m'a signifié qu'elle n'avait personne avec qui bavarder.

"Sanja ne t'a pas vue ?

— Tu vois bien que c'est la folie, a-t-elle dit. Il y a le temps."

J'ai bu une gorgée.

"Comment ça va, sinon ? ai-je demandé.

— Super", a dit Ela.

Super, ça va super, c'est super, hmhm, ai-je pensé. Et de quoi parler maintenant ? Devais-je lui dire moi aussi que tout était super, et qu'on annulait l'émission ?

"Et toi, comment ça va ? a-t-elle demandé.

— L'horreur."

Elle a pris la nouvelle un peu trop au tragique : "Vraiment ? Qu'est-ce qui se passe ?

— Le désastre", ai-je ajouté.

Elle me regardait sans rien dire.

"Allez, Ela… On a le droit d'être dans la merde. Ce n'est pas puni par la loi."

J'avais cru que ça détendrait l'atmosphère, mais non.

"Qu'est-ce que tu veux dire ?" a-t-elle demandé un embryon de panique dans les yeux.

"Mais rien, merde…" J'étais presque fâché. "Qu'on n'est pas obligés, toi et moi, de faire comme si tout était super… Et… et de se montrer qu'on a réussi. Putain, on se connaît de quand j'avais même pas de machine à laver !"

Par bonheur, ça l'a fait rire.

Puis Sanja nous a rejoints. Elle et Ela se sont fait la bise et ont échangé quelques répliques surexcitées. Mais je le voyais bien : passé le ravissement initial, Sanja ne savait plus quoi faire d'elle. Elle était, tout simplement, d'humeur bien plus sémillante qu'Ela qui, la pauvre – avec tous ses régimes – n'avait même pas le temps de se droguer.

J'ai compris que Sanja pourrait bien de nouveau me laisser avec Ela, et j'ai envisagé de la devancer, et de m'esquiver vers les toilettes. Mais ma conscience m'a dit : ce n'est pas correct d'éviter Ela en permanence.

Je me suis figé. Pourquoi voulais-je éviter Ela ? Je connaissais la réponse. Je redoutais cette image : Ela et moi plantés là comme deux outsiders… Je jette un coup d'œil à Sanja, et il me semble qu'elle regarde à travers nous.

Sur ce arrive Jerman. Il dit quelque chose. On se connaît de l'époque de la dramaturgie, on était potes à la fac. Je devrais le féliciter pour son rôle, me dis-je, et je le félicite, mais je sens que j'ai le visage tendu.

Il est chaleureux, je comprends qu'il est mal à l'aise à cause de ce titre. "De la pure alchimie sur scène", ça me tourne de nouveau dans la tête…

"On va boire un coup ?" demande-t-il. Il voudrait s'assurer que tout va bien entre nous.

"Hein ? On va boire un coup, non ?" répète-t-il d'une voix mal assurée.

Il y a sans doute trop de merdes qui se sont accumulées – et soudain, j'arrive à peine à respirer.

"Ben tu vois bien qu'on est en train de boire", je souffle entre mes dents.

"Aah, a opiné Jerman. Mais il n'y a pas de bière ici. Je vais me chercher une bière au bar."

Et il s'en va.

"Lui aussi, il est un peu paumé, rit Ela de l'acteur connu.

— Lui, il est fou à lier", rebondit Sanja d'un air entendu.

Je me tiens là, comme au milieu de forces contradictoires.

"Je sors prendre un peu l'air, je dis.

— Qu'est-ce qu'il y a ? Tu ne te sens pas bien ? sursaute Sanja.

— Non, non, tout va bien."

Je lui ai laissé le chapeau.

"Tu es sûr que tout va bien ?

— Tout va bien. C'est juste que j'étouffe un peu, ici."

Elle m'a lancé un regard préoccupé.

Je suis sorti.

Vraiment, j'avais besoin d'air, rien de plus. Juste de l'air, une nuit ordinaire dans la ville, le bruit des voitures dans la rue Ilica… Les gosses qui se hâtent vers l'arrêt de tram, car ils ont profité jusqu'à la dernière seconde de leur sortie autorisée…

J'avais besoin du trottoir détrempé, du couple qui prend un hot-dog par la petite fenêtre du fast-food, et croque à tour de rôle ; je n'avais besoin de rien, juste d'un peu d'air.

Je regardais tout ça comme quelqu'un qui se serait abrité de la pluie, près de l'arrêt de tram, devant une vitrine hurlante de tennis tendance, comme si elles attendaient avec impatience de sortir courir.

J'ai poursuivi mon chemin, et je marchais déjà dans la rue Ilica, sans intention particulière, vers la place principale… Là, je me suis senti perdu, comme un homme qui aurait été éjecté de son histoire, et j'ai commencé à revenir sur mes pas par la rue Bogović, à présent complètement vide, puis par la place du Marché aux Fleurs, et je me reprenais lentement, comme si j'inhalais une forme de familiarité, dans ces rues ; c'est alors que j'ai compris que ça faisait longtemps que je n'avais pas marché ainsi en ville, sans but.

…

À mon retour, j'ai enfin sorti cette fameuse cocaïne, l'avance d'un cyclope nommé La Vallée.

Sanja s'est exclamée, surprise : "Ahaa, c'est pour ça que tu devais aller prendre l'air !" J'ai aussi trouvé Ela, qui a dit : "Non merci, pas pour moi." Mais elle nous a quand même accompagnés quand j'ai dit que j'allais convier Čarli, qui a dit "Tiens, oui, un peu, pourquoi pas." Il était avec Silva, qui était sur le point de rentrer chez elle, et qui a dit : "Ouh, pile au bon moment !"

Sanja nous a entraînés derrière les coulisses, quelque part dans le labyrinthe de couloirs du théâtre, dans une salle de répétition, et nous nous sommes fait des rails.

Nous sommes revenus, par ce labyrinthe, tel un bataillon remonté à bloc, pour atterrir sur une petite scène changée en boîte de nuit improvisée, où dansait, au beau milieu du podium – Markatović en personne.

Sa cravate noire voletait dans les airs, et il dansait comme s'il chassait un chien qui lui mordrait la cheville. Pourtant, il ne faisait pas particulièrement tache, du moins pas après notre arrivée : Sanja et Silva se sont lancées dans une danse sexy, Ela dans une ondulation méditative des hanches et du cou, et Čarli sautait mécaniquement en agitant les bras comme un robot, convaincu d'avoir chopé le rythme. J'ai levé les bras en l'air comme si je venais de marquer un but et fait un grand sourire bête à Markatović, puis je lui ai hurlé à l'oreille :

"Alors, il s'est passé quoi avec Dijana ?

— Tu ne peux pas… a hurlé Markatović d'une voix cassée. Tu ne peux pas…"

Puis il a ajouté qu'il était venu pour Sanja et pour moi – le tout sur un ton pathétique… Il était content pour nous, que nous soyons heureux.

...

La fête battait son plein.

Les gens déferlaient du café, en passant par le hall, jusqu'à cette boîte de nuit improvisée sur la petite scène.

Toutes les heures, nous faisions une excursion dans ce labyrinthe de couloirs, et les conversations devenaient de plus en plus franches et de plus en plus stupides.

À la porte de la petite scène, Markatović m'a expliqué que nous étions Sanja et moi un couple parfait, il parlait d'elle comme d'une meuf trop cool, aux côtés de qui ma vie ne deviendrait jamais étriquée, tandis que Dijana, racontait-il d'un ton bouleversé, était devenue une "femme au foyer", et qu'aurait-elle bien pu devenir d'autre avec des jumeaux sur les bras, essayais-je de lui expliquer…

Mais il ne m'écoutait pas : il disait qu'elle ressemblait de plus en plus à sa mère, et ça l'horrifiait, car ce n'était pas comme ça qu'il s'était imaginé sa vie, avec tous ces crédits, et ces merdes, et La Vallée et ces actions pourries sur le dos, et une femme qui

lui rappelait sa belle-mère, et en plus, a-t-il dit, après l'accouche-
ment, elle avait arrêté de prendre plaisir au sexe, ils lui avaient
coupé un truc en bas et ça lui faisait mal, et il me raconte tout
ça même si je ne lui demande rien, parce que je n'ai pas envie
de l'écouter dans cet état, mais il se confesse, sur un ton terriblement confidentiel, avec une expression de noyé… Et il me
dit que Dijana est partie, qu'elle a pris les jumeaux, et qu'elle
lui a écrit une lettre d'adieu de quatorze pages, mais qu'il n'a
pas eu le temps de la lire… car il devait sortir… et il était venu
ici, parce qu'il savait que je serais là… Je suis là, je dis, je suis là,
merde, les amis, c'est fait pour ça, je dis, n'est-ce pas, je demande,
et Markatović, au bord des larmes, acquiesce en silence, s'allume une autre cigarette et prend une grande bouffée…

Pendant cette pause, Silva m'approche et me raconte à l'oreille
que le Chef n'est pas particulièrement ravi qu'elle traite le sujet
Niko Brkić, qu'il lui a dit de s'en tenir à la rubrique people, que
c'était ce qu'elle faisait le mieux, et elle pose la tête sur mon
épaule et me dit tristement que tout le monde la trouve bête, et
je lui dis que ce n'est pas vrai… Je regarde autour de moi, pour
voir si ça risque de rendre Sanja jalouse, mais elle danse en nous
tournant le dos. Tout ce que je vois, c'est le regard inquiet de
Čarli de l'autre côté de la pièce. Cependant, Ela le colle littéralement contre le mur, elle ondule sensuellement devant lui,
et on dirait qu'il commence à céder un peu sous la pression.

Puis Silva dit : "Je rentre à la maison. Si je reste, je ne peux
que gâcher quelque chose…

— Ah bon ? je m'étonne. Pourquoi tu pars comme ça, tout
d'un coup ?"

...

Čarli m'a abordé un peu plus tard : "Où est Silva ?
— Je crois qu'elle est partie."
Il est resté à côté de moi, pensif. Il traficotait quelque chose
sur son téléphone.

Le standing baissait.

Que suis-je, qu'es-tu, oh ma viiie*... Quelqu'un a mis cette chanson de pop locale, et Čarli a lancé un regard dans ma direction en faisant une mine dégoûtée. Markatović, lui, a levé les bras en l'air.

"Que suis-je, qu'es-tu, oh ma viiie", s'égosillait-il en se dirigeant vers la piste de danse.

"Ton ami n'a pas l'air d'aller très bien", a dit Čarli au sujet de Markatović, comme s'il ne connaissait pas son nom.

"Que veux-tu...", ai-je dit.

Il n'est pas le seul, ai-je pensé. Mais nous faisions bien attention à ne pas reconnaître le malheur. C'est l'un des codes de la société zagréboise. Nous sommes plutôt bien disciplinés en la matière. En quelque sorte, nous avons le sentiment que ça nous différencie de la plèbe et des Balkans. Du coup, les autres pensent que nous sommes froids, mais ils peuvent bien penser ce qu'ils veulent... Tant que nous n'avions pas touché le fond comme Markatović, nous ne reconnaissions rien... Non et non ! Tu n'avais pas le droit de montrer ton malheur en société, mais par contre, tu pouvais arborer fièrement ses effets secondaires : malveillance, jalousie, ragots...

"Qu'est-ce qui lui est arrivé ? a demandé Čarli au sujet de Markatović.

— Rien de spécial."

Nous étions déjà bien partis pour les ragots. Čarli *s'intéressait* au malheur de Markatović.

"Que suis-je, qu'es-tu, oh ma viiie", hurlait ce dernier sur la piste, comme dans une forme de catharsis. Il a attrapé une bouteille d'eau gazeuse sur une table dans un coin, et s'est mis à la renverser sur sa tête. Un cercle s'était formé autour de lui. Il y avait là Sanja et Ela, qui se tordaient de rire. Sur le visage de Markatović aussi, on discernait quelque chose

---

* *Što sam ja, što si ti, moj živote* : chanson de pop croate de la chanteuse Danijela Martinović, sortie en 1998.

qui ressemblait à du bonheur. Comme s'il avait décidé de s'en foutre de tout, et ainsi résolu tous ses problèmes.

"Le grand n'importe quoi ! ai-je dit à Čarli en ricanant.

— Putain, mec, c'est quoi, ça, un théâtre croate ou un tripot serbe ?! s'est indigné Čarli.

— On s'en fout. Tu vois bien qu'ils s'amusent.

— C'est insupportable", a décrété Čarli, énervé.

Ouh, l'éternelle question, encore et toujours.

Qu'avions-nous le droit de trouver divertissant, et quoi non ? Quelle musique appartenait à notre société, et quelle musique non ? Qu'adviendrait-il de nous si nous arrêtions de nous distinguer des bouseux ? Allions-nous perdre notre esprit, notre réputation et notre dignité ? Qui étions-nous ? Ah, toutes ces questions complexes ! Sous cocaïne, mon cerveau fonctionnait à cent à l'heure, et je percevais clairement ce traumatisme culturo-festif.

Non, nous n'avions pas le droit de tomber en dessous d'un *certain standing*, me suis-je dit… Sinon, c'était la porte ouverte aux Balkans.

Heureusement, Čarli était là pour nous préserver de la déchéance. Je le vois qui veille sur notre culture citadine. Il se tient là, seul, de fait, sur la dernière ligne de défense. Vais-je lui venir en aide ou trahir notre cause, là est toute la question. C'est pour ça qu'il me regarde. Il n'arrive pas à croire que je tolère tout ça, que j'aie perdu toute ma combativité. Voilà, tel est le regard que me lance Čarli en cette heure avancée.

"Genre, toi, ça ne te dérange pas ?" me demande-t-il.

Ça m'énervait un peu de devoir débattre de standards culturels à trois heures du matin.

"C'est marrant, je dis. C'est marrant, c'est tout !

— Ça me dépasse, a rétorqué Čarli, déçu. Je trouve ça insupportable."

Le refrain naïvement ontologique a de nouveau résonné. *Que suis-je, qu'es-tu, oh ma viiie…* Mais si c'était chanté par un groupe de folk irlandais, alors, Čarli trouverait ça supportable.

Nous nous défions des chansons dans notre langue maternelle, me suis-je dit. Car il y a toujours le risque de se laisser emporter.

J'ai dit à Čarli : "Traduis le texte en anglais, tu verras, ça passera mieux...

— C'est bon, on s'en fout, m'a-t-il interrompu.

— Allez, te fâche pas...

— Tu racontes des conneries.

— Écoute, tu veux faire de la discipline, et il est trois heures du matin.

— C'est bon, on s'en fout !" a-t-il tranché.

Il était en colère. Voilà ce qui nous occupe quand la fête bat son plein. Nous prenons garde à ce que les choses *ne dégénèrent pas*. Ici, à la frontière mouvante des Balkans, c'est toujours possible. Ici, depuis toujours, nous nous chicanons au sujet de comment nous avons le droit de nous amuser ou non. Ça fait partie de notre culture. Nous avons un standing élevé, pour bien nous distinguer des beaufs. Nous sommes bien peu, nous qui tenons à notre standing et nous sentons menacés. Nous restons groupés. Nous maintenons une discipline interne. Le plaisir pur est indigne de nous. Nous le cachons, comme le malheur. Jusqu'à ce que nous nous effondrions comme Markatović.

Alors, tout fout le camp. Soudain, c'est l'alerte : les invasions barbares !

À présent, j'étais moi aussi en colère. Čarli m'avait entraîné dans cette discussion de merde et, typique Mitteleuropa, je m'étais mis à réfléchir au lieu de m'amuser. Mais cette coke me poussait dangereusement à la franchise. Ça faisait du bien d'être direct. C'est mon côté méditerranéen. Éteins-moi la musique, et je t'assommerai de grands discours.

"Tu sais quoi, ai-je commencé, ça fait déjà longtemps que j'ai envie de te dire que tu te fais du mal avec ton standing. Tu es arrivé énervé juste à cause d'Ela !

— De quoi tu parles, qu'est-ce qu'elle vient faire là-dedans ?!

— Tu vois que la meuf est à fond sur toi, mais tu ne peux pas… Tu t'es bloqué avec ton putain de standing. Parce que c'est Silva que tu vises… Tu te tortures sans cesse avec un standing qui n'est pas le tien. Tu roules dans une Jaguar en âge de voter, tu es fan d'huile d'olive artisanale, et tu crois que tu vas réussir à faire illusion !"

Son visage s'était assombri, mais j'ai continué : "Je suis complètement défoncé et je m'en fous de tout, mais je te dis juste… Fuck ces chimères ! Putain, je te vois. Tu n'as pas de vie. Tu nous fais une imitation. Tu penses que ça ne se voit pas ? Merde, laisse les gens danser, va retrouver Ela, et renverse-toi de l'eau gazeuse sur la tête… Sinon, tu vas gâcher ta vie à jouer la comédie."

"Oho ! a dit Čarli. C'était violent."

Doc est passé à côté de nous et a dit : "Hé ! À mon tour de passer un truc !

— Allez, vas-y ! ai-je crié. Nous, ici, on se révolte !

— Désolé." Je me suis retourné vers Čarli. "Il fallait que je te le dise un jour.

— OK. Merci. Mais tu penses que toi, je ne te vois pas ?" a demandé Čarli. Lui aussi avait pris pas mal de coke, ses yeux brillaient d'un éclat confiant, il me regardait comme dans un duel préélectoral à la télé. "Toi aussi, tu voudrais le beurre et l'argent du beurre. Tu joues au cool à la rédaction ; genre, tu ne te mets jamais en avant… En réalité, tu n'as pas le droit de faire preuve d'ambition, sinon, ça voudrait dire que, genre, tu n'es pas punk. Tu as écouté trop de chansons qui méprisaient le système, et lu trop de livres sur des losers. Mais maintenant, tu paniques. Ta meuf commence à devenir quelqu'un, et il faudrait que toi aussi, tu te mettes à faire quelque chose, hein ? C'est bien ça ? Hé, mais reconnais que ça fait déjà longtemps que t'es plus un rocker, ça fait déjà longtemps que t'es dedans, dans le système, mon frère. Tu verras, ça ira mieux. Reconnais-le, sinon, comme tu dis, tu vas gâcher ta vie à jouer la comédie."

Je l'ai regardé. Ça aussi, c'était violent, ai-je pensé.

Stop de ouor in de neïm of love… Stop de ouor in de neïm of god… Stop de ouor in de neïm of tchildren… Stop de ouor in Croeïchia*…

C'était la chanson que Doc avait mise.

"Il est complètement fou, a dit Čarli.

— Quoi, ça non plus, ça ne te plaît pas ?"

Let Croeïchia bi ouane of Yourope stars… Yourope can stop de ouor…

…

Le présent, l'instant présent.

Juste ici et maintenant, c'est la seule chose que j'ai à l'esprit.

Quand quelqu'un sort de mon champ de vision, je l'oublie. Je dois déjà être complètement défoncé.

Dialogues.

"C'est cool ? demande Sanja.

— Et cool et hot, je dis. Je suis content pour toi !"

Je l'embrasse, je lui attrape les fesses, et elle se dégage : "Hé, fais gaffe, y a peut-être encore des photographes…

— Et alors ? On est ensemble.

— Allez, ça ferait crade.

— T'as raison, désolé."

Plus tard, je lui dis : "Tu sais que je vais peut-être avoir un édito ?

— Sans blague ? C'est super, non ?

— Ça s'est décidé aujourd'hui… La génération Red Bull.

— C'est quoi ?

— La vie… La pression… Repousser les limites…

---

* *Stop the War in Croatia* : chanson anti-guerre de 1991, du chanteur pop et auteur-compositeur croate Tomislav Ivčić. Il s'engage en politique en 1990, dans le parti de droite HDZ, mais décède prématurément en 1993 dans un accident de voiture.

— Super, super", dit-elle en m'embrassant.

Markatović. Il marche de plus en plus difficilement. Il subit des pertes considérables.

À présent, il se tient devant moi et réfléchit. Laborieusement.

Sanja danse deux mètres plus loin.

"J'aime les gens, mais pas trop", dit Markatović.

Je ris.

"Je vais aux toilettes, marmonne-t-il. Ne pars pas", il me regarde comme s'il avait peur que nous puissions nous oublier.

"Je suis là, je ne vais nulle part."

Et voilà Jerman. Il titube comiquement.

"On va boire un verre ?

— Allez !"

Nous traversons le hall, jusqu'au café, jusqu'au bar.

"Hé, tu vois… J'espère que tu comprends… Genre, ce qu'il y a dans les journaux, heu, ça n'a rien à voir avec, genre, putain, la réalité, tu vois…

— Je vois.

— Mais genre, je te dis ça, pour qu'il y ait pas d'embrouille, tu vois…

— Pas de souci, c'est bon, inutile de revenir là-dessus. Je vois.

— OK, tu bois quoi ?" demande-t-il. Il commande. Puis il ajoute : "Hé, tiens, que je vous présente… Ingo."

Je tends la main.

Ingo Grinschgl. L'Allemand barbu à qui Jerman et Doc ont appris à ne faire confiance à personne dans les Balkans. Il vivote au bar.

Il chante les louanges de Sanja. *Shi has eu greït fioutcheure*, dit-il. Il est pompette, mais un peu trop sérieux, très poli, pas dans l'ambiance. La barrière linguistique l'handicape. D'autre part, à cette heure de la nuit, personne n'arrive à rester concentré sur un sujet. Tout glisse, et il a le regard de quelqu'un qui suit des objets volants. Je le vois, il aimerait bien discuter de quelque chose.

Je lui dis ce que je fais dans la vie. "Oh", dit Ingo en hochant la tête. Manifestement, il serait même prêt à parler d'économie. Ou de journalisme, peu importe.

Au passage, j'aperçois du coin de l'œil Markatović, qui regarde autour de lui, déconcentré. "Ouhou, par ici !" je lui crie. Et je dis à Ingo : "*Maï frennd, lost in speïce !*

— *Ennde, ouat you say ebaout economic sitoueïshione hir ?*" demande Ingo.

Mon Dieu, j'étais beaucoup trop défoncé pour ça. Je dis : "*Ouh, its tou difiqueult tou expleïn, but...*

— Qu'est-ce que tu marmonnes ? intervient Markatović.

— Je parle anglais, je réponds. J'explique la situation économique à l'Allemand.

— CATASTROPHE !" dit Markatović. Il compose son expression la plus pathétique, soupire, regarde Ingo de très près : "CA-TA-STRO-PHE !

— *Ouh*, opine Ingo d'un air compatissant. *Dats bad.*

— *Djermans... Doïtch, eunderstande ? Doïtch pipel baut benk.* *Maï benk*, dit Markatović, simplifiant un peu les choses. *Ennde naou, catastrophe ! Nichts benk ! Kaïne gelt !* CA-TA-STRO-PHE !

— *Ouh, Aïme so sori*", dit Ingo.

"Et donc, tu vois : y avait cette gamine, elle venait, tu vois, d'une région défavorisée sous tutelle de l'État, peu importe de quel endroit exactement, mais je voulais préciser qu'elle venait d'une de ces régions, parce que c'est une histoire sociale. Et, tu vois, son vieux était une sorte de fonctionnaire là-bas, et il lui avait eu une bourse, même si elle était pas, genre, la première de la classe, je veux dire, y avait peu de chances qu'elle le soit, parce que je l'ai rencontrée, j'ai bien vu – elle était pas particulièrement intelligente, et pas méga studieuse non plus – mais bref, son vieux avait fait jouer toutes ses relations au Parti pour l'inscrire à la fac, et en médecine en plus, parce que tu vois le truc, dans ce genre de bled, n'importe quelle femme qui a fait coiffure rêve que son enfant devienne docteur, pour qu'il puisse la soigner… Et donc, tu vois, cette gamine m'avait vu dans une pub, sans doute la pub pour les fenêtres. Et voilà, j'étais au bar chez Đuro, elle est venue me taxer une clope, en s'excusant mille fois de ne pas en avoir, et on a fait connaissance… Elle avait pas la moindre idée que j'étais acteur, elle m'avait juste vu dans une pub… Genre, je lui avais vraiment plu dans cette pub pour les fenêtres, tu vois. Et bon, voilà, ça se passe, on baise toute la nuit… Et rien. Je veux dire, je lui avais pas promis monts et merveilles, qu'on allait devenir Dieu sait quoi, même si elle me plaisait bien, cette petite. Genre, elle a pas une conversation de ouf, mais elle a des nichons et elle est délurée, libérée, un truc de ouf, j'imagine que tout ce qu'on lui a appris là-bas, sous tutelle de l'État, ben elle fait tout le contraire. Et bon, tu vois, elle

part le matin direct à la fac, et je ne l'ai jamais revue. Et…
Non, non, c'est pas fini… Attends, ça continue.

Et donc, ce matin-là, à la fac, ils devaient faire des exercices avec le microscope, c'est sa pote qui me l'a raconté, qu'était avec elle chez Đuro ce soir-là, et que du coup, j'avais rencontrée aussi… Mais tu vois, sa pote m'a raconté ça hier, alors que toute cette histoire s'est passée cet automne… Nooon, j'ai pas baisé la pote. Elle m'a juste parlé, tu vois, de la fille avec qui j'avais couché, ce qui lui était arrivé ce matin-là. Et donc, elle me dit qu'ils avaient cet exercice au microscope ce matin-là, qu'ils devaient regarder chacun leur crachat, qu'est-ce que j'en sais de comment ça marche ces choses-là, et en gros, tu piges, ils ont tous vu des sortes de micro-organismes, y a juste la mienne qu'a vu un truc bizarre. Elle appelle sa pote, celle qui m'a raconté, elle regarde aussi, et vraiment, y avait un truc gros, tu piges, et la mienne a crié : « Professeur, professeur, venez voir ! » Et donc, le professeur vient et regarde. Et tu vas voir qui est le grand méchant dans l'histoire – pas moi, le professeur !

Et tu sais pas ce qu'il lui dit ? Il lui dit : « Mademoiselle, ce qu'il y a dans votre salive, ce n'est rien de particulier. Ce sont des spermatozoïdes. » Tu piges, un professeur, un monsieur en blouse blanche, émérite… Tout ça, je l'ai appris hier, alors que ça s'est passé cet automne… Et je me dis merde, est-ce que c'est ma faute ?

Je veux dire, elle est venue me voir toute seule, elle a appelé le professeur toute seule, c'est, genre, un caprice du destin, une tragédie… Parce qu'écoute ce que m'a raconté sa pote, ce qui lui est arrivé après : elle a arrêté de venir à la fac, tu piges, et, normal, elle a tout de suite commencé à se droguer, direct à l'héro, zou, et quand ses vieux ont pigé ce qui se passait, ils l'ont rapatriée illico, genre, c'était la fin de toutes les espérances familiales, plus de perspectives, et là, y a eu des problèmes dans la famille, je sais pas exactement quoi, en gros, le vieux a pété les plombs, il a tué sa femme d'un coup de pistolet, il voulait sans doute tuer sa fille, mais il a touché sa femme, même les flics ne savent pas ce qui s'est passé, mais dans tous les cas, maintenant, il est en détention provisoire, et la gamine s'est enfuie quelque part, personne ne sait où elle est. Et moi, genre... Ben je me sens un peu coupable, tu piges... Qu'est-ce que vous en pensez, c'est un vrai roman, non, un best-seller ? Y a du cul, du sang, et en plus, c'est une histoire sociale.

— Putain, Doc, t'es vraiment immonde", Sanja a fait une mine dégoûtée.

"Et voilà !" Doc a écarté les bras. "Je le savais bien, que ça allait être ma faute."

Nous nous étions tous rassemblés au bar. Ils nous avaient même éteint la musique. Le meilleur moment pour les pires histoires.

"D'ailleurs, je pense qu'un spermatozoïde ne peut pas survivre... a repris Sanja.

— Allez, arrête de déconner, t'as tout inventé, a bredouillé Markatović à Doc, d'une voix pâteuse, après une lente réflexion.

— C'est vraiment immonde, ai-je ajouté en regardant Doc.

— Tu parles que j'ai tout inventé ! s'est défendu Doc d'un ton offensé. Qui irait inventer un truc pareil ?!

— *Coulde you transleïte it ?* a demandé Ingo.

— *Ouh, its tou difficult,* je dis à Ingo.

— *It ouaz maï love stori. Veri difficult"*, a ajouté Doc.

Ingo n'était pas tout à fait convaincu, mais il a quand même dit : *"Ouh, aïm so sori."*

4. QUATRIÈME JOUR

L'IMPORTANT, C'EST DE PARTICIPER

Le téléphone sonnait et sonnait… Il n'arrêtait pas… Quelque part dans les profondeurs du sommeil.

"Allez, décroche…", a gémi Sanja derrière moi en me donnant un coup de coude, et j'ai eu envie de lui dire… Ce que j'ai toujours envie de dire quand je dors, que je ne dois pas être dérangé, que je suis très occupé…

"Allez, vas-y…"

J'ai ouvert les yeux. J'ai regardé ma montre : sept heures et demie du matin… et là, maintenant, je devrais aller voir ce qui se passe… Même si je sais. C'est MILKA, je ne vois pas ce que ça pourrait être d'autre.

"C'est rien… ça va s'arrêter", ai-je murmuré à Sanja, comme si quelqu'un nous écoutait.

De fait, ça a sonné, sonné, puis ça s'est arrêté. Je me suis rendormi, mais j'étais légèrement sur la défensive, comme un chat qui se prépare à l'assaut.

Puis, alors que j'avais de nouveau sombré dans le sommeil, ça s'est remis à sonner. Bien entendu, en tant que chef de la police familiale, Milka savait qu'on pouvait détruire psychologiquement un prisonnier en l'empêchant constamment de dormir.

"Débranche-le, s'il te plaît", a gémi Sanja, victime collatérale.

Je devais sortir du lit pour arriver au téléphone. Et je me suis levé, plein de bonnes intentions, mais ensuite, j'ai titubé et je me suis cogné dans l'embrasure de la porte. J'avais complètement oublié que j'étais encore ivre de la veille. Je me suis encastré dans ce chambranle, bien comme il faut, et je suis tombé sur le côté, faisant s'écrouler les livres et les journaux entassés sur la boîte en plastique où je rangeais mes papiers, si bien que Sanja s'est écriée : "Qu'est-ce qui s'est passé ?"

Je me suis contenté de gémir en me tenant la tête.

"Mon Dieu !" Elle a bondi hors du lit et s'est accroupie à côté de moi.

"Tout va bien ? Laisse-moi voir !"

Elle m'a inspecté la tête sous toutes les coutures, comme un enfant qui vient de recevoir un nouveau ballon.

"Laisse..." Je me suis dégagé.

"Ouuuh, tu t'es pas raté !"

Le téléphone, et tout ce qui m'entourait, sonnait à présent encore plus fort. Étant donné qu'elle s'était levée elle aussi, et que j'avais peur de Milka, je lui ai dit d'un ton suppliant : "S'il te plaît, va voir qui c'est..."

Je regarde cette boîte en plastique où je range mes papiers, mon extrait d'acte de naissance et ce genre de choses, et je remarque qu'elle a un peu fondu d'un côté, parce qu'elle touche le tuyau du chauffage central... Je regarde Sanja – elle aussi, elle tangue un peu – et je pousse cette boîte sous le lit, où il y avait de la poussière, qui m'est entrée, Dieu sait comment, dans les narines.

"Dis que je ne suis pas là !" je crie, paniqué, à Sanja, en éternuant de toutes mes forces. Elle tend la main vers le combiné. "C'est Milka, ai-je ajouté d'un ton plaintif. Dis-lui... que je l'appellerai vers midi et que je vais tout..." J'ai éternué encore une fois. "... lui expliquer."

J'ai titubé vers le lit et me suis laissé tomber entre les draps. Il fallait juste que je reprenne un peu de forces et ensuite... Je ferais quelque chose... Mais Sanja a crié depuis le salon : "Tin ! C'est ton rédacteur en chef !"

Pero, à sept heures trente ? J'ai croisé Sanja dans cette maudite embrasure de porte, et me suis traîné jusqu'au téléphone.

"Rapplique immédiatement à la rédaction ! a-t-il ordonné.

— Qu'est-ce qui se passe ?

— Tout de suite !" a-t-il tranché en raccrochant.

"Il n'est pas précisément de bonne humeur", ai-je dit à Sanja en revenant dans la chambre qui, je le sentais à présent, puait l'alcool.

Elle m'a regardé depuis le lit comme une somnambule.

"J'ai rêvé que j'auscultais une tortue", a-t-elle dit de but en blanc.

Comme si elle me communiquait une découverte, elle a repris : "Juste avant. Je rêvais que j'auscultais une tortue, et impossible... Parce qu'elle rentrait sa tête, ses jambes, ses bras...

— Les tortues n'ont pas de bras, ai-je dit machinalement.

— Si !" a-t-elle rétorqué.

Je regardais dans le vide.

"*Qu'est-ce que ça veut dire ?*" a-t-elle demandé.

Est-ce que je suis vraiment réveillé, me suis-je interrogé.

"C'est quoi, cette tortue ? a-t-elle demandé. C'est qui ?

— Je dois aller à la rédaction", ai-je dit, et elle a fermé les yeux.

J'ai mis de l'eau à chauffer au micro-ondes pour un café soluble, et dans ma tête se bousculaient de troubles pressentiments de gueule de bois qui me faisaient trembler les mains, à moins que ça ne soit autre chose.

J'avais dû dormir une heure, ai-je calculé... Bien entendu, je suis encore bourré, ai-je conclu... Satisfait de ma capacité d'analyse.

"Regarde s'il y a des trucs sur la première dans les journaux, et dis-moi ! m'a-t-elle lancé, soudain, depuis la chambre. N'hésite pas à me réveiller !"

Sa voix était pleine d'espoir. Ça m'a blessé. Je me suis dit que nous ne vivions plus dans le même monde. Je n'espérais absolument rien de bon. J'ai fermé les yeux.

"OK", ai-je répondu... tel un blaireau depuis sa tanière. Et à l'intérieur : ces troubles pressentiments de gueule de bois, et ça sentait la terre, le terreau noir de tombeau... Je suis vraiment bourré, me suis-je dit... en ouvrant les yeux, car le micro-ondes avait sonné, quelque part à la surface.

Allez, merde, reprends-toi !

Bois ton café !

Fume une cigarette ! Redeviens l'homme que tu connais ! – me suis-je intimé. Et je me suis assis. Je me sentais comme quelqu'un qui rassemblait des éléments, "rassemblait des éléments"… Et je suis resté assis là, le temps de me rassembler, et de me monter, pièce par pièce, comme indiqué dans mon mode d'emploi.

…

En arrivant à la rédaction, j'ai eu l'intuition que j'étais déjà très en retard, et j'ai toqué et suis entré directement dans le bureau du rédacteur en chef.

J'ai dit : "Bonjour !"

À l'intérieur, il y avait le Chef et le Secrétaire. Le Secrétaire m'a regardé sans rien dire, et Pero le Chef a balayé du regard le plafond et les murs, comme s'il cherchait où avait atterri le moustique qu'il avait l'intention d'écraser.

Concrètement, c'était le printemps, et il n'y avait pas encore de moustiques.

Son regard a fini par s'arrêter sur moi.

"Hum"… Comme si je voulais dire quelque chose… J'étais déjà concentré, et je me sentais prêt à dire n'importe quoi, même une phrase complexe… Mon cerveau était sans doute en surchauffe, si bien que je me suis mis à penser que l'homme pouvait vraiment dire tout et n'importe quoi, ce qui m'est apparu comme un gros problème. Comment pouvions-nous bien savoir ce qu'il fallait dire au juste ? C'était sans doute un réflexe, mais je l'avais perdu.

Ils me regardaient.

Le Secrétaire a cillé, le Chef pas encore.

Puis le Chef a cillé, et a dit : "Bonjour ? Ça, pour une bonne journée, c'est une bonne journée !"

Il s'est levé, a brandi tel un toréador le journal qui était sur son bureau, et me l'a mis sous le nez, mais trop près, et je ne voyais rien de ce qui était écrit.

"Attention. Il est encore chaud", a dit le Chef.

Je me suis reculé un peu. Voilà, comme ça. C'était l'hebdomadaire du GEP, *La Vigie*. Et... La une affichait en grosses lettres : UN JOURNALISTE CROATE DISPARAÎT EN IRAK.

Non, c'est impossible, me suis-je dit.

J'ai regardé de nouveau, et le titre était toujours le même : UN JOURNALISTE CROATE DISPARAÎT EN IRAK.

C'est impossible, et pourtant.

Et pourtant.

Ces enfoirés du GEP !

C'était tout ce qui me venait à l'esprit... "ces enfoirés du GEP"... et "et pourtant".

Et pourtant, "je le savais"...

"Assieds-toi !" a ordonné Pero le Chef.

Je me suis assis. Je le savais, me répétais-je intérieurement, comme si je me plaignais à quelqu'un...

"Tu n'es au courant de rien, à ce que je vois", a dit le Chef d'un ton mauvais, et le Secrétaire regardait quelque part, je ne sais pas où.

"Je n'ai encore rien lu. Vous m'avez tiré du lit", ai-je dit.

Le Secrétaire a hoché la tête d'un air important, en fixant mes chaussures.

"Ils saisissent la moindre occasion. Ils seraient prêts à profaner des cadavres, a dit le Secrétaire, en pensant au GEP. Ils n'ont aucune limite."

Je n'avais pas encore lu le texte, mais ç'avait l'air horrible...

J'ai tendu le bras vers le journal, mais Pero s'est écarté – et il tenait le journal à la main – et s'est mis à faire les cent pas entre son bureau et la fenêtre ; il y avait la place, ils lui avaient vraiment fait un bureau spacieux, puis il a fini par dire : "Incroyable !"

"Quelles raclures !" ai-je renchéri.

Mieux valait, me suis-je dit, détourner les émotions vers les types du GEP le temps de trouver une parade ; autrefois, ça marchait avec les Serbes, tu pouvais toujours détourner l'attention sur eux… "Ça ne se passe pas comme ça en Europe…", ai-je commencé, mais le Chef m'a lancé un regard tranchant comme un sabre et m'a demandé : "Et tu ne saurais pas, par hasard, à quel journaliste fait allusion cette… une ?"

Je suis resté coi. Épineuse question ! J'avais déjà dit que je n'avais pas lu les journaux.

"Je n'ai pas la moindre idée de quel journaliste il s'agit. Mais…" Je me suis arrêté.

"Mais ? Mais quoi ?" a dit le Chef en allumant une cigarette, me rappelant un inspecteur de la Gestapo dans un film de Partisans où je tiendrais le rôle du gentil.

"Mais, ai-je dit, étant donné que vous m'avez appelé, ça pourrait, manifestement, être notre envoyé en Irak…

— Manifestement, hein ?

— Ça pourrait être lui", ai-je dit rationnellement.

Il m'a regardé comme si quelque chose l'étonnait chez moi, et m'a demandé : "Mais quel genre d'homme es-tu ?"

Ça sonnait comme si je n'étais pas le même que, genre, la veille. Je me suis tu. Il eut été illusoire d'essayer de me décrire.

"Mais… Mais pourquoi est-ce que tu n'as pas au moins été poli avec cette femme ?

— Quelle femme ?"

Il m'a regardé d'un air obtus, comme pour me mettre la pression. Je me suis dit que je ferais mieux de partir… Mais quelque chose me retenait : le désir de rester dans ma peau.

"BEN, LA MÈRE DE NOTRE JOURNALISTE !" a hurlé le Chef.

J'ai soupiré.

Et voilà.

Incroyable !

Cette satanée Milka m'avait eu ! Et si vite ? Quel coup de maître ! J'ai repensé à la première nuit de bombardements de Bagdad… Elle m'avait réduit en cendres !

Mais comment ? D'où ce tire-au-flanc de Boris se retrouvait-il en une ? Depuis quand était-il si important ?

Le Chef agitait le journal.

UN JOURNALISTE CROATE DISPARAÎT EN IRAK.

Je regardais ce "EN IRAK".

C'est ça, me suis-je dit. Nous sommes en Irak. L'important, c'est de *participer*, me suis-je dit. Hm. Nous participons ! Nous aussi, nous avons nos victimes. En Irak.

Mais c'est bien sûr, me suis-je remémoré. Lors de l'attentat contre les Twin Towers, nos journaux avaient publié en une le nombre de morts croates ! Nous les avions cherchés... S'il n'y avait eu aucun des nôtres dans les Twin Towers, nous aurions été déçus. Car nous voulions faire partie des nouvelles mondiales ! Nous avions joué des coudes pour y arriver, avec cette même ferveur avec laquelle Ićo Caméra jouait des coudes pour être au premier rang autour des accidents de voiture, pour pouvoir voir sa photo dans les journaux. Ce truc avec Boris en une était, il fallait bien le reconnaître, la suite logique. S'il avait disparu n'importe où ailleurs, il aurait pu pourrir et attendre les médecins légistes de la série *Cold Case : Affaires classées*. Personne n'en avait rien à foutre de lui, j'étais le seul, quel imbécile, à lui avoir trouvé du travail...

Mais voilà, un "journaliste croate" avait disparu dans le célèbre, l'horrible Irak.

Était-il "la première victime croate en Irak" ?

Mais c'était un sujet en or, un vrai hit, bordel !

Le Chef attendait que je dise quelque chose.

Les Américains ne sont pas les seuls à mourir, il y a des gars de chez nous aussi, c'est la seule chose qui m'est passée par la tête.

"Qu'est-ce qui t'arrive ?" Le Chef m'a regardé.

Il m'a fallu un certain temps.

"Houhou, y a quelqu'un ?" a-t-il demandé.

Ça m'a rappelé que j'étais encore bourré de la veille. Je n'arrêtais pas de l'oublier... Ils m'avaient bien eu, Milka et ces enfoirés du GEP, ils avaient bien choisi leur moment... Allons-y doucement. Je rassemble ma concentration, je me recompose, pièce par pièce...

"C'est un fake, ai-je dit d'un ton sobre, analytique. Ils cherchent la première victime croate en Irak. Vous comprenez, c'est, genre, « nous participons à un drame d'envergure mondiale »…"

Le Chef me fixe d'un regard vide, mais je continue : "Putain, si par hasard on était impliqués dans cette guerre, ils feraient péter le champagne !

— Arrête avec ça ! a tranché le Chef. Pourquoi est-ce que tu n'as pas répondu à cette femme ?"

J'ai écarté les bras. "J'avais plus de batterie."

Le Chef a poussé un faible gémissement et a brièvement fermé les yeux en serrant les poings. Il avait l'air de souffrir de ne pas pouvoir me frapper… Et le Secrétaire regardait quelque part dans le vide, comme si la situation le mettait mal à l'aise.

"Cette femme est folle, ai-je dit. J'ai parlé avec elle avant-hier, tout allait bien. Et hier, ma batterie a lâché."

Le Chef m'a lancé un regard froid, puis il a ouvert *La Vigie*. Je ne savais toujours pas ce qu'il y avait dedans, et ça handicapait considérablement ma défense.

Il refusait de me donner ce journal, ce que je trouvais humiliant, et j'ai décidé de me comporter comme si son contenu ne m'intéressait pas.

Je suis assis, devant son bureau, sur cette chaise, comme si je n'étais pas là.

Le Chef lit à voix haute un passage sur "l'insensible rédacteur du PEG" qui a envoyé un journaliste inexpérimenté en Irak, avant de "« refuser des jours durant de répondre au téléphone à la mère rongée d'inquiétude du journaliste »".

— Des jours durant ? me suis-je écrié. C'était juste hier !

— Attends !" a grondé Pero en levant le doigt, puis il a repris sa lecture : "« La dernière fois qu'elle a réussi à entrer en contact avec lui, le rédacteur d'*Objectif* lui a même dit qu'il *avait mieux à faire* que de parler de son fils. »

— C'est faux", ai-je dit, mais le Chef a continué : "« Elle a compris qu'il était arrivé quelque chose à son fils, car ça faisait déjà une semaine qu'il n'avait pas appelé à la maison. »"

Il me regardait fixement.

"Il ne les a jamais appelés tout court", ai-je dit.

Déconcerté, il a répété : "Jamais ?

— C'est ce qu'elle m'a dit.

— Et comment ça se fait que je ne suis pas au courant ?

s'est-il étranglé.

— Hé, est-ce que je suis censé aller emmerder le *rédacteur en chef*…", j'ai dit ça comme si je disais le *président des États-Unis*, "… parce qu'un journaliste ne parle pas avec sa mère ? Mais putain, c'est quand même clair, pourquoi il ne l'appelle pas ! Il a été jusqu'en Irak pour la fuir.

— Hm." Le Chef m'a regardé. Il a repris une pose policière : il s'est assis du bout des fesses sur le bord du bureau, pile en face de moi, et a dit en étirant les syllabes : "Reprenons."

Il y a un vrai talent de flic qui sommeille chez ce type, ai-je pensé : quoi qu'il entreprenne, ça lui réussit.

Il avait repris le journal, et recommencé à lire, comme quoi on avait dit à la mère du journaliste qu'il n'avait en Irak "pas de téléphone satellite", mais l'auteur de l'article, voyez-vous ça, en doutait, et disait : "Envoyer dans l'enfer de la guerre une personne inexpérimentée, et sans l'équipement de base par-dessus le marché – même pour le PEG, ça irait sans doute trop loin." Et le gratte-papier du GEP de conclure que "de nombreux détails tendent à indiquer que le PEG cache quelque chose" et que, "malheureusement, les angoisses de la pauvre mère pourraient bien être justifiées."

"«Il revient à présent au PEG de faire la lumière sur cette triste histoire», qu'ils disent", a conclu le Chef. Il m'a regardé, a fait une pause, et a ajouté : "Le PEG, dans ce cas précis, c'est – toi !"

Je ne savais pas si je devais opiner ou non.

"Et donc ?"

J'avais la bouche sèche, et j'avais besoin d'eau. Et donc ? Donc, Milka et moi, nul autre que Milka et moi, parlons au téléphone, et les journalistes te décortiquent ça, en détail et d'un point de vue analytique… Inouï ! Et tout avait commencé par cette dispute entre Milka et ma mère, au sujet de l'héritage d'un autre… Quelle escalade du conflit !

"Tout ça est fou ! Elle est folle ! Ils sont fous ! ai-je dit.

— Qui ?" Le chef s'est penché et m'a regardé de très près.

"Eux, ai-je dit. Moi, je suis cool, mais tu ne peux pas être cool… alors qu'ils sont hot !

— Je ne sais pas qui est fou dans cette histoire !" a-t-il rétorqué en me lançant un regard suggestif, comme pour insinuer que c'était peut-être moi qui étais fou dans cette histoire.

J'ai essayé d'envisager la chose. *Je suis fou dans cette histoire* – hm… est-ce que ça ne sonnait pas un peu étrange ?

"Je ne sais pas qui est *fou dans cette histoire*… Mais je sais de quel côté va être l'opinion publique", a repris le chef. "Enfin, merde, y a-t-il rien de pire qu'une mère éplorée ?!"

Il a regardé le Secrétaire, attendant sa validation.

Je regardais moi aussi le Secrétaire, soudain mon cerveau s'est mis à fonctionner comme une Singer, et je me suis enfin rappelé que je lui avais dit la veille que j'avais un problème avec Boris, et lui… Il avait tordu la bouche, et réfléchissait à ce qui pourrait bien être pire qu'une mère éplorée.

"Je ne vois pas !" a reconnu le Secrétaire, en contemplant mes chaussures avec une grimace douloureuse.

J'attendais qu'il me regarde moi aussi, et pas seulement mes putains de chaussures. Mais ses yeux se sont reposés sur le Chef.

"Secrétaire ?" je dis et je le regarde, j'attends.

Alors, il m'a enfin envoyé un mini petit regard compatissant. Il avait l'expression d'un témoin de la défense assailli par les questions du procureur, et j'ai compris ; il ferait une tête comme s'il me défendait, mais il me descendrait sur tous les points.

Le pire qui puisse t'arriver dans la vie, c'est d'avoir un mauvais avocat, ai-je pensé. Et j'ai dit au Secrétaire : "N'essayez pas de me défendre… Je ne l'ai pas mérité…"

Le Secrétaire m'a lancé un regard perplexe, puis a dit au Chef : "Mais je ne le défends pas !"

OK, me suis-je dit, ça, c'est réglé.

"Vous savez que je vous ai mentionné cette affaire hier...
ai-je dit au Secrétaire. Mais c'était une erreur. J'aurais dû en
parler au rédacteur en chef..." J'ai regardé le Chef : "Mauvais calcul. C'est ma faute, j'avoue."

Le Secrétaire était choqué par ma manœuvre.

"Mon garçon, tu ne m'as jamais rien mentionné !" Il s'est
redressé comme un manifestant.

Je lui ai adressé un regard triste : "Hier, je vous ai dit que
j'avais un problème avec ce type en Irak."

Le Secrétaire s'est empourpré.

"Il ment... a-t-il glapi en regardant le Chef.

— Arrêtez !" a sifflé le Chef en gigotant nerveusement.
Puis il s'est levé de sa pose policière sur le bord du bureau.
Il nous a regardés d'un air légèrement désorienté. Comme s'il
n'avait plus personne devant qui jouer à l'inspecteur, maintenant que nous étions tous les deux impliqués. Parfois, tu comprends que tu n'as plus personne devant qui faire la morale,
car tout le monde est suspect. Il te manque un public neutre.

Pour finir, il s'est assis en face, dans son fauteuil. Il a soupiré : "Mais avec qui est-ce que je bosse..."

Le Secrétaire a écarté les bras un instant, comme pour
ajouter quelque chose, mais il s'est finalement rassis, pinçant
les lèvres d'un air vexé.

"J'ai vraiment très soif, ai-je dit. On a, euh, un peu traîné
hier après la première..."

Ça faisait déplacé en cet instant dramatique, mais j'avais
au moins autant soif que ce que Vasil avait eu faim.

"J'ai soif depuis le début de l'audience, j'ai grossi le trait
pour me justifier.

— De l'audience ? m'a regardé le Chef.

— Non... non !" J'ai agité les mains comme pour effacer
ma réplique. "J'ai soif, c'est tout."

Le Chef a levé les yeux au ciel en écartant les bras, comme
pour s'adresser à des dieux insensés, puis il a sifflé entre
ses dents : "Eh ben va te chercher de l'eau !"

Je suis allé dans le couloir où se trouvait la fontaine publicitaire à eau, froide, de source.

J'ai rapporté deux verres en plastique, les ai posés sur le bureau du rédacteur en chef, et me suis rassis.

"J'ai horriblement soif", ai-je dit après en avoir bu un. Mais le Chef m'a pris le deuxième et l'a bu.

"Je retourne en chercher", ai-je dit en me levant, et le Secrétaire s'est mis à ricaner, bizarrement, comme si quelque chose avait lâché à l'intérieur, et je me suis figé le pied en l'air. Le Chef l'a fusillé du regard.

Le Secrétaire s'est composé une mine sérieuse. On aurait dit à ses yeux qu'il essayait d'avaler quelque chose.

Je me suis remis en route et – et merde, je n'arrêtais pas d'oublier que j'étais encore bourré – j'ai légèrement titubé… Le Secrétaire a éclaté d'un ricanement désagréable.

"QU'EST-CE QUI TE FAIT RIRE, BORDEL ?" a tonné le Chef. Le Secrétaire a frissonné de la tête, comme s'il se remettait à jour. Il s'est tu.

"Mais avec qui est-ce que je bosse", a de nouveau demandé le Chef, et il a secoué la tête en levant les yeux au ciel.

J'ai encore rapporté de l'eau.

Je n'ai même pas regardé le Secrétaire… Le Chef avait à présent décidé de se comporter de manière un peu plus humaine avec moi, et il a dit : "Raconte-moi tout. Pourquoi est-ce que sa mère t'a fichu la trouille ?"

J'ai dit : "Cette Milka… Euh… C'est un peu compliqué à expliquer…"

Il m'a interrompu : "Le type a eu un papier dans notre dernier numéro. Mais sa mère a compris à ton attitude que quelque chose ne tournait pas rond, c'est bien ça ?

— Oui.

— Tu as merdé. Tu vois, tu l'as envoyée chier, alors, elle a appelé la concurrence pour se venger. C'est tout… Et donc : ce n'est pas ELLE, la folle ! Ce ne sont pas EUX, les fous. Parce que le problème, ce n'est pas uniquement qu'elle les ait appelés… Non ! Écoute-moi bien : ils ont fouillé un peu, et pigé que tu avais envoyé des mails à des gens en Irak, où tu demandes s'ils ont des nouvelles de notre journaliste. Tu vois de quoi je veux parler ?"

Là, c'est vraiment sans issue, me suis-je dit. Les types du GEP avaient eu la même idée que moi : se renseigner auprès des mecs de chez nous là-bas.

"Je vois." Je n'avais plus d'issue de secours. Vraiment, me suis-je demandé, quel genre d'homme étais-je ?

"C'est pour ça que je ne veux plus perdre de temps !" Le Chef s'est de nouveau emporté. "On essaie d'appeler ce type depuis ce matin, et il ne répond pas ! Explique-moi, c'est quoi le problème !"

Je me suis gratté l'arrière du crâne.

Devais-je commencer par la guerre entre Milka et ma mère, pour finir par la guerre en Irak ? Mes pensées s'embrouillaient sous l'effet de cette distance.

J'ai pris une grande inspiration. J'ai décidé, en un instant, que je devais rester fidèle à ma version de l'histoire, sinon, j'allais perdre pied. Et j'ai dit : "Tout est horriblement compliqué. Il n'a jamais utilisé ce téléphone, il ne me contactait que par mail… Euh… Maintenant, ça va faire quatre jours qu'il ne m'a pas envoyé de messages. Je me suis un peu inquiété, mais d'un point de vue rationnel, il ne devrait pas y avoir de raison de paniquer. Il n'est pas obligé de nous écrire tous les jours."

Soudain amical, comme un good cop, le Chef a dit : "Écoute, je ne t'accuse de rien. Si tu en as parlé au Secrétaire…"

Mais le Secrétaire s'est levé et s'est planté devant moi : "Tu parles que tu m'en as parlé ! Tu n'as pas honte ? Tu n'as pas une once de sens moral ! Se… se comporter comme ça envers une mère qui cherche son fils ! Alors que le type est à la guerre ! Ça en dit long sur toi !"

Je suis resté bouche bée. Dit comme ça, c'était vraiment moche. Tiens donc, ai-je pensé, les mots de Milka m'atteignent sans aucun problème par le téléphone arabe.

À partir de maintenant, ai-je soudain compris, j'allais vivre avec ça. Quoi que je dise, quelqu'un me rabattrait le caquet au nom de Milka. Le monde serait rempli de ses envoyés.

J'ai bu un peu d'eau.

"Je ne peux pas parler avec le Secrétaire, ai-je dit.

— Secrétaire, a lancé le Chef, si vous ne nous êtes d'aucune aide, alors, laissez-moi travailler."

Le Secrétaire est resté planté là. Il respirait comme un cardiaque, le visage dangereusement empourpré. J'ai pensé à lui proposer de l'eau, mais j'ai eu peur qu'il le prenne pour une provocation.

"J'ai besoin de prendre un peu l'air", a-t-il marmonné en prenant sa veste. La porte s'est refermée derrière lui.

"Et ?" m'a demandé le Chef.

J'ai réfléchi à là où nous en étions restés, et j'ai repris : "Si j'avais semé la panique, ça n'aurait rien changé. Qui aurait été le chercher en Irak ? Les Américains ?

— Attends, tu reconnais qu'il a disparu ?" m'a averti le Chef, avec l'envie que je le démente promptement.

J'ai compris que nous étions, d'une certaine manière, dans le même camp. Tout comme moi, lui non plus n'avait pas envie de croire que Boris avait disparu. J'ai dit : "Il n'a pas disparu… il s'est vexé. J'ai tout de suite voulu le faire revenir, mais il a joué au con. Genre, il ne recevait pas mes messages et mes appels. À la fin, je l'ai insulté dans un mail et depuis, plus de nouvelles. Je pense qu'il me fait tout simplement tourner en bourrique.

— Pourquoi est-ce que tu as gardé ça pour toi ?

— Je le protégeais, le con ! Et de toute façon, à quoi ça aurait servi ? S'il ne m'écoutait pas moi, il ne t'aurait pas plus écouté toi."

Il s'est tu. Nous nous tutoyions depuis toujours. Maintenant que le Secrétaire était sorti, je pouvais ne plus m'adresser à un collectif.

Pero a soufflé : "Tu as la confirmation qu'il a donné des nouvelles il y a quatre jours dans ton ordinateur ?

— Oui.

— Je vais avoir besoin de m'en assurer."

Nous sommes sortis de son bureau pour aller à ma table.

"Voilà, c'était son dernier mail.

— Imprime-moi ça."

J'ai imprimé.

Toutes ces tables, ces claviers, ces téléphones, ces grandes vitres. Nous n'étions que deux dans la rédaction, et les lieux avaient l'air étrangement calme, figé, comme après un cataclysme.

En contrebas, le panneau publicitaire du grand carrefour vante les mérites de la Hyundai Getz, sans apport, en une tonne de mensualités.

Je suis l'activité de ce panneau. Avant, c'était le plan épargne logement de la banque Raiffeisen. Il y a aussi eu une petite Renault Twingo, sans apport, en une tonne de mensualités. Il y a eu Tuđman avec un nœud papillon. Il y a eu la crème solaire Sunmix, les sous-vêtements Lisca, il y a eu des super mannequins.

C'était un matin humide et pastel. Quelques gouttelettes de crachin sur la vitre. À l'intérieur, l'air était renfermé, ça sentait les tas de papier frais.

Pero, assis à la place de Čarli, lisait.

...

À présent, mes chers enfants, la guerre est
finie, de fait, et Saddam manque à l'appel,
il s'est caché, il a disparu, c'est comme
un vide dans toute cette histoire, un
appel d'air, il faut le reboucher, et si
quelqu'un sait s'il est mort ou vif, qu'il
lève le doigt, qu'il le signale à la police...
D'accord, il n'y a pas encore de police ici
à Bagdad, et tant qu'il n'y a pas de police,
il n'y a pas de réalité... Tu ne sais pas où

sont les limites et ce qui est réel, je ne
sais pas si vous avez déjà remarqué que c'est
précisément la police qui rend la vie réelle,
c'est la mère du réalisme, et s'il n'y avait
pas de réalisme, il n'y aurait pas non plus
ceux qui ont fui hors des clous, et nous les
rattrapons, juste pour être sûrs qu'ils ne
nous ont pas complètement quittés, qu'ils
n'ont pas bêtement disparu comme Saddam,
comme moi, ou comme toi si tu te détendais un
peu…

Imaginez, mes enfants, qu'il n'y ait pas
de police – il n'y aurait pas non plus de
réalité, et nous ne pourrions pas y réfléchir.
Mais comme ça, nous pouvons réfléchir, car il
y a une police, du moins il y en a une chez
nous, et s'il n'y avait pas de police, tu
pourrais faire tout ce qui te passe par la
tête, et alors, rien ne serait réel, rien ne
serait conforme à la loi. Ça serait comme un
phrase sans point, où est le point, où est la
fin, demande à Dieu, demande à la Loi, demande
au Policier le plus proche, et ainsi de suite
– jusqu'à ce que tu tombes sur quelqu'un qui
te cogne sur la tête, tu ne sais pas où est
la fin, jusqu'où tu peux réellement aller,
ce qui est ton imagination, ce qui est un
désir interdit, une folie ou un fantasme
sexuel, tu n'as pas la moindre idée d'où tu
es jusqu'à ce que tu tombes sur le policier
le plus proche et que tu lui demandes, tu dis
que tu t'es perdu, tu donnes ton adresse, et
ensuite il te raccompagne chez tes parents,
parce qu'ils coopèrent, ils travaillent
ensemble à la réalité, ils dessinent le bout

du monde, qui a dit qu'il n'y avait pas de
bout du monde, le fait que la Terre soit
ronde n'a rien à faire là-dedans, il faut
qu'il y ait un bout du monde, sinon il n'y a
pas de point, il n'y a que des virgules, et
tu marches, tu marches sans cesse, il n'y a
pas de fin, jusqu'à ce que tu demandes à un
policier, tu deviens complètement fou si tu
n'arrives pas à le trouver, et tu cherches ce
policier de par le monde, tu espères de tout
ton cœur que tu vas le trouver, tu cherches
comme un fou quelqu'un qui voudra bien
t'arrêter, que tu mettes un point, car cette
situation est insupportable, cette situation
est irréelle, est-ce que tu t'en rends
compte, s'il te plaît, appelle quelqu'un,
qu'ils m'arrêtent, qu'ils m'interpellent
– quel joli mot – car ici, il n'y a personne
de compétent, ici, il n'y a pas de police,
pas de réalité, le peuple acclame ses
libérateurs, c'est la liesse et le pillage
spontané, les gens crient – "Saddam est
mort" et "C'est la liberté" – tout le monde
va se servir dans les bâtiments officiels et
les magasins abandonnés, c'est la razzia sur
la nourriture, les vêtements, les appareils
électroniques, les tapis, mais aussi sur
les véhicules de l'armée irakienne, les
ordinateurs, et même les meubles des bureaux
du gouvernement, certains se sont souvenus
des musées, les hommes de goût rapinent
des œuvres d'art, pas des frigidaires,
c'est ça, la différence d'éducation, nous
avons été surpris que la résistance soit
relativement faible, ont dit les Américains,

mais la résistance à la réalité est parfois
faible, nous sommes bien placés pour le
savoir, n'est-ce pas, tu me comprends, même
si tu fais semblant d'être pragmatique, en
réalité, tu attendais les libérateurs tout
comme moi, tu attendais tes Américains, et
ils sont venus, tu te souviens, à l'époque,
on s'est réjouis comme les Iraki pipel, la
vie ne vaut rien sans la liberté, tu sais
ce que c'est, quand tu te laisses emporter
par la mer ouverte, les gens détruisent les
monuments, séismes et déferlantes, le régime
ne reviendra plus jamais, les Américains ne
se mêlent pas de la liesse du peuple, leurs
missions sont précisément définies, on a
retrouvé dans un lycée un entrepôt d'armes
pour attentats suicides, des gilets de dix
kilos pleins d'explosif C-4 avec les fils qui
sortent, ailleurs, les habitants ont rapporté
aux marines des dizaines de grenades, de
roquettes et de mortiers, la population est à
présent 100 % sûre que le régime ne reviendra
pas, ils vont chez les Américains et ils
dénoncent les ennemis, ils pensent qu'ainsi,
ils vont pouvoir fonder une nouvelle réalité,
en dénonçant les membres du régime vestiges
de la réalité précédente, mais les missions
des Américains sont précisément définies, les
marines ne sont pas là pour fonder la réalité,
ils ne font que marcher, ils bondissent du
sol comme des astronautes, devant eux, les
Irakiens ne brandissent plus de drapeaux
blancs, ils soulèvent leurs T-shirts, même
devant les journalistes, ils ont commencé à
montrer leurs torses nus pour nous prouver

qu'ils ne portent pas d'explosifs, je regarde
leurs torses nus, la télévision nationale
est restée muette et sans images, l'écran
est vide, c'est ça, grave cette image dans
ta mémoire, pas d'image, c'est exactement
ça, la radio irakienne continue à passer des
chants patriotiques, mais c'est irréel, d'un
autre côté, rien n'est encore réel, tout est
en chemin, en transition, en improvisation,
c'est le chaos dans la ville, c'est le chaos
dans la tête, il faudrait emmener ici de
jeunes anarchistes pour qu'ils apprennent,
ce sont tous de gentils petits garçons, ils
ne sont qu'un ornement autour de la police
tant que la réalité fonctionne, cette phrase
n'en finit pas, il n'y a pas de point, je
fume cigarette sur cigarette, Bagdad brûle,
des quartiers de la vieille ville, on a mis
le feu à certaines parties de la vieille
rue la plus célèbre, la rue Rachid, les
vieux bâtiments sont en bois, il n'y a pas
de pompiers, ils sont, c'est de notoriété
publique, morts dans le World Trade Center,
le feu se propage sans obstacles, nous nous
sommes dirigés vers l'ambassade allemande
où un groupe de gens commençait précisément
à charger des objets volés, ils nous ont
chassés, c'est la première fois que les
locaux ne sont pas aimables avec nous, mais
l'homme change d'heure en heure quand arrive
la révolution, ce sont des bouleversements
profonds, la personnalité déborde du cadre,
elle bouillonne, la peinture, la forme
fondent, la peur s'évapore, les pires sont
les premiers à ressentir la liberté, ils

jaugent ses dimensions, elle est une parcelle
infinie, les prédateurs la reniflent les
premiers, premier arrivé, premier servi,
plus ma phrase dure, moins ils sont polis,
l'Hôpital olympique a été dévalisé, des
bandes de pillards tournent en camion dans la
ville, ils ont commencé à porter des armes et
à menacer les journalistes qui se risquent à
filmer, les animaux sortent des appartements,
les vampires des tombes, les vieilles momies
se démaillotent, le Musée archéologique de
Bagdad, huit millénaires de Mésopotamie,
a été pillé, certaines des pièces trop
lourdes pour être volées ont été détruites,
les médecins des urgences travaillent armés
de pistolets, pour se défendre des héros
qui essaient de voler les ambulances et le
matériel, les bandes de rue ne font pas dans
la dentelle, mon arme me manque beaucoup,
envoyez-moi un contingent, saluez les vieux
contrebandiers, félicitez-les pour leur
victoire bien méritée, saluez ceux qui
craquent comme des capillaires, tandis que
je me tiens devant le miroir, en bas, devant
l'hôtel, des manifestations ont commencé,
les citoyens se rassemblent autour des
blindés américains devant la rampe d'accès,
ils réclament la répression, le professeur
d'âge moyen Samir, qui vend à présent des
Marlboro sans timbre fiscal, explique à un
marine qu'il faut régler les choses selon le
principe de la balle dans la tête, qu'après,
plus personne ne pillera plus et point, mais
virgule, le marine l'a regardé d'un air
déconcerté, et ensuite deux points, un groupe

de policiers irakiens a proposé ses services
au commandement des forces américaines à
Bagdad, pour faire cesser l'anarchie, comme
l'a déclaré le chef du groupe, le colonel
Ahmed Abderazak Saïd, comme l'a retransmis
Al-Jazeera...

...

Le chef a continué à fixer le texte un certain temps, la tête
penchée.
"Qu'est-ce que c'est que ça ? a-t-il demandé à voix basse,
sans lever la tête.
— Ben... C'est son reportage."
Il a relevé la tête : "Mais qu'est-ce que c'est que ça ?
— Je ne sais pas, ai-je dit prudemment, ce que tu veux
dire au juste..."
Il m'a regardé fixement. Ses yeux ont étincelé d'un éclair
de compréhension, et il a dit : "Je comprends maintenant :
tu nous caches que tu as recommandé un fou ?
— Il n'était pas fou.
— Et maintenant, il l'est ?
— C'est ce que je me casse la tête à essayer de compren-
dre depuis tout ce temps", ai-je dit sincèrement.
Le chef s'est accoudé sur la table et s'est pris la tête entre
les mains.

"Il a fait la guerre ?
— Hmhm.
— C'est un syndrome de stress post-traumatique", a dit le
Chef en regardant dans le vide.
D'un ton mal assuré, comme s'il aurait aimé que je le démente,
il a demandé : "Il est parti en Irak, et tout lui est revenu ?"
J'ai senti ma gorge se serrer, et je me suis tourné vers la fe-
nêtre.

C'était moi qui l'avais envoyé. Il me regardait comme si je lui étais redevable de quelque chose... Parce que, genre, ça allait bien pour moi dans la vie, et pas pour lui. Et ça te braque, d'une certaine manière, comme si tu devais inventer quelque chose... Tout ce temps, tu te dis qu'il joue la comédie, qu'il te fait du chantage... Pas la moindre idée... qu'il a vraiment ça. Ce syndrome.

Mais je n'avais pas le droit de dire ça.

Sois rationnel. Examine les faits. Élabore ta défense.

Je me suis retourné. Le Chef me regardait. Moi lui. Il me semblait si lointain, comme si nous étions séparés par plus que de l'espace.

Je me suis éclairci la gorge.

"Peut-être qu'il en rajoute un peu. S'il était si détruit que ça, il n'aurait jamais tenu aussi longtemps. Il ne serait pas arrivé jusqu'à Bagdad.

— Mais il n'envoie quand même pas ce genre de merdes depuis le début ?

— Bien sûr que si.

— Ah oui ?" il m'a lancé un regard effaré, comme s'il se demandait : à quand la fin des surprises ?

"Je l'ai couvert... parce que je l'avais recommandé. J'ai réécrit ses textes."

Le Chef a appuyé le front sur ses paumes.

Il a de nouveau explosé : "Mais pourquoi est-ce que tu ne m'as rien dit ?! Tu aurais dû m'en parler ! Tu as merdé ! Dans les grandes largeurs ! Tu vas payer pour ça !..."

Puis il s'est, semble-t-il, rappelé qu'il avait encore besoin de moi, et il a ajouté : "Enfin, on verra ça plus tard !"

J'ai repris : "Il n'a jamais écrit nulle part que son téléphone satellite ne marchait pas, et il ne répond pas. Réfléchis un peu... Il joue à un jeu. Ça fait des jours que je décortique ces textes. J'ai l'impression qu'il veut se donner l'air plus fou que ce qu'il est. La première fois qu'il est venu, il m'a montré un truc qu'il avait écrit. C'était le même genre de truc.

— De la prose post-traumatique, a soufflé Pero le Chef.
Maintenant, la prose post-traumatique va devenir notre sujet
du jour. Fantastique."
Puis il s'est rappelé : "On ne peut pas publier ça !
— Hm", j'ai réfléchi à ce que je pourrais bien dire.
"On doit publier une preuve qu'il nous a contactés... Mais
pas ça, c'est pas possible... Ça aurait l'air d'une confirma-
tion..." Il fixait un point devant lui. "T'as autre chose qu'il
t'aurait envoyé, pour ce numéro ?
— Oui, mais tout est dans le même genre.
— Fais voir."

...

Soi-disant, les Américains ont l'ADN de
Saddam, on sait comment ça se passe dans
les séries, la police scientifique est
hyperactive, mais là, c'est mieux que
Dynastie, y a du pétrole, on a une vue
aérienne du palais où vit la famille que nous
pouvons identifier grâce au chromosome Y et
au génome mitochondrial, étant donné que le
chromosome du fils est à 99,9 % identique à
celui du père, si on trouve sous les ruines
du palais les restes de trois cadavres qui
ont le même chromosome Y, il y a une forte
probabilité que ça soit les restes de Saddam
et de ses fils, mais comment dire lesquels
sont les restes des fils, et lesquels ceux
de Saddam, les experts vont devoir recourir
à une nouvelle méthode, il s'agit du génome
mitochondrial, surnommé l'Évangile selon
Ève, car chaque être humain porte le génome
mitochondrial de sa mère, si bien que les

fils de Saddam doivent avoir le même génome
mitochondrial que leur mère Sadjida, que son
fils Oudaï a fait tuer en l'an 2000 de notre
ère, puis, un peu plus tard d'un point de
vue historique, nous nous sommes dirigés
vers le quartier présidentiel, où l'asphalte
des carrefours est brûlée, les lampadaires
brisés, ici et là un cadavre au bord de la
route, puis on aperçoit l'énorme édifice
couleur sable, nous suivons deux mecs de la
2ᵉ division d'infanterie, pas de courant dans
les grandes salles de réunion, les lustres
pleins de perles attendent au sol, dans
les gravats, les artisans et la rénovation,
on nous avertit de ne pas aller au premier
étage, qui n'a pas encore été déminé, à côté
du palais le "Miami de Bagdad", un bâtiment
avec des coupoles, un jardin, des piscines
avec bar intégré, maintenant, une unité
américaine s'est installée, des soldats
poussiéreux sont assis autour de la piscine
d'eau croupie, et y a même un marine, un
mec de chez nous, de Lika, il est parti il
y a dix ans parce qu'il était l'enfant d'un
couple mixte, il n'avait nulle part ailleurs
où aller qu'en Amérique, et maintenant il est
américain, ils l'appellent Pete, il dit, il
va aussi bien que possible, c'est un salaire
européen, qu'il dit, et il me demande comment
c'est chez nous, et, disons, qu'est-ce que
j'ai comme voiture, et est-ce que je connais
un Karakaš qui était dans sa classe et qui
est aussi devenu journaliste...
    Et donc, nous prenons l'ADN de Saddam, et
nous grattons un peu, pour voir s'il est mort

ou vivant. C'est, comme toujours, la grande
question. Quand tu as affaire à quelqu'un,
vérifie d'abord s'il est mort ou vivant, et
ensuite seulement entre en contact, histoire
de ne pas t'emmerder pour rien comme moi qui
suis planté là à côté de cette piscine, à
l'endroit où mon vieux a cassé sa pipe, où
il a eu un infarctus sous le soleil, et je
discute avec lui en pensées et sans pensées,
tout cet arabe me résonne dans la tête, depuis
des années, et je suis revenu à cet endroit,
au bord de la piscine, où on cherche l'ADN
du dictateur, et l'ADN de son fils Oudaï, et
le génome mitochondrial de sa mère Sadjida,
tu parles qu'ils vont les trouver, et que
ça fouille la vase, je sombre dans cette
déliquescence, dans cet arabe, tout ce temps,
je sombre, et je fais ça au beau milieu de
cette guerre, dans cette cohue internationale,
dans cette âme, dans le rien.

...

"On ne peut pas publier ça", a dit le Chef.

Je sais, merci, ai-je pensé. Je n'aurais pas falsifié ces textes s'ils avaient été publiables. Tu comprends ce que je ressentais maintenant... Allez, trouve un truc, toi qui es si intelligent.

"Mais qu'est-ce que je vais bien pouvoir faire de ça, merde !" a-t-il repris.

Je lui ai lancé un regard compatissant, comme pour dire : ce n'est pas à moi de décider.

Entrevoyant toute l'ampleur du problème, même Pero s'est tu.

Il feuilletait à présent nos vieux numéros, avec mes textes sous les photos de Boris.

Il est plongé dans sa lecture.

"Dis donc, tu te débrouilles vraiment bien…"

Il m'a considéré, malgré tout, avec une sorte de respect : comme tu regarderais un voleur capable d'ouvrir la moindre serrure.

"Bah, c'est pas grand-chose", ai-je marmonné.

Puis il a eu un sourire de psychopathe, et m'a regardé comme si nous avions ensemble franchi une limite.

"Écoute, quand il reviendra, après tout cet emballement médiatique… Il sera une star du journalisme…"

J'ai longuement envisagé cette option, et j'ai soupiré : "Tout est possible.

— Je réfléchis à un truc. Ça ne serait pas dans son intérêt de dire que nous ne l'avons pas publié, n'est-ce pas ? Sinon, il serait un vulgaire loser, pas un journaliste recherché par le pays tout entier." Il a fait une pause, avant d'ajouter : "Et s'il ne revient pas, il ne parlera pas non plus…"

Il a sans doute remarqué que je l'écoutais avec une expression sinistre, et il s'est repris : "Enfin, je réfléchis juste à voix haute.

— Hmhm.

— Mais nous devons être prêts à toutes les éventualités", a-t-il poursuivi. Il a haussé les épaules, comme s'il abandonnait. "Tout compte fait, rien ne nous empêche de continuer… Je veux dire, il donne quelques informations… Et en combinant avec d'autres sources… En retravaillant un peu tout ça et en tirant des conclusions normales, avec un ton normal… Tu sais quoi… Prépare-nous un bon papier, normal."

Je le fixais, éberlué. "Qu'est-ce que tu veux dire ? Attends… Tu veux que je continue à écrire à sa place ?"

Pero m'a lancé un regard et – presque imperceptiblement – a opiné du chef.

Attends, me suis-je dit, est-ce que… Est-ce ce que vraiment, rien n'avait changé ? Le seul aspect positif de ce matin avait été ce soupçon de soulagement… De m'être débarrassé de lui. Ils m'ont enfin percé à jour, avais-je pensé, et maintenant, c'est fini.

Mais. Attends un peu.

"Mais… Jusqu'à quand je vais devoir faire semblant d'être lui ?

— C'est la meilleure solution", a dit Pero. Il m'a regardé : "À moins que tu n'aies une autre suggestion ?"

Non, ça va trop loin, ai-je pensé. Si ça dure… Un frisson d'horreur m'a parcouru. Si ça durait, si les autres acceptaient cette mascarade, si je continuais à faire semblant – est-ce que j'allais finir par être *possédé* ? Est-ce que tout le monde allait finir par convenir que c'était la meilleure solution ? Allais-je un jour toquer chez Milka et dire : "Maman, c'est moi, je suis revenu !

— Oh, mon fils chéri… Dieu soit loué !" dirait Milka en m'enlaçant fermement, sans me relâcher.

Ces images me tournaient dans la tête.

Je me suis mis à frissonner.

Rappelle-toi, me suis intimé, rappelle-toi, non seulement tu es encore bourré d'hier soir, mais tu as des restes de cocaïne séchée dans tes narines. C'est de la paranoïa… Garde bien ça à l'esprit ! Doucement.

"On n'a pas le choix", a dit Pero le Chef.

…

J'avais besoin de sortir.

J'ai dit à Pero le Chef que je devais m'aérer l'esprit.

J'ai pris l'ascenseur, suis sorti du bâtiment.

Je me suis mis à marcher sur le trottoir. Je pensais faire un tour, un grand tour.

Je marche côté soleil, dans la lumière du matin.

J'ai marché comme ça une dizaine de minutes. Rien de spécial. Tout est là : les immeubles, les pubs, les voitures, les gens, les immondes graffitis barbouillés par des gamins inspirés par le nazisme…

Sur le trottoir, j'ai vu arriver en face un type que je connaissais, et j'ai hoché la tête.

"Hé !" Par malheur, il s'est arrêté.

"Comment ça va ? a-t-il demandé.

— Ça va", ai-je dit en reculant à contrecœur d'un pas, car je l'avais déjà presque dépassé. J'ai trouvé la présence d'esprit d'ajouter : "Et toi ?

— Ça va. Pas mal", a-t-il dit.

Je me suis tu.

Je reste planté là. Il me regarde comme s'il comprenait très bien ma situation, et fait : "Hm…"

Il a sans doute lu les journaux, ai-je pensé. J'ai regardé de côté. Je ne savais pas à quoi m'attendre.

Puis j'ai à nouveau regardé le type, et il a sorti : "Désolé… C'est bête. Mais, impossible de me rappeler…"

On ne pouvait pas dire que j'étais concentré.

"Pardon ?" ai-je dit.

Pour Dieu sait quelle raison, le type s'est mis à frétiller sur place. "Ben… Je… Je ne me rappelle pas d'où on se connaît !"

Quelle entrée en matière, me suis-je dit. Mais qu'est-ce qu'il me veut ?

Je le regarde et je réfléchis… Merde, il a raison. J'ai dit : "Non, moi non plus, je ne me rappelle pas.

— Mais on se connaît… N'est-ce pas ? a-t-il dit comme pour s'excuser.

— Oui, oui."

J'avais l'impression que le type était terrifié par cette situation. Ce n'est peut-être pas la première fois que ça lui arrive, me suis-je dit.

"Tu serais pas un pote de Michto ? a-t-il demandé.

— Non…"

J'ai pensé que je ferais mieux de partir. "Tu connais Markatović ?" ai-je tout de même tenté, car Markatović m'avait présenté à des tonnes de gens…

"Non…" Il a secoué la tête.

Je ne sais pas pourquoi nous restions plantés là. Nous ne nous connaissions même pas ! Je ne sais pas de quoi j'avais l'air, mais le type avait une mine plutôt défaite. "Tu connais Feri ? Foulek ? Nounours ?" a-t-il demandé. J'ai retourné ces noms dans ma tête. "Non. Désolé.

— Pas grave", a dit le type, et il s'est mis en route d'un pas mal assuré. Et il a ajouté : "Bon, ben… à une prochaine." Je suis resté sur place à le regarder partir, puis, je ne sais pourquoi, je me suis dit que ça serait bête qu'il se retourne. Mais bien sûr, il s'est retourné, et a vu que je le regardais. J'ai levé la main en signe de salut, comme pour le chasser Je me suis remis à marcher. Le monde passait. Les voitures.

À un moment, alors que je marchais le long de cette avenue à quatre voies, j'ai pensé à Sanja et moi. Étrange éclair : comme si je m'étais souvenu de quelqu'un de ma vie d'avant. Comme si je réfléchissais à quelque chose de fini. L'espace d'un instant, je nous vois sur une photo d'une de ses soirées d'anniversaire. Je nous vois, elle et moi, comme quelque chose que je regarde avec nostalgie.

Une sorte de tristesse, soudain.

Je devais faire quelque chose de ma vie, me suis-je dit. Je devais faire quelque chose, au lieu de tout foirer comme ça, à ne rien faire d'important. Je ne faisais que raccommoder ma réalité…

Les voitures passaient à côté de moi.

…

Je repoussais le retour à la rédaction. J'errais sans but. J'avais tout aussi peur de rentrer à la maison. Je m'imaginais que tous les voisins allaient me regarder comme une bête curieuse. Puis, je me suis dit qu'il fallait que j'aille voir cet appartement, l'appartement de l'annonce, l'appartement que nous devions visiter, c'était maintenant ou jamais. J'avais enregistré le numéro dans mon téléphone. Je voulais le voir, comme quelqu'un de superstitieux ; comme si j'allais y voir ma destinée.

J'ai appelé ces gens. Ils étaient à l'appart. Ils fignolaient quelque chose.

J'ai appelé Sanja. Je lui ai dit que nous pourrions aller visiter cet appartement. J'ai chuchoté ça comme si je lui proposais une évasion.

Elle ne pouvait pas, elle dormait, m'a-t-elle dit. On n'était que le matin… Elle m'a demandé si on parlait de la pièce dans les journaux.

J'ai dit : "Non, je n'ai rien vu… Mais… Il faut qu'on visite cet appartement. Il faut qu'on le fasse, enfin…"

Elle a répété qu'elle ne pouvait pas, pas maintenant. "Je dors encore", a-t-elle ajouté.

J'avais espéré qu'elle comprendrait. Je ne sais pas pourquoi, mais j'avais toujours pensé qu'il fallait qu'il y ait dans l'amour une once de télépathie… Qui fonctionnerait le moment voulu.

J'étais dans une phase d'attente de miracle. Toute ma vie, j'avais en secret attendu un miracle. Et maintenant… Maintenant, il était plus que temps que ce miracle se produise. Je sentais que je devais, pour ainsi dire, provoquer le destin. C'est irrationnel, ai-je pensé. J'en suis bien conscient. Mais je ne voyais pas la moindre valeur dans tout ce dont j'étais conscient. La vie sans miracle ne valait pas la peine d'être vécue, je le sentais, à chaque pas, j'en étais plus convaincu. Pourtant, j'ai continué à marcher, vers ma voiture, pensant au fait que du dehors, j'avais l'air normal, comme si rien n'était en train de m'arriver.

Une fois à la voiture, me suis installé.

Je roule. J'accélère.

Les pneus crissent.

Et peut-être que Boris est mort, me suis-je dit.

Je roule à toute vitesse dans la ville. J'essaie de chasser toutes ces pensées. Je veux juste visiter cet appartement. Avoir une

vie agréable. Entrer dans un nouvel espace et y rester. Dire :
c'est chez moi.

...

C'était un appartement mansardé. Pas mal de mètres carrés,
pas mal de coins pentus. Tout était assez biscornu. Ça m'a
plu. Il y avait plein de possibilités d'aménagement, pour que
ça fasse rock'n'roll. Là, tout était blanc, mais nous pourrions
le repeindre : en jaune, en rouge, en orange, mettre des pos-
ters un peu barrés, peut-être un graffiti débile... Pour pouvoir à nouveau être fous, jeunes, raconter des conneries, c'était
notre seule planche de salut.

Je suis passé du salon à la cuisine, ai jeté un coup d'œil par la
fenêtre, puis je suis revenu dans le salon, puis dans la cuisine,
puis dans les toilettes, puis je me suis arrêté dans le couloir, et
ensuite, je suis allé dans la chambre, j'ai tout inspecté de bas
en haut, comme si je mesurais les angles... Puis de nouveau
dans le salon, où j'ai regardé par la fenêtre et dit : "Bien !"

Le propriétaire et son fils me suivaient partout, en m'observant comme les paysans de Van Gogh qui mangent des
pommes de terre. Ces yeux immenses. Leur présence m'empêchait d'affiner mon impression...

Ç'aurait été difficile de leur expliquer, mais, tant qu'ils me
suivaient, je n'arrivais pas à bien voir : je faisais juste semblant
de regarder, mais je ne savais pas ce que je voyais.

"Bieen !" ai-je répété. J'avais ce ton supérieur, ce "bieen"
comme si j'étais en pleine inspection, mais je sentais mon
autorité diminuer, car je n'avais rien à ajouter après ça, je
répétais juste ce "bieen", en espérant que quelque chose allait
me venir à l'esprit... Une question susceptible de prouver que
je m'y connaissais en appartements. Que me vienne à l'esprit
ne serait-ce qu'un petit problème, pour pouvoir dire : et pourquoi est-ce que ce truc est là, et pourquoi est-ce qu'il manque
ça ?

Je regarde autour de moi : qu'est-ce qui manque ? Qu'est-ce qui manque ?

"Bieen", ai-je dit.

Le propriétaire et son fils me suivaient dans ces pièces, comme un petit train.

Ils ne me laissaient pas seul.

"Je peux aller aux toilettes ?" ai-je demandé comme si j'étais à l'école.

Dans les WC, je suis resté debout à souffler, comme si je me reposais dans une montée. J'ai réfléchi une minute... Une minute et demie... Et il m'a semblé que mon temps s'était écoulé, que je devais sortir.

J'ai tiré la chasse et je suis sorti.

Ils me regardaient, imperturbablement.

Alors, moi aussi, je les ai regardés, pourquoi pas, me suis-je dit, pourquoi est-ce qu'on ne se regarderait pas un peu ?

Le père et le fils devenaient nerveux. Le fils a regardé son père, pour voir ce qu'il allait faire, il était tout de même plus vieux et plus imposant.

Il me semblait que l'appartement me plaisait, ou plutôt, qu'il aurait pu me plaire s'ils n'avaient pas été là.

Et je me suis remis à inspecter les lieux, et à m'approcher des fenêtres et regarder dehors, pour *voir la vue*.

"Alors ?" ai-je entendu le père derrière moi.

Je me suis demandé si c'était une bonne chose que l'appartement ait été refait à neuf. Était-ce mieux, ou était-ce suspect ? Genre, ça tient jusqu'à ce que les artisans partent... C'était peut-être pour ça qu'ils avaient repeint ? Peut-être qu'il y avait des fuites dans le toit, et qu'ils les avaient colmatées ? J'ai regardé le père et le fils, cherchant une réponse sur leurs visages. Mais ils s'y étaient préparés. Pendant qu'ils colmataient, ils avaient entraîné leur visage à cette expression, le visage du juste.

On ne peut rien lire sur le visage d'un juste, c'est pour ça que tout le monde porte ce masque.

Et maintenant, que faire ? Leur verser un acompte et en finir ? Une bonne fois pour toutes.

Je suis toujours mal à l'aise quand je dois faire des achats, je n'arrive pas à me concentrer : l'objet de l'achat me subjugue complètement, je n'arrive plus à le voir tel qu'il est… Je me sens défaillir. Quand je pense à toutes les fois où je devrai encore en passer par là, me défendre de la pulsion de conclure l'affaire… Car j'ai cette pulsion, quelque part au fond de moi, elle attend comme une éjaculation. Les hommes ne sont pas de bons acheteurs : si l'objet est suffisamment insistant, l'homme se sent tout simplement obligé d'avoir ce rapport sexuel. Les femmes sont habituées aux multiples propositions, elles passent leur temps à refuser. Une femme, tu ne lui vendras que ce qu'elle veut, alors qu'un homme, tu peux lui vendre tout et n'importe quoi.

Les hommes ont peur des achats, c'est pour ça qu'ils emmènent les femmes avec eux quand ils vont acheter des vêtements, c'est pour ça qu'ils leur délèguent toutes les courses, et c'est pour ça qu'ils font des blagues sur les femmes et le shopping, parce qu'ils envient les femmes : elles achètent ce qu'elles veulent, elles retournent tout le magasin pour trouver ce qu'elles cherchent. L'homme n'en a pas la force, il achète rapidement, quelque chose le pousse à aller jusqu'au bout, à en finir maintenant qu'il est là, alors que la femme est éduquée à refuser, elle répète tout le temps "non", même une femme facile répète tout le temps "non", car si ce n'était pas le cas, tout serait différent, et personne n'irait jamais en Thaïlande pour le cul. L'homme va jusqu'en Thaïlande, alors que pour n'importe quelle femme, la Thaïlande est au coin de la rue, pour n'importe quelle femme, la Thaïlande est dans n'importe quel café, pour n'importe quelle femme, la Thaïlande est au travail, pour les femmes, la Thaïlande est même dans les associations religieuses, car il n'existe pas d'endroit où vous ne trouverez pas un homme pour faire une proposition sexuelle à une femme. Les femmes évoluent dans le monde comme dans un bordel géant, mais elles choisissent, elles cherchent ces qualités bonus, et elles disent "non" tant qu'elles ne les ont pas trouvées, et c'est pour ça qu'il faut les avoir avec soi pour tous les achats, particulièrement immobiliers.

Mais Sanja n'était pas là ! La télépathie ne marchait pas ! J'étais pressé. Je le sentais : si j'hésitais trop, jamais je n'achèterais un appartement ! Elle allait partir, l'appartement allait partir, tout allait partir loin de moi. Je voulais m'en occuper avant qu'il ne soit trop tard. Je ferais sans doute mieux de sortir ce maudit acompte de ma poche ! J'ai palpé ma poche. Mais, merde, où était l'argent ? Je n'avais pas l'argent sur moi ! Heu, à vrai dire… Toute cette matinée était pour le moins désordonnée.

Tandis que je méditais sur ma poche vide, à la télévision – dans cet appartement où personne ne vivait, mais où ils avaient allumé la télévision pour donner de la vie à ces murs fraîchement repeints – Nelson Mandela parlait.

Puis, ils ont lancé la chanson *We are the Champions*.

Le podium était plein de stars, plus Mandela. Sans doute une rediffusion.

Le public chantait. *Oui a de tchempionns, oui a de tchempionns.*

J'ai refait un tour dans l'appartement. Regardé dans les coins. Tâté les murs. Observé le parquet. Fait couler l'eau.

Le père et le fils me suivaient, prenant garde à ce que je n'aille pas leur casser quelque chose.

Ils parlaient un peu… de temps en temps… avec de longues pauses… et le silence résonnait sur le crépi frais des murs.

Ils avaient hérité l'appartement de leur tante, m'ont-ils dit, elle était morte. Dans quelques jours, ils auraient les papiers à leur nom.

"Les papiers, les papiers, c'est le plus important", m'avait dit le graphiste Zlatko, qui avait fui Sarajevo pendant la guerre. "Je ne crois rien tant que je n'ai pas vu les papiers", disait-il. Les gens de Sarajevo étaient obsédés par les papiers. "Oui, si je n'avais pas eu de papiers, je ne serais pas ici aujourd'hui, disait-il. Il faut toujours avoir tous les papiers possibles et imaginables, tout ce que tu peux obtenir, n'importe où, vas-y et réclame-les, tu ne sais jamais duquel tu auras besoin un jour. Sans papiers, tu n'es rien, crois-moi, j'ai souffert pendant un an, le temps de rassembler tous les papiers pour pouvoir partir... Il m'en manquait encore un, mais je ne pouvais plus attendre. – Et c'est quoi, le papier qu'il te manquait ? – Bah, j'avais un terrain là-bas, a-t-il dit, et puis, ben, je ne l'ai plus." "Elle est morte ici ? Dans l'appartement ?" ai-je demandé en pensant à la tante.

Le fils a fixé le plancher, et le père a dit : "Non... À l'hôpital."

J'ai dit : "Vous savez quoi, je vais devoir en parler avec ma copine. Nous allons nous marier. Nous achetons ensemble. J'adorerais pouvoir sortir l'argent et vous verser l'acompte maintenant, mais je dois le visiter avec elle aussi."

Incapables de décider s'ils devaient hocher ou secouer la tête, ils se sont balancés, comme des peupliers dans le vent.

Le père a dit : "On vous a montré l'appartement, maintenant, c'est à vous de voir...

— Demain, ai-je dit. J'ai votre numéro, et voici le mien."

Je leur ai donné une carte de visite avec le logo du PEG. Ils ont fixé ce bout de papier comme pour vérifier si ce n'était pas un faux.

Ils m'ont salué avec un respect exagéré, comme pour compenser ce qui avait précédé.

J'ai descendu les escaliers, quatre étages sans ascenseur. Une fois dans la rue, j'ai regardé à nouveau l'immeuble d'en bas : une vieille bâtisse austro-hongroise. La façade un peu décrépite. Même pas dix minutes à pied de la place principale. Parfait.

...

L'un de nos journalistes a disparu en Irak, répétait la radio tandis que je roulais vers le bureau.

Me voilà à la rédaction ; je suis assis devant mon ordinateur, dans le rôle du journaliste disparu. Je suis censé écrire son texte. D'une certaine manière, il m'investit officiellement. J'y travaille depuis déjà deux heures, à être lui. J'en suis encore à la première phrase. Ça coince. Il y a comme une résistance. Tant que je falsifiais les choses à ma manière, tant que personne n'était au courant… Ça allait. Comme si tu te masturbais quelque part, tu t'imagines toutes sortes de choses tant que personne ne te regarde, et ensuite, tu sors de cette fiction, et le monde est toujours le même… Mais là, c'était différent : un mensonge sur lequel nous nous étions mis d'accord. Ça devenait officiel. Je n'avais plus de réalité où revenir. Ça devenait complètement fou… Et merde ! Je me force, et je n'y arrive pas… J'ai des pensées étranges… Du genre : et moi, je suis où là-dedans ? Dans le petit mensonge, j'avais encore ma place, mais dans ce mensonge généralisé, je disparais… Je suis officiellement devenu son double. Je me force et j'écris, mais c'est comme si j'avais basculé quelque part où il n'y a plus rien… Et ma langue a commencé à se décomposer, à s'écailler, elle a commencé à m'échapper, comme si elle se recroquevillait sur elle-même, avant de tomber à la renverse, cousin, où m'as-tu mené, avec ta langue, cousin, parce que c'est une réaction en chaîne, à ce que je vois…

Ça coince.

Ça coince, je n'y arrive pas.

Il le faut, il le faut… Il le faut ! Tu pourrais prendre ce crédit, mettre un pas dans l'avenir, acheter une jolie piaule, t'y prélasser comme un roi… Il le faut, c'est pas de la rigolade, il le faut… Tu as la vie devant toi… Comme depuis toujours, d'ailleurs… Il le faut, il le faut, je me répète… Tout va s'arranger… Tout va s'arranger, parce qu'il le faut… C'est ce qui est écrit, c'est ce qu'on dit… Qu'il y aura de la vie, quand tout ça sera fini…

J'étais assis, à m'efforcer de me mettre dedans, à essayer d'intégrer que mon rôle avait changé, qu'on lui avait tout simplement ajouté des annexes… Je me suis forcé, et j'ai fini par pondre un truc qui était censé être le texte de Boris. Le résultat était pour le moins embrouillé. Ça ne se différenciait pas beaucoup du style de Boris. S'il avait un syndrome de stress post-traumatique, je n'en étais pas loin non plus. Je ne savais pas que c'était contagieux, mais manifestement, j'avais été un peu infecté. J'avais passé trop de temps à lire ses mails, il y avait sans doute un virus dedans. Et mon portable n'arrête pas de vibrer, que des numéros inconnus. Je repousse le moment de répondre. La une du GEP ne me laisse pas un instant de paix. Chaque personne qui entre dans la rédaction me salue avec l'expression de quelqu'un qui présenterait ses condoléances. Ils parlent à voix basse. Ils me regardent comme s'ils étaient venus me rendre visite à l'hôpital. J'entends constamment une rumeur. Elle baisse d'un ton sous mon regard, s'éteint sur mon passage.

Je passe.

Au café de la rédaction, à côté de la cage d'escalier, je commande une vodka-Red Bull. J'ai besoin d'un remontant. Il n'est qu'une heure de l'après-midi, et j'ai terriblement sommeil. Je bois seul. Čarli et Silva ne sont pas encore arrivés. Ils cuvent la soirée d'hier. Markatović n'appelle pas. Aucune nouvelle de Sanja. Ils sont tous encore en train de dormir, je suis le seul à continuer la beuverie. Si au moins il y avait la mère de Niko Brkić qu'aurait dû jouer à Nantès.

Mais voilà Dario. Pile ce qu'il me fallait pour sauver ma journée. Il commande un macchiato. "Comment ça va", qu'il demande. "Super, l'éclate", je dis. Il me regarde d'un air interrogateur, presque comme le Chef pendant l'investigation. "T'as eu Rabar, hier ?" lance-t-il ironiquement.

Je le regarde : "Tu essaies de me dire quelque chose ?

— De quoi tu parles ? rétorque-t-il en me fixant comme s'il me tenait à sa merci. Je n'ai rien dit à personne, mais bon, t'appelles les types du GEP, tu cherches Rabar… Et ensuite, aujourd'hui, ce sabotage. Un peu étrange, non ?"

Là, je devrais le frapper, ai-je pensé.

Là. Peut-être pas trop fort. J'avais un peu peur pour lui. Juste le toucher. Qu'il fasse un bond en arrière.

Mais ceci est une rédaction, me suis-je dit. Nous sommes civilisés. Nous nous scandalisons de la beaufitude, quotidiennement. Si je le frappais, ils diraient que je suis fou. Pas Boris, pas Milka, non, moi. Je me suis répété tout ça, en vain : je l'ai attrapé par le col et l'ai poussé contre le mur.

"Ça va pas la tête !" a-t-il gémi, et je lui ai attrapé la gorge de ma main droite.

"Ne raconte ça à personne !" je dis.

Ses yeux s'étaient écarquillés.

"Tu m'as bien compris ? Ni ça, ni ce truc sur Rabar, tu ne diras rien à personne ! je dis en lui serrant la gorge. À la fin de toute cette merde, je serais capable de tuer quelqu'un !"

Je l'ai relâché, et il s'est mis à tousser. "Je ne dirai rien", a-t-il bredouillé avant de s'enfuir dans la rédaction.

"Il a oublié son macchiato", ai-je dit à la serveuse pour plaisanter, puis j'ai remarqué le regard qu'elle me lançait. Ouh, et elle, maintenant ! Je ne pouvais pas l'attraper elle aussi par le cou – ça irait trop loin.

J'ai dit à la serveuse : "Écoutez, si vous avez envie d'en parler à quelqu'un, faites-le. C'est une situation compliquée. Ce gamin me faisait du chantage."

Elle a eu l'air soulagé, a réfléchi un peu, puis a dit : "OK. Moi aussi, il me tape sur les nerfs."

J'ai bu ma vodka-Red Bull. Ensuite, ma mère a appelé. J'ai répondu. Elle aussi était sous le choc. Et comment, et pourquoi, elle n'y comprenait rien… Je l'écoutais. On aurait dit qu'elle était dans l'œil du cyclone. Son téléphone n'arrête pas de sonner, les gens lui posent des questions… Elle est à bout de nerfs à cause de nous, elle va finir à l'hôpital psychiatrique ! Malgré tout, elle a voué Milka aux gémonies, et était de mon côté. Mon père, lui, a même proposé de venir, si jamais j'avais besoin de quelque chose... J'ai essayé de leur démontrer que la situation n'était pas si terrible que ça – j'ignore moi-même pourquoi je me suis mis à les consoler... Il a eu l'idée d'appeler Milka pour essayer d'apaiser un tant soit peu les choses, pour éviter des complications supplémentaires. Comme tu veux, ai-je dit.

Il n'a pas tardé à me rappeler. Il m'a dit qu'il avait appelé Milka, et qu'elle lui avait balancé : "Voilà comment ton fils m'a raccroché à la gueule !" – avant de raccrocher.

Ensuite, m'a dit mon père, ma mère avait appelé Milka, même si elles ne se parlaient plus, et s'était mise à l'insulter dès qu'elle avait décroché, si bien que Milka n'avait pas raccroché tout de suite, et elles avaient échangé des bordées d'injures, à ceci près que ma mère, selon ses mots, jouissait d'une supériorité morale. Car nous avions essayé d'aider Boris, de lui trouver un travail, et voilà comment elle nous remerciait. "Hmhm, ai-je convenu, hmhm."

Sur ce, ma mère a pris le combiné et a ajouté que c'était ce qu'il fallait dire à tout le monde, qu'elle commençait toujours par préciser que nous avions trouvé du travail à Boris, car les gens comprenaient ça, et ensuite, ils étaient de notre côté. Tout le monde sait à quel point c'est difficile de trouver du travail de nos jours, et si quelqu'un t'a aidé, alors, ça ne se fait pas de le débiner comme ça, dans les journaux, en plus, l'Irak, c'est pas plus dangereux que ce qu'était la Bosnie, et Boris a fait la Bosnie, qu'est-ce qu'elle va raconter, Milka, qu'il est inexpérimenté ?! Et qui l'avait envoyé en Bosnie, et qu'est-ce qu'elle foutait, elle, pourquoi elle avait pas appelé les journaux à l'époque ?! Quand on présente les choses comme ça, alors, les gens intelligents sont de notre côté, a dit ma mère. Nous avions, d'après ses estimations, environ 30 % de soutiens. Et il y avait des indécis.

"Hmhm, ai-je opiné.

— Explique-leur, à ces journalistes ! Et fais-nous signe si tu as besoin de quelque chose ! a dit ma mère comme si elle appelait de l'état-major. On fera ce qu'on peut pour t'aider !"

Nous resserrions les rangs. J'avais le sentiment de faire à nouveau partie de la famille. Formation de combat : moi, mon père, ma mère... Ma sœur aussi s'est mise à ma disposition. Elle a appelé peu de temps après eux. Elle est enceinte, elle attend son deuxième enfant, elle vit à Sinj, mais elle appelle pour me demander si j'ai besoin d'aide. Elle pourrait tricoter des chaussettes pour nous autres sur le front, faire de la propagande, recueillir les blessés, ai-je dit. Elle m'a répondu d'arrêter de dire des conneries, qu'elle était là pour moi, et que quoi que je fasse, elle serait toujours de mon côté. Je le sentais. La puissance de la famille ! Force et unité ! Nous, une petite mafia !

Enhardi par ce soutien, j'ai commencé à répondre aux autres appels. À expliquer la situation. Mais ils ne m'écoutaient pas. Comme si mon histoire était quelque chose à quoi il était impossible de s'identifier, je veux dire, en dehors de ma famille. Tous les autres étaient convaincus de tout savoir, ils pensaient ce que pensait le reste du monde. Après chaque discussion, je me sentais envahi par un hébétement grandissant : je continuais de parler, mais il me semblait que ma voix, dans cette multitude de sollicitations, s'était perdue quelque part sur les ondes. Seule ma famille me comprenait. Eux seuls saisissaient comment tout avait commencé. Ils savaient qui était Milka, et qui nous étions nous... qui était l'agresseur, et qui la victime. C'est comme ça, quand un conflit local escalade. Les gens de l'extérieur ne pigent que dalle. Tu peux bien t'égosiller, ça résonne dans le vide. Impossible d'expliquer quoi que ce soit. Ils ne captent pas comment tu t'es retrouvé embringué là-dedans. Hier encore, tu étais cool, et maintenant, tu es hot. Où était le point de non-retour, comment m'étais-je retrouvé mêlé à tout ça – qui était en mesure de le comprendre ? Et voilà, je faisais à nouveau partie de la famille. Entouré des miens. Eux seuls me comprennent. Le reste du monde n'a pas la moindre idée de ce dont je parle.

Mais peu importe, ils me réclament. Mon portable n'arrêtait pas de sonner. Il sert à ce que tu n'aies nulle part où te cacher. Tu es joignable à en perdre la raison.

Je me tiens entre ces deux mondes, et je parle.

...

Cerise sur le gâteau, la secrétaire m'a convoqué chez le Chef. Elle a dit que c'était urgent.

Cette petite raclure de Dario. Bien entendu, il avait immédiatement cafté.

J'ai obtempéré et suis entré dans le bureau de Pero le Chef.

Il m'attendait, vautré comme un cow-boy, les pieds sur la table.

"Tu m'as demandé", ai-je dit.

Je me suis assis en face de son bureau.

Il m'a regardé. Je le voyais m'observer, longuement et minutieusement.

"J'ai lu ton reportage d'Irak, a-t-il lancé. Les anciens étaient mieux."

Il avait entre les mains, ouvert, le précédent numéro d'*Objectif.*

"Je suis un peu déconcentré, ai-je dit. Je n'ai pas assez dormi.

— OK. Tu vas m'arranger ça."

Il continuait à me regarder comme un spécimen d'exposition.

"Hé, lève-toi un peu, s'il te plaît, a-t-il dit.

— Tu plaisantes ?

— Non, s'il te plaît, c'est très important.

— OK."

Je me suis levé.

"Maintenant, s'il te plaît, recule un peu, jusqu'à la porte."

J'ai secoué la tête, incrédule, et suis allé jusqu'à la porte.

Il a enlevé ses pieds de la table, s'est levé, il bouge de-ci de-là, me regarde sous divers angles...

"C'est ça !

— Quoi ?

— J'ai remarqué un truc incroyable !" a dit Pero le Chef.
Je suis planté là devant la porte, comme une bête curieuse,
et je dis : "Quoi ?
— Tu ressembles un peu à ce type en Irak !" a-t-il annoncé.
Hum. Intéressant, me suis-je dit.
Il regarde le vieux numéro ouvert d'*Objectif*, et renchérit :
"En fait, tu lui ressembles même beaucoup.
— Je n'avais pas remarqué.
— Tout ce temps, je le voyais sans le voir… Je feuillette
ces vieux numéros et je le regarde. Et il y a un truc bizarre.
Et ensuite, j'ai eu une révélation !"
Il a enfin compris, donc.
"Quelle révélation ?" dis-je debout devant la porte. J'ai
envisagé de me casser en vitesse.
"Reviens, s'il te plaît, assieds-toi, a dit Pero le Chef. Désolé
de te balader comme ça, mais…
— Pas de souci, ai-je dit d'un ton conciliant.
— J'ai eu une révélation, a-t-il repris. J'étais en train de
sélectionner les photos pour accompagner ton papier. Et j'ai
vu… que vous vous ressembliez !"
C'est bon, ai-je pensé, accouche. Qu'est-ce que tu veux que
je te dise ? On a le même génome mitochondrial, c'est sans
doute ça, le truc.
Mais il a attaqué par une question : "Tu m'as donné toutes
les photos que tu avais ?
— Tout ce qui a été publié, c'est tout ce que j'ai.
— On n'a pas de photo de lui à Bagdad… Et il nous en faut
une", a dit Pero le Chef. Il a poursuivi, pensif : "Je me suis dit
qu'on pourrait monter Bagdad comme fond sur ordinateur.
Mais on ne peut pas se servir des photos déjà publiées. Quelqu'un
pourrait les comparer, et voir que c'est la même pose.
— Hmhm ?"
Puis il m'a regardé : "Mais quand j'ai remarqué votre res-
semblance, je me suis dit qu'on pourrait prendre une photo
de toi… Et retoucher le décor sur Photoshop.

— Pardon ?

— On prend une photo de toi, a répété Pero le Chef, avant de remarquer : Hé, tu vois, c'est bien que tu ne te sois pas rasé ce matin… On te rajoute un peu de bronzage, on te met des lunettes, un truc sur la tête, un gilet de reporter. Les gens n'y verront que du feu !

— Mais je ne peux pas faire ça !

— Hé ! s'est-il écrié, surpris. Qui a commencé avec toute cette histoire ?!

— Hum, qui a commencé…" Et merde, qui avait commencé ? L'éternelle question dans les Balkans. Eux, là-bas, Milka et ma mère, c'étaient elles qui…

"Qui l'a recommandé, qui a caché qu'il ne donnait pas de nouvelles ? TOI ! Mec, c'est toi qui m'as entraîné dans cette histoire de fou ! Tu comprends ?!

— Il y a toujours quelqu'un qui entraîne quelqu'un, ai-je fait remarquer. C'est une réaction en chaîne.

— Pardon ?!" Il est resté coi un instant. Puis il a repris : "File au solarium le plus proche, et fais-toi bronzer un max !"

J'étais sidéré. Rien ne m'est passé par la tête à part : "Mais le maquilleur ne pourrait pas régler ça ?

— Mais bien sûr, a rétorqué Pero le Chef. On va rassembler toute une équipe autour de toi. Que des dizaines de gens soient au courant. Il ne manquerait plus que ça ! Non, vous allez régler ça avec Tošo ! Il va te prendre en photo, et nous rajouter Bagdad sur Photoshop.

— Attends, mais il peut sans doute aussi m'assombrir sur Photoshop ! me suis-je écrié.

— Impossible, a-t-il tranché.

— Pourquoi ?

— Parce que !" a-t-il hurlé. Puis il a ajouté, menaçant : "S'il le faut… Je veux t'avoir sous la main cramé aux UV ! S'il le faut, si nous prenons cette décision – tu vas revenir d'Irak après-demain comme une fleur, te balader dans la rédaction, te balader en ville… On te prendra en photo au milieu de la grand-place, devant la statue du Ban Jelačić, et que les mecs du GEP ne s'avisent pas de me prouver que tu as disparu en Irak !

— Mais... Mais c'est complètement dingue ! ai-je protesté. Tu es devenu fou ?

— Et qu'est-ce qui n'est pas dingue dans cette histoire ?! Toi, peut-être ?! Tu nous as mis dans cette merde, maintenant, tu assumes ! Écoute-moi bien : je t'assure, s'il le faut..."

J'ai regardé autour de moi comme si je cherchais un trou par lequel m'enfuir de cette réalité.

"Non, non, ai-je bredouillé, non, pas ça, surtout pas...

— Mais putain, c'est si terrible que ça d'aller au solarium ?!" a hurlé Pero.

Oui, ai-je pensé, renfermé sur moi-même. Là-bas, ils allaient me rayer définitivement de la carte. J'étais bon pour la liste des personnes disparues.

Je me suis dit que Pero le Chef prenait du plaisir à m'humilier avec ce bronzage. Il ne pouvait pas me frapper, mais il pouvait se venger d'une autre manière.

"Non mais quand même... Ça dépasse toutes les bornes", ai-je marmonné dans ma barbe.

J'ai été surpris d'à quel point ma résistance l'a mis hors de lui. Il a sifflé, abasourdi : "Ça dépasse toutes les bornes ?!

— Ben quand même...

— Le boss a passé la journée à m'insulter au téléphone ! Est-ce que tu en es conscient, de ça ? Tu sais qu'on pourrait te faire un procès ? Pour fraude ! Pour atteinte à la réputation ! Pour dommages professionnels ! Pour non-assistance à personne en danger ! Et ainsi de suite...

— Je ne savais pas, ai-je dit en me grattant le haut du crâne.

— Et toi, tu te comportes comme une *prima donna* ! « *Ciel, non, moi au solarium, jamais !* »" Il m'imitait, soi-disant.

Je l'ai regardé. J'étais stupéfait par tant d'incompréhension.

"VA AU SOLARIUM, SINON, C'EST LA PORTE !" a tonné Pero.

J'ai réfléchi. Pourquoi devais-je subir tout ça ? Pour l'appartement, le crédit... Pour Sanja, l'amour... Tant de gens avaient pour le travail… pour le crédit, pour l'amour… reconstruit leur personnalité ; volontairement, pour le plus grand bonheur de tous. Pourquoi pas moi… Vraiment : était-ce si terrible que ça d'aller au solarium ?

...

C'est vrai, qu'avais-je contre le solarium ? En voilà un : Salon de beauté Julia, je rentre timidement, comme quand j'étais pour la première fois – pour une touriste française – allé à la pharmacie acheter des capotes.

Et dans le Salon de beauté Julia : une blonde cramée aux UV et une brune cramée aux UV – l'une d'entre elles est certainement Julia – sont assises au fond, trient des produits, rangent des flacons de crème et les disposent sur les étagères. Des parfums tropicaux dans l'air, Eros Ramazzotti en fond musical. Je leur dis que je voudrais me faire bronzer.

"Quelle intensité ?" a demandé la brune. C'est sans doute elle, Julia, me suis-je dit.

"Ben… Maximale", ai-je bredouillé, légèrement effrayé.

Julia a failli éclater de rire, mais elle s'est retenue.

"Qu'est-ce que vous voulez dire, maximale ?

— Genre, je ne sais pas, quelle est la limite autorisée ? ai-je dit, réfléchissant au climat désertique. Je dois être bien noir, genre, comme si j'étais resté longtemps en plein soleil.

— Ahah", s'est-elle écriée joyeusement, puis elle m'a jaugé d'un regard professionnel. "Est-ce que vous vous êtes déjà fait bronzer ? Je veux dire, récemment ?

— Non… Malheureusement, pas depuis très longtemps."

Je suis resté là tout penaud, comme un continental blafard sur la plage.

"Heu, je ne sais pas, pour la première fois… Hm, ça serait combien, l'intensité maximale ? a demandé Julia à la blonde.

— Qu'est-ce que j'en sais… Franchement… Vous voulez, genre, vraiment bronzé bronzé ?

— Ben, bronzé bronzé, oui, c'est ça.

— Écoute… Dans ce cas-là, vas-y pour vingt-cinq minutes !" a lancé la blonde à Julia.

Ça m'a semblé beaucoup. J'ai regardé cette blonde cramée aux UV comme je regarde en général les mécaniciens – en quête de confiance – et elle m'a regardé comme un rat de laboratoire dans une sorte d'expérience scientifique.

"Vingt-cinq ? a demandé Julia à la blonde. Tu crois ?"

Je les voyais comme en contre-plongée, comme un patient avant une opération.

"Ben, pfff…, a dit la blonde. Ouais, je crois.

— On peut dire quinze minutes ?" ai-je demandé de but en blanc.

La blonde m'a regardé comme si je n'avais pas de couilles, mais Julia était, semblait-il, en faveur du compromis, et elle a dit : "Allez, vingt ! C'est bon ? Notre appareil est assez puissant, ça suffira."

Elle m'a emmené dans la pièce voisine, a ouvert ce sarcophage, et m'a expliqué que je devais juste tirer le couvercle vers le bas une fois allongé. Et fermer les yeux.

"Vous avez deux minutes pour vous déshabiller", a-t-elle dit en fermant la porte.

Je me suis dépêché.

Je me suis allongé à l'intérieur et j'ai refermé le couvercle. J'ai fermé les yeux.

C'est la fin, ai-je pensé.

Je suis couché, ça dure, je me suis sans doute déshabillé trop vite. Et j'attends.

…

Ça s'est mis à bourdonner, les moteurs solaires s'allumaient.

À présent, ils allaient enfin me propulser loin de tout, dans cette capsule ; je m'en vais tout nu dans l'espace, me suis-je dit…J'ai ressenti de la chaleur, un souffle d'air, et sous mes paupières fermées, je voyais une couleur rose… Des petits points roses scintillent… Je me suis dit que j'étais en train de fondre, de me transformer en un liquide répugnant, comme ce type dans *Terminator 2*. Il ne resterait de moi qu'une flaque. Puis, des images… Des fragments d'images. Mêlés à des fragments d'autres images. Un petit film tout froissé. Je suis au théâtre avec Sanja. Le flash d'un appareil photo s'est illuminé, mais ne s'est pas éteint. Nous fermons les yeux… Ensuite, nous regardons le ciel, depuis le théâtre, il n'y a pas de plafond. Et même si ça n'est pas logique, nous me voyons comme un parachutiste, un authentique parachutiste en costume de parachutiste. Je tombe du ciel et je ris. Puis, petit tour de la caméra dans la rédaction, une caméra très instable. Sanja entre dans la pièce comme une ballerine, sur une jambe, elle évolue, elle glisse… Noir. Applaudissements.

Quelque chose cogne ; de nouveau la lumière blanche, ordinaire. "Vous êtes vivant ? demande Julia. Tout va bien ?"

J'ai mis du temps à reprendre mes esprits… Attends – apparemment, je m'étais endormi ?

Et la brune Julia, cette spécialiste de la beauté, me regardait d'en haut nu, brun, brûlant. "Tout va bien ? On vous attend, et vous ne sortez pas."

J'ai envisagé, l'espace d'un instant, de l'attirer à l'intérieur, dans ce sarcophage, et de partir ensemble dans l'espace.

"J'ai eu une nuit difficile.

— Dans ce cas", elle a refermé le couvercle pour ne plus avoir à me regarder. Dès qu'elle a compris que j'étais vivant, elle s'est mise en colère. "Rhabillez-vous !" a-t-elle ordonné, et je l'ai entendue sortir.

Je rouvre ce sarcophage. Ouh. Le vieux rocker revient d'entre les morts. Je me suis regardé dans le miroir. Je ressemblais un peu à James Brown.

Aïe file goude, ta-na-na-na-na… Je roulais des hanches devant le miroir, et ma bite oscillait en demi-molle.

271

Il paraît que les UV, c'est bon pour le moral. Comme quoi, il y a du vrai là-dedans.

Par ailleurs, j'avais enfin pu fermer un peu l'œil.

...

J'étais vraiment trop con d'avoir peur des solariums, me suis-je dit. Maintenant, je pourrais même boire une petite bière pour me rafraîchir un peu. Il me restait une demi-heure avant la séance photo, et j'hésitais, dans quel café du quartier aller. J'avais peur que quelqu'un me reconnaisse, ou, pire encore, ne me reconnaisse pas.

Je suis entré dans le café le plus vide, sans anicroches, et quand j'ai eu ma bière, j'ai appelé Markatović.

"Tu t'es enfin réveillé ? ai-je demandé.

— Oui. Et toi ?"

Et moi ? C'est alors que j'ai remarqué que ma question aussi était illogique. Peu importe, j'ai dit : "Hé, ça fait longtemps que je suis levé. Il se passe des tonnes de trucs..."

Je pensais lui raconter un peu, mais il s'est mis à sangloter. Il m'a dit qu'il avait enfin lu la lettre de Dijana, celle de quatorze pages. Et il me demande : "Est-ce que je suis une si mauvaise personne que ça ?

— Je me pose la même question, je dis.

— Elle a écrit plein de choses, reprend Markatović en geignant, et... et tout sonne si vrai...

— Non, vraiment ? dis-je d'un ton détaché.

— Je... Je vais lui prouver que ce n'est pas vrai, je veux juste qu'elle me donne une chance, a-t-il larmoyé. Quand elle me donne une chance, j'arrive toujours à lui prouver...

— Elle va te donner une chance", je dis, en pensant que tout le monde me devance toujours en jérémiades. C'est un pays de jérémiades – me suis-je fait la réflexion – la file d'attente est trop longue.

Il pleure. Il fait peut-être une dépression nerveuse ?

272

"Je ne sais pas… Je ne sais pas pourquoi je ne supporte pas le mariage", a-t-il dit comme s'il se justifiait auprès de moi. Il m'a exposé sa défense entre ses larmes : "Je veux dire, je le supportais… Sur sept jours, j'en supportais six. Mais ça ne s'arrête jamais. Y a pas de jours de congé…"

J'ai failli éclater de rire, mais j'ai quand même dit : "Allez, il ne faut pas voir les choses comme ça.

— C'est pas ce que je voulais dire, non… Il y a aussi des moments magnifiques… La… la naissance des enfants par exemple…" Il s'est remis à pleurer. Il a pris sa respiration, et a conclu : "C'était comme… comme un miracle, tu comprends ?

— Je comprends.

— Tu verras, quand ça t'arrivera, a-t-il soupiré. Et j'étais tellement heureux, je les regardais tout le temps… les quinze premiers jours… le premier mois… les six premiers mois…

— Je comprends.

— Mais ça ne s'arrête jamais, tout ça, ça ne s'arrête jamais.

— Oui, bon, certes", ai-je dit. J'attendais qu'il en finisse avec ces conneries.

"Et… Et c'est ma vie.

— Oui, et alors ?!" J'ai un peu haussé le ton.

"Rien, je voulais juste t'expliquer… Et elle dit que je les évite. Qu'elle se sent seule… Je devrais recommencer à me consacrer à elle, qu'elle sente que je l'aime.

— Ben oui, tu devrais !" je dis.

Il s'est tu.

"Mais… Je n'y arrive pas, c'est trop pour moi. Il faudrait que je fasse tout comme il faut, tout…

— Allez, Markatović… Tu es encore coké ?

— Je n'y arrive pas… Je n'arrive plus à l'aimer ! a-t-il repris.

— Ah bon ?

— Comment est-ce qu'elle peut me demander ça ?! Dans cette lettre… Comme si j'étais obligé de l'aimer, c'est ce qui est écrit !

— Ben, je ne sais pas, t'es pas obligé, mais bon… c'est quand même ta femme." J'ai fait appel à son bon sens.

"Si, je suis obligé… Avant, je l'aimais volontairement, mais maintenant, je suis obligé… C'est ça, le problème. Je n'ai pas le choix.

— Comment ça ? C'est toi qui l'as épousée, je te rappelle !

— Ben oui… Et maintenant, je n'ai plus le choix !

— Hmhm.

— Tu comprends ?

— Je comprends."

Sur ce, nous avons clos la conversation. Markatović m'a salué comme s'il allait se coucher dans sa tombe. J'ai soupiré, et suis retourné à ma bière.

Un peu plus tard, Pero le Chef m'a appelé.

"On annule la séance photo", m'a-t-il annoncé.

Je le savais. Ce truc de bronzage aux UV, c'était juste une manière de se venger.

Malgré tout, je me suis senti soulagé.

"Bon, ben au moins, je me suis fait bronzer aux frais de la princesse, ai-je dit d'un ton caustique.

— Hum, j'ai été un peu vite en besogne. C'est trop dangereux, a dit Pero. En plus, on doit passer à la télé ce soir. On est invités à *Actuel*, toute une émission sur le sujet. Si on te prenait en photo, ça se verrait…"

Je suis resté coi.

"Écoute, il vaut vraiment mieux que je ne passe pas à la télé ! me suis-je exclamé.

— Ben, on est un peu obligés… On ira ensemble.

— Il vaut mieux pas, mec, je suis cramé comme une jet-setteuse… Je n'ai pas l'air sérieux. Personne ne va me croire. Tu en connais, toi, des gens qui croient un mec bronzé aux UV ?"

Il fallait à tout prix que j'évite ça. Jouer le rôle du méchant dans les journaux, c'est du pipi de chat par rapport à jouer le rôle du méchant à la télé.

"Il faut qu'on raconte ta version de l'histoire, a avancé Pero.

— J'ai déjà essayé, personne ne la comprend, ai-je répliqué.

— Ils vont nous briefer, on se mettra d'accord sur notre speech... Il y aura d'autres invités. La mère de ce Boris sera en studio à l'antenne régionale... Tu dois te confronter à elle, il faut qu'on essaie de limiter les dégâts, ne serait-ce qu'un peu."

Milka en appel vidéo ?

"Non... Je ne peux vraiment pas, ai-je dit. Je ne peux pas, je suis explosé... J'ai pas dormi, je suis au bout de ma vie. Je ne sais plus où j'en suis, j'ai l'impression de me volatiliser. Et en plus, je suis cramé aux UV... L'opinion publique sera de son côté à elle.

— Calme-toi... L'avocat et le chargé des relations publiques vont nous briefer. On va peser le moindre mot. On doit juste remettre en question le fait qu'il ait disparu, c'est tout. On devrait quand même pouvoir s'en sortir à deux contre une bonne femme, argumente Pero.

— Je ne peux pas, ai-je répété. Je ne peux vraiment pas. J'ai donné mon maximum."

J'ai entendu la moitié d'un juron avant qu'il ne raccroche.

...

Il venait d'y avoir une super critique sur Radio 101. Je ne l'avais pas entendue ? Ils avaient chanté ses louanges. Elle avait essayé de l'enregistrer sur cassette, mais elle s'était emmêlé les pinceaux, m'annonce Sanja.

"Je suis au volant, je dis. Je suis en train de rentrer à la maison, mais je n'ai pas allumé la radio. Et sinon, tu n'as rien entendu ?

— J'ai entendu, a-t-elle répliqué. C'est toi qui n'as pas entendu.

— Je ne pensais pas à ça, mais pas grave. Tu viens juste de te lever ?

— Hmhm, a-t-elle dit. Allez, je vais pas te faire téléphoner au volant, je t'attends à la maison.

— Écoute, ne t'étonne pas… Je suis cramé aux UV.

— Et moi, je suis chaude bouillante", a-t-elle répliqué en raccrochant.

Je roule.

J'arrive. Je cherche une place de parking.

C'est le passage des encombrants dans le quartier, tout le monde a vidé sa cave, il y a une tonne de choses devant l'immeuble : vieux matelas, machines à laver, meubles estropiés, gazinières, des espèces de plaques de mousse… Je regarde la scène, et l'envie me prend de m'asseoir dans le fauteuil sans accoudoir, de m'allonger sur le canapé verdâtre défoncé, de me jeter avec tous ces rebuts.

Tout autour, des Roms, des mecs en survêtement et en uniforme de la guerre de récupération, ils trient, s'interpellent… "Đemo, viens m'aider à tenir ce truc !"

Tandis que je me gare à côté du tas, ledit Đemo en tenue sportivo-militaire me montre *jusqu'où je peux encore.*

Il lève sa paume ouverte. Stop. Je me suis arrêté, ai mis le frein à main. Je sors.

Cramé comme j'étais, Đemo m'avait sans doute pris pour un des leurs, mais quand j'ai dit "Merci", il m'a lancé un regard un peu surpris. Sur ce, son attention a été attirée par une fille en minijupe et talons aiguilles qui passait à côté de nous. Et Đemo de pousser un sifflement discret, modulé, comme le vent dans la plaine. Puis il a chantonné : "Le printemps sur mon épaule… se pose…*"

Je l'enviais vraiment.

"Allez, Đemo, arrête de faire le con !" lui crient ses camarades en train de charger une camionnette, et il part les rejoindre, sous la rangée d'arbres qui ondule et verdoie.

---

* Premiers vers de la chanson *Đurđevdan* (la Saint-Georges, fêtée le 6 mai par les Serbes orthodoxes), du célèbre groupe de rock yougoslave Bijelo Dugme, sur l'air de la chanson en rromani, évoquant elle aussi la Saint-Georges, *Ederlezi.*

Une dame est sortie de l'immeuble avec un tableau abîmé représentant un naufrage dans un cadre massif. Elle m'a regardé de travers.

...

Au moment où je sortais de l'ascenseur, Čarli m'a appelé. D'une voix pâteuse, il a immédiatement lancé : "Tu sais quoi ? T'avais raison !" Tiens donc, lui aussi venait à peine de se lever, me suis-je dit. Putain, mais je suis le seul à travailler ici !

"De quoi tu parles ?" ai-je demandé.

J'avais déjà sonné à la porte de Sanja.

"Elle est pas mal du tout !

— Qui ?

— Ben Ela ! Elle a dormi chez moi, nous a fait le petit-déjeuner... Elle vient de partir. Franchement, c'était une matinée très agréable. Et, heu, la nuit n'était pas mal non plus, héhé. T'avais raison, vraiment. Avec quelques kilos en moins, elle serait vraiment super."

Pendant qu'il parlait, Sanja m'a ouvert en peignoir, la cigarette aux lèvres. Elle se tenait comme si j'étais un étranger. Puis elle s'est nonchalamment retournée, est allée au canapé, s'est assise, a levé le genou et, comme par hasard, m'a découvert sa chatte.

"Hmhm, hmhm... Ben oui, bien sûr... Elle est vraiment pas mal, oui", disais-je à Čarli.

Sanja me fixait du regard.

"Ouais, et du coup, la nuit était pas mal du tout, vraiment !

— Cool, cool... Écoute, je vais devoir te laisser."

Je regarde Sanja, je hausse les sourcils, je gonfle mes joues, puis j'expire l'air.

"Vous arrivez pile au bon moment, a-t-elle lancé, glaciale comme Sharon Stone. Mon mari est absent."

J'ai renoncé à lui raconter ma journée.

Je suis resté là à la regarder fumer.

C'était notre théâtre sexuel. Nous mettions en scène des situations excitantes.

"T'es vraiment bien cramé", a-t-elle constaté en émettant un petit rire, comme si ça lui avait échappé.

Je ne tolérais pas le rire pendant le sexe, et j'ai répliqué d'un ton sérieux : "Je reviens du désert.

— Oh, mais ici aussi, il fait très chaud", a-t-elle dit en caressant sa toison soigneusement tondue.

La veille, elle était rentrée à la maison dans son costume de la pièce. Je lui ai demandé de le mettre.

"Mais c'est bien sûr, j'avais oublié ! s'est-elle écriée. Vous êtes le photographe qui a appelé ?

— Oui", ai-je répondu.

Elle est partie dans la chambre et est revenue habillée. Minijupe blanche, push-up, bottines. Une vraie petite catin.

Elle marche devant moi comme sur le trottoir. Elle va jusqu'à la chaîne hi-fi et monte le son. *Massive Attack*.

Je lui attrape les fesses sous sa minijupe.

"Vous avez oublié votre culotte, je la préviens.

— Oh, non !" Elle a fait sa vierge effarouchée. "C'est impossible. Je ne suis pas celle que vous croyez."

J'avais une érection en stade terminal.

Nous nous sommes embrassés. Elle m'a légèrement mordu la lèvre. J'ai humidifié un doigt, et j'ai commencé à presser doucement son clitoris.

Je me suis accroupi.

Du bout des doigts, elle a écarté la peau et découvert son clitoris. Je l'ai effleuré plusieurs fois de la langue, puis je me suis mis à le sucer tendrement.

"Oh, monsieur… Vous êtes vraiment un photographe qui a le sens du détail, a-t-elle dit du ton de la bourgeoise en admiration devant les artistes.

— Hmhm, ai-je marmonné.

— Vous avez fait les Beaux-Arts ?

— Hm, je marmonne.

— Vous étiez trop occupé à lécher, et vous n'avez pas eu le temps ?

— Hmhm."

Elle gémissait. Ses jambes se sont mises à trembler. Elle s'est dégagée. "Baise-moi !" a-t-elle dit.

Je me suis redressé.

"Installe-toi là-bas !"

Elle s'est installée à quatre pattes sur le canapé. Je lui ai donné une claque sur les fesses. "Vous êtes chanteuse ?

— Hmhm, a-t-elle gémi.

— Une vraie chanteuse, ou une petite traînée ?

— Je ne sais pas... a-t-elle soufflé timidement.

— Un coup vous chantez, un coup vous vous faites baiser ?

— Oui."

J'ai glissé en elle.

"Comme ça ?

— Oui...

— Ils vous baisent où ?

— Où ils peuvent.

— Ah oui ?

— Attrape-moi les fesses !" a-t-elle gémi.

Je l'ai attrapée fermement, l'ai soulevée et l'ai empalée sur ma bite.

"Vous filmez tout ? m'a-t-elle demandé après un silence haletant.

— Hmhm.

— Vous pensez que ça va bien rendre ? Sa voix se brisait.

— Un peu vulgaire.

— Oooh... j'ai... j'ai très honte, a-t-elle dit en haletant.

— De quoi tu as honte, si tu es une petite traînée ?!

— Je ne suis pas une traînée, a-t-elle gémi d'un ton plaintif. J'ai... j'ai très honte."

Je la levais et la baisais à un rythme de plus en plus soutenu, frénétique. La folie s'évaporait de moi.

"Je suis… Je suis une gentille fille !" a-t-elle dit avant de pousser un gémissement, tremblante. Elle jouissait.

"Oh oui… Tu es bien gentille", j'y étais presque. Je me suis arrêté, pour repousser un peu plus la fin.

"Encore un peu, s'il te plaît !" a-t-elle supplié.

Je l'ai pénétrée violemment encore quelques fois.

Puis je me suis écroulé à côté d'elle.

Je l'ai embrassée sur l'épaule et j'ai fermé les yeux.

Elle me caressait les cheveux. Je ne voulais pas m'endormir, et j'ouvrais les yeux de temps à autre.

Je la regarde.

Elle se met à rire et dit : "On a bien baisé, hein ?

— Hmhm.

— Le costume te plaît ?

— Hmhm, je dis, puis je détourne le regard.

— Tu as honte ? a-t-elle ri.

— Hmhm.

— Mon Dieu, quel imbécile tu fais", a-t-elle dit en m'embrassant sur le nez.

Je me suis mis un oreiller sous la tête.

"Si je m'endors, ne me laisse pas dormir plus d'une heure, je dis. Ne baisse pas la musique. J'aime bien comme ça."

Je voulais prolonger ces heures de vie cool.

"Je vais devoir partir au théâtre. Je te mettrai un réveil, a dit Sanja.

— OK.

— Il faut que tu lises cette critique, elle est sur internet, a-t-elle ajouté.

— Je vais le faire. Tu sais qu'ils m'ont capté, avec l'autre crétin en Irak ?

— Sans blague ?!… Qu'est-ce qui s'est passé ?

— Je te raconterai… J'ai très, très sommeil."

...

Le soir... C'était l'émission *Actuel*. Un talk-show. Un talk-show politique, social et généraliste, avec le public dans le studio, animé par une femme maigre à la voix criarde, qui avait le droit d'interrompre tous les invités, avec cette voix, comme si on te faisait une incision, si bien qu'il était impossible de s'écarter du sujet dans son émission, et le sujet, c'était, qu'aurait-ce bien pu être d'autre : un journaliste croate a disparu en Irak, l'ultime joute entre Milka et moi, donc, sur cet épique champ télévisuel, comme dans une chanson de geste.

Je ne voulais pas prendre part à la joute, comme vous le savez, mais ils m'avaient appelé cent fois sur mon portable, disant que mon concours était requis, usant de mots pressants, par Dieu et menaçants, et à la fin, même le boss m'avait appelé, notre patron à tous, qui était par nature peut-être plus dangereux que Milka même, et j'avais essayé de lui dire qu'il valait mieux que quelqu'un d'autre y aille, mais non, il avait insisté d'un ton féroce, il avait vraiment insisté, et il avait ajouté que je prendrais la porte si je n'y allais pas, et je me dis, pour ça, que j'y aille ou non, je vais la prendre, parce que Milka va me réduire en bouillie, mais c'est difficile de lui expliquer ça, que je redoute une petite paysanne, oui, c'est comme ça qu'il a appelé Milka, une petite paysanne, parce qu'il ne l'a jamais vue en vrai, et il m'a dit que je devais raconter ma version de l'histoire et sortir des arguments pour la contrer, parce qu'elle ne pouvait pas m'accuser sans preuves, peu importe de qui elle était la mère, et que sinon, étant donné qu'il subissait à cause de moi de lourdes pertes, non seulement je prendrais la porte, mais il ferait en sorte de m'empoisonner la vie, à tous les niveaux, à court terme et à long terme, parce qu'il avait les outils pour, et que je ne m'avise pas de jouer au plus malin, parce qu'il en avait par-dessus la tête de moi, et me voilà, au final, pauvre de moi, dans l'émission *Actuel*, elle va commencer d'un instant à l'autre, et je suis assis dans le studio, le nez légèrement poudré, dans mon costume noir pour les premières et les enterrements, auquel on me reconnaît au pays natal. Et à côté de moi le rédacteur en chef, Pero le Chef, en costume Versace et lunettes sans correction, pour assurer mes arrières et protéger la boîte, en deuxième ligne de défense, s'ils me transpercent ou que, démoralisé que je suis, je bats en retraite. Sont également présents les fauves du GEP, le petit jeune qui a signé l'article, Gruica qu'ils l'appellent, et deux observateurs neutres, on verra bien de quel côté ils sont : le président de notre association de journalistes, et un sociologue, un barbu, qui a écrit un livre sur…

Sans oublier, le voilà, il est un peu en retard, le représentant de l'État, une espèce de chargé de mission au ministère des Affaires étrangères car, comme me l'a expliqué le Chef, si Boris a vraiment disparu, ils vont devoir se mettre à sa recherche, officiellement, en tant qu'État, si bien que ça, au moins, je ne dois plus m'en occuper.

C'était la première bonne nouvelle depuis longtemps, que je ne devais plus m'en occuper, et c'est dans cet esprit que nous avons pris place là-bas, car nous avions eu auparavant un briefing avec l'avocat de la boîte et avec la femme qui s'occupe de nos relations publiques – d'un point de vue juridique, nous sommes blancs comme neige, a dit l'avocat, car nous n'avons forcé personne à aller en Irak, nous n'avons mobilisé personne, il a signé son contrat comme tout le monde, notre erreur, mais seulement s'ils nous mettent la pression, c'est éventuellement de ne pas avoir tiré la sonnette d'alarme à temps, autrement dit, notre erreur est éventuellement la mienne, s'ils nous mettent vraiment la pression… Mais là, j'ai un contre-argument, qu'il peut encore nous contacter, que la deadline n'est pas écoulée, et que tout ça, ce sont des suppositions, même si, bien sûr, nous sommes inquiets, parce que nous n'arrivons pas à le joindre… D'après les estimations de notre RP, nous sommes en assez bonne posture, nous devons juste éviter la polémique avec Milka, parce que c'est la mère, et ça pourrait être mal pris, c'est délicat, comme on dit, ce que je confirme, et j'ai dit au Chef, "tiens, tu vois, ce qu'elle raconte, il ne faut pas polémiquer avec Milka, c'est ce que je dis depuis le début", et nous sommes tous tombés d'accord sur le fait qu'il fallait esquiver Milka, et, a continué la jeune RP, faire preuve de compassion envers la mère, désamorcer ce léger malentendu, lui promettre monts et merveilles, offrir notre aide et notre soutien juridique à la famille de notre employé, pour nous la mettre dans la poche, et attaquer les types du GEP sans attendre, dire immédiatement qu'ils voulaient nous anéantir, pour que tout le reste du débat soit interprété à cette lumière, et orienter la discussion au maximum sur ce thème – raconter tout ce que nos perfides ennemis nous avaient fait jusqu'alors, juste parce que nous étions un journal honnête, histoire de nous faire un peu de pub par la même occasion.

Enfer et damnation. Dès que j'ai vu Milka, dans le studio régional, qu'ils avaient en liaison vidéo, j'ai immédiatement compris que notre stratégie était en danger. Milka était assise, sans stratégie, elle, la tête en avant comme un chien au bout de sa chaîne tendue au maximum. Elle n'arrivait pas, ça se voyait, à rester calme sous les spots des caméras, et elle clignait des yeux et attendait avec impatience de commencer, parce qu'elle avait préparé son laïus sans avocat et sans RP, elle avait la tête pleine à ras bord, et elle n'avait qu'une hâte, se défouler.

Et tout de suite, dès que l'animatrice a salué les téléspectateurs et brièvement exposé le problème, elle a donné la parole, logiquement, à la mère d'abord, et Milka m'a frappé de toutes ses forces par liaison vidéo, sans autres formes de procès, et, pire encore, elle m'appelait "toi, le mioche", ce qui a troublé même l'animatrice, et elle lui a demandé de ne pas m'appeler comme ça, malgré les circonstances, que c'était déplacé, ce à quoi Milka a rétorqué qu'elle m'avait toujours appelé comme ça, et toute notre stratégie est tombée à l'eau.

"Y marchait pas encore que je le connaissais déjà, a dit Milka. Je vouvoie pas sa mère, encore moins lui, ce morveux. Lui, par contre, il peut vouvoyer sa tante s'il veut !

— Attendez, vous voulez dire que vous êtes de la même famille ?

— Bien sûr que oui !" a répondu Milka.

Sur ce, l'animatrice m'a regardé, et un petit rire moqueur lui a échappé : "C'est exact ? Si je comprends bien, vous avez envoyé en Irak votre… cousin ?"

C'est là que tout a capoté. Notre stratégie… Et même le sujet de l'émission.

Le président de notre association de journalistes a éclaté d'un rire sonore.

Et il avait de quoi.

Depuis une bonne dizaine d'années, les cousins ébranlaient ce pays, car là où c'est la guerre, les montagnards entrent dans le système, les guerriers et les haïdouks déferlent, ils font venir leurs cousins, ils créent leurs réseaux, tissent leurs structures parallèles… Depuis une dizaine d'années déjà, notre intelligentsia urbaine fait la guerre aux montagnards en raillant leur culture clanique et leur code d'honneur familial, parce qu'ils sont un boulet à notre cou, une mafia dans l'État… Nous n'aurons jamais un État normal tant que nous ne les aurons pas civilisés. Ils doivent comprendre que le monde ne se compose pas de cousins. Ils doivent résister à l'appel du clan, ils doivent s'individualiser.

Et, voyez-vous ça, j'avais employé un cousin de ma région natale ! Longtemps, j'avais fait semblant d'être civilisé, de m'être émancipé de l'appel du clan, mais voilà, j'étais démasqué… Me voilà à la télé, à heure de grande écoute ! Mon cousin a disparu, et il ne manquerait plus que j'entonne : "M'entends-tu / t'appeler, mon frère…*"

Le Chef me regardait, abasourdi. Tout notre briefing tombait à l'eau.

---

* Premiers vers de la chanson *Iza devet sela* (Derrière neuf villages), du chanteur nationaliste Thompson, où le narrateur appelle son parent à le rejoindre dans son village natal dans la montagne.

L'animatrice attendait que je dise quelque chose.

Puis elle a repris : "Nous ne nous attendions pas à ça, mais éclaircissons les choses : vous avez employé votre cousin ? Et vous l'avez envoyé en Irak ? Oui ou non ?"

Tandis que je réfléchissais à quoi répondre, ils me regardaient tous, trop longuement. Je cogitais, ci ou ça, mais j'avais déjà de l'expérience, et je savais qu'il était impossible d'expliquer cette histoire, et à la fin, j'ai juste dit : "Oui, c'est mon cousin, mais il parle arabe."

Il n'y avait rien à faire. Même moi, j'ai trouvé que ça sonnait bizarrement.

Puis, la conversation est restée bloquée sur le thème des relations népotiques.

J'étais comme engourdi, et pendant un certain temps, je n'ai même pas suivi ce qui se disait, des petites vignettes me tournaient dans la tête : je vois l'appart de ce matin… Puis je me fais la réflexion que cette émission passe à la télé là-bas aussi, elle passe partout, elle part dans le monde entier par satellite, et j'ai imaginé Čarli – j'ignore pourquoi lui en particulier – me regarder sur son écran, me fixer avec sa bouteille d'huile d'olive vierge maison à la main en cuisinant sa slow food qu'il ne m'inviterait pas à manger.

Je voyais les gens ouvrir la bouche autour de moi.

Après un certain temps, quelqu'un dans le public du studio a demandé la parole… Je le regarde… Putain… Ićo Caméra en personne !

Horreur ! Ićo ! Ils lui ont tendu le micro.

Il s'est caressé la moustache et a dit : "Il se trouve que je connais Milka, et tous les autres, et… Et je suis au fait de la situation… Et je peux vous dire que tout n'est pas, comment dire, tout noir ou tout blanc… Milka me pardonne, mais ils lui ont trouvé du travail, il était au chômage, et il voulait bosser. Et ce garçon, le journaliste, il a trouvé du boulot à son cousin, et… Et ça – ça se respecte !"

Ça alors, il parlait comme s'il avait été briefé par ma mère. L'intervention d'Ićo Caméra a été suivie de timides applaudissements du public dans le studio, mais l'animatrice est intervenue de sa voix criarde, terrifiant les retraités… Ensuite, elle a brièvement donné la parole au sociologue barbu, et il a achevé de creuser le thème du phénomène des relations claniques, qui étaient, a-t-il précisé, en elles-mêmes extra-institutionnelles. Elles gênaient le fonctionnement des institutions, créaient un système parallèle, et c'était là tout notre problème, a-t-il souligné. Les États les plus puissants étaient ceux qui avaient détruit les relations claniques et affaibli la famille, a-t-il affirmé. "Plus forte est la famille, plus faible est l'État !" a-t-il conclu.

L'animatrice m'a ensuite invité à commenter tout ça. Je lui tapais franchement sur les nerfs, car elle avait prévu de me traiter comme un cadre d'entreprise sans cœur, comme le symbole du capitalisme froid qui écrasait les gens sur son passage sans même se préoccuper des sentiments d'une mère – mais étant donné que j'avais trouvé du travail à mon cousin, tout ça n'avait plus aucun sens.

J'ai dit que j'étais d'accord avec le monsieur du public (Ićo Caméra m'a fait un clin d'œil), ainsi qu'avec le sociologue.

"Il n'y a qu'avec votre tante que vous n'êtes pas d'accord ? a-t-elle demandé d'un ton ironique.

— Tout à fait, ai-je répliqué. Je ne peux pas tomber d'accord avec elle."

Ensuite, ils ont à nouveau fait intervenir Milka depuis le studio régional. Elle a d'abord répondu à Ićo Caméra, disant de lui que tout le monde savait qu'il était fou, puis elle a attaqué non seulement moi mais également le sociologue, qu'est-ce qu'il avait à parler contre la famille… En gros, Milka avait été mal briefée, et elle a oublié de pleurer et de dire des choses touchantes sur Boris, si bien que dans le vote par téléphone des téléspectateurs, elle a remporté beaucoup moins de points qu'escompté. Nous étions, exactement comme l'avait dit ma mère, à 30 %.

...

Après l'émission, tous se sont spontanément écartés de moi, seul Ićo Caméra dans son pull sinistre est venu me voir, et m'a dit : "Tu vois, petit, toi aussi, tu deviens populaire. Je me souviens de toi...

— Je deviens antipopulaire, ai-je rectifié. Moi aussi, je me souviens de vous.

— Tout ça, c'est du pareil au même. Populaire, antipopulaire...

— Et vous ? ai-je demandé poliment. Vous êtes souvent à Zagreb.

— C'est que j'ai laissé mes fils s'occuper de l'exploitation. Je vends un peu à Dolac*, et je viens un peu applaudir dans le public. Je ne suis plus là-bas, c'est ici que tout se passe. Qu'est-ce que j'irais faire là-bas ?

— Ah, eh, je dis.

— Ben oui, quoi ? Y a juste *Slobodna Dalmacija***, et un match de temps en temps."

Je l'écoutais avec un soupçon d'admiration. Ićo Caméra parlait comme les jeunes qui ne veulent pas rester toute leur vie dans un trou perdu. Il voulait être au cœur de l'action, là où tout se passait. S'il avait parlé anglais, il serait certainement parti à New York. Il avait cette pathologie médiatique et était jeune d'esprit, ce qui revenait sans doute au même.

Si ce n'était pas un bouseux, me suis-je dit, personne ne comprendrait qu'il est fou.

Pero le Chef nous a rejoints.

Il s'est tout d'abord adressé à Ićo, et lui a serré la main : "Monsieur, je tiens à vous dire... que votre soutien nous va droit au cœur.

* Dolac : grand marché du vieux centre de Zagreb.
** *Slobodna Dalmacija* : journal régional de la région dalmate.

— En tant qu'homme du peuple, je me devais de réagir",
a dit Ićo Caméra.

Puis le Chef s'est adressé à moi : "Le boss vient de m'appeler.

— Et ?

— Tu es viré.

— Et merde. Moi qui voulais prendre un crédit."

Pero m'a regardé comme pour essayer d'évaluer si j'étais en
pleine possession de mes moyens, puis il a sans doute décidé
que ce n'étaient plus ses affaires. "Je n'ai rien à voir avec ça,
mais je pense qu'il va aussi te faire un procès.

— Dis à cette ordure qu'il me doit une indemnité de licenciement !

— Je pense que c'est sans espoir, a dit Pero.

— Ah oui ? Tiens, demande donc à monsieur le tennisman
ce qu'il faisait pendant que d'autres créaient la réputation de
ce journal, se battaient pour la démocratie et…"

Je me suis arrêté, conscient que je sonnais comme un vétéran pathétique. Puis j'ai ajouté : "Dis à ce fumier que maintenant que j'ai tout mon temps, je vais écrire quelques mots
sur sa vie et son œuvre !

— Ne fais pas le con ! a dit Pero.

— C'est ça, casse-toi.

— Mais… Mais c'est pas juste !" s'est exclamé Ićo Caméra.

Pero lui a de nouveau serré la main, l'air un peu désorienté,
comme pour le calmer, puis il a disparu dans le labyrinthe
des couloirs télévisuels.

"C'est pas correct… C'est vraiment pas correct de leur
part", répétait Ićo Caméra tandis que nous nous dirigions
vers le buffet de la chaîne de télé. "Virer les gens comme ça…
Mettre les gens à la rue…"

J'ai soupiré.

"Ça va renforcer la motivation des autres, ai-je dit.

— Voilà… C'est exactement pour ça que je n'ai jamais été
l'employé de personne, a rebondi Ićo. Juste l'agriculture et un
peu de télé… Je suis mon propre patron !

— Vous avez bien raison."

Tandis que je buvais avec Iĉo dans ce café de la télé, où le whisky avait un goût métallique, Sanja m'a appelé, d'une voix triste. Elle avait trois minutes avant de remonter sur scène, elle a des petites pauses quand elle ne joue pas, et dans le café du théâtre, m'a-t-elle dit, elle avait vu le début de l'émission, et un bout de la fin. Ce n'était pas *si* terrible que ça, a-t-elle dit en soupirant. Elle ne savait pas comment me remonter le moral, et inversement. Ça allait se tasser, "ce genre d'affaire, ça dure trois jours et après les gens oublient", m'assure-t-elle d'un ton désolé. "Hmhm, disais-je, hmhm. Allez, remonte sur scène, va faire ton truc, ne t'occupe pas de moi maintenant", je dis.

Ensuite, je suis allé à Limited. Les gens me regardaient du coin de l'œil. Markatović est arrivé pour me consoler en m'expliquant que sa situation était encore pire que la mienne.

"J'ai entendu dire de source sûre que les Allemands se retiraient. Ils proposent la banque à l'État pour un kuna", a-t-il dit.

D'autre part, Dijana était partie, et ne répondait pas au téléphone.

"Mais par contre, aujourd'hui, La Vallée a appelé, a dit Markatović, qui n'avait encore rien entrepris au sujet de sa campagne de com… La Vallée est furieux."

Par ailleurs, a-t-il ajouté, La Vallée lui avait dit qu'il m'avait vu à la télévision et que je n'étais pas bon pour son image. Markatović devait trouver quelqu'un d'autre, lui avait-il ordonné.

"Il dit que tu es *compromis*", a dit Markatović en imitant La Vallée, s'efforçant de faire sonner ça comme une blague.

Je n'avais pas la force de sourire, et Markatović m'a fixé d'un air hypnotique : "Hé, ton charlatan, là, il va revenir sain et sauf !

— Comment tu sais ?

— Je le sais, c'est tout. Quand ça concerne les autres, alors, je sais jauger la situation… Je le vois revenir, très précisément…

— Ça, ça s'appelle la drogue.

— Mais non. C'est toujours comme ça avec moi, quand ça concerne quelqu'un d'autre. Mes actions, là, si elles étaient à quelqu'un d'autre, je te ferai un pronostic au poil ! Il va revenir, on peut parier si tu veux.

— Surtout pas, tu as déjà assez parié comme ça."

Ensuite, Markatović s'est mis à parler de son vieux qui buvait depuis qu'il travaillait pour lui. "Il se sent sans doute humilié, dit-il. Il fait sans cesse des remarques mesquines. Dans sa tête, je représente sans doute le capitalisme… Quand je lui dis quelque chose, il répond ironiquement : « Oui, chef »."

Markatović pense que c'est la même chose avec Boris, qu'ils le font exprès…

"Pour eux, nous sommes dans l'autre camp… À leurs yeux, nous avons réussi, et il faut bien qu'ils trouvent un coupable, explique Markatović. Ils n'ont pas de programme politique, alors ils baisent la famille !"

Nous nous sommes bourré la gueule jusqu'à la fermeture, puis nous sommes allés chez lui. À défaut d'autre chose, Markatović avait enfin un appartement vide.

Il avait aussi invité des filles, mais elles n'avaient pas voulu.

J'ai envoyé un message à Sanja pour lui dire que j'allais chez Markatović et que je dormirais peut-être chez lui. Je ne sais pas pourquoi, je voulais l'éviter, comme si j'avais honte devant elle.

...

Nous étions installés dans cet appartement hypothéqué. Un bel appart, y avait pas à dire.

J'ai pris la télécommande et j'ai monté un peu le son en apercevant les Stones à la télévision.

C'était une conférence de presse avant leur concert à Munich.

"Non mais regarde-les !" a dit Markatović avant de se courber légèrement et, la mâchoire pendante et les yeux injectés de sang, de s'absorber dans la contemplation de l'écran.

Les journalistes ont demandé aux Stones : "Quel est le secret de votre longévité ?" – et Keith Richards a répondu avec impertinence : "C'est un secret." Et s'est mis à ricaner. Il était encore maigre – comme s'il avait grandi trop vite. Il donnait l'impression de trouver tout ça un peu stupide. Cette conférence, ces journalistes ; son regard et son attitude disaient : *fuck off.*

"Mais regarde-moi ce mec, a dit Markatović.

— Il doit bien avoir soixante ans, ai-je commenté.

— Il boit des vins hors de prix, les top models se battent pour entrer dans son lit, et en plus, il a réussi à rester rebelle ! a renchéri Markatović. Putain, je suis sûr qu'il péterait un scandale si on lui donnait un hôtel un chouïa moins luxueux !

— On est rebelle ou on ne l'est pas", ai-je dit en sniffant un peu de cocaïne sur le plateau d'échecs.

C'était tout un reportage sur la prestation des Stones, ils montraient même des passages du concert.

"Y a deux cent mille personnes qui viennent au concert, et le lendemain, ils vont tous au travail, a dit Markatović.

— Normal, ai-je dit, ils bossent."

Markatović a poursuivi : "Ce qu'ils adorent chez Richards, ils le renient au quotidien. Tout ce qu'ils adorent, ils le renient au quotidien.

— Normal, je dis.

— Ça a commencé avec Jésus ! conclut solennellement Markatović.

— Oui, oui", je dis.

J'ai ressenti une sorte de lassitude. Je l'ai regardé : "Est-ce que ça te fait ça à toi, genre, dès que tu mentionnes un grand mot, comme « Jésus », ou « révolution », tu te sens immédiatement fatigué ?"

Markatović a haussé les sourcils.

"Je ne sais pas", a-t-il dit.

Nous nous sommes tus un moment.

Venaient à présent les témoignages du public après le concert à Munich. Les gens affirmaient que les Stones n'avaient pas changé, qu'ils étaient indestructibles.

Markatović et moi étions détruits. Ayant grandi dans l'un de ces étranges systèmes est-européens, nous avions placé trop d'espoir dans le rock'n'roll. Nous avions vécu sur cette thérapie pendant des années. Nous espérions. Nous pensions : il faut juste que les choses se tassent un peu, et nous allons tous devenir Keith Richards.

Ils continuaient à passer des déclarations du public entre les chansons. Les gens idéalisaient les Stones.

"Hillary Clinton non plus n'est pas mal, dans le genre ! ai-je dit.

— Et ce petit Eminem, a dit Markatović. J'ai vu un film sur lui... Le mec a grandi dans une caravane, et il était vraiment dans la merde. Genre, il rappait dans des trous à rats. Mais ensuite, il a enregistré un album, vendu plusieurs millions d'exemplaires, et il est devenu richissime ! Et qu'est-ce qu'il va bien pouvoir faire sur l'album suivant ? Tu piges, maintenant, il va devoir rester rebelle et avoir la même tronche pendant cinquante ans.

— Ouais, ai-je dit. Il va devoir prendre pas mal de drogue pour pas qu'ils le captent."

Markatović a continué à développer son idée : "D'abord, t'es dans la merde parce que t'es dans la merde, et ensuite, t'es dans la merde parce que t'es plus dans la merde. C'est ça, la vie de rocker.

— Tu ne peux ni avancer, ni reculer.

— T'as pas le droit de te ranger ! s'est exclamé Markatović.

— Ben pourquoi est-ce que tu te rangerais ?

— Qu'est-ce que j'en sais, c'est comme ça. Tu te ranges. Et c'est là que les problèmes commencent."

Nous avons éclaté de rire.

Les Stones jouaient, indestructibles.

Je regardais Markatović prendre un rail de coke en essayant de formuler une question : "Toi, t'as vraiment voulu te ranger, ou...

— Pardon ?!

— Genre, moi, je voulais me ranger. Mais l'autre crétin en Irak m'a complètement saboté.

— Hé, je me suis marié, j'ai acheté un appart, j'ai fait des gosses... T'en es où par rapport à ça ?

— OK, ai-je concédé. Tu as pris de l'avance...

— Et tu me demandes si je voulais me ranger. Mais putain ! Bien entendu que je voulais me ranger !

— Mais tu voulais aussi rester un rocker, genre...

— Tu parles. Mec, je porte une cravate toute la journée. Je n'ai pas l'ambition d'être quoi que ce soit, tu piges, mais... Je pense que je suis encore plus fou qu'Iggy Pop. Il va à la salle de sport... Les Red Hot Chili Peppers vont à la salle de sport. Eh, et ben pas moi !" Markatović s'est redressé avec défi.

"Moi aussi, j'y allais, quand je n'avais pas encore de salle de bains...", ai-je dit. Markatović m'a lancé un regard interrogateur, et j'ai ajouté : "À la salle de sport. Je m'étais inscrit pour pouvoir me doucher.

— Hé, et ben pas moi !" s'est-il fièrement rengorgé, sans cacher son début de ventre à bière.

Maintenant, lui aussi, il avait l'air rebelle. Dans un autre genre que Keith Richards, mais quand même... Dieu sait ce que signifie être rebelle aujourd'hui, ai-je pensé.

Markatović s'était perdu dans ses pensées, comme s'il calculait quelque chose dans sa tête.

"Moi aussi, je vais bientôt plus avoir de salle de bains", a-t-il conclu. Parce qu'il avait acheté les actions RIBN-R-A à 410... Et aujourd'hui, le cours était tombé à 51, m'a-t-il informé pour la Dieu sait combientième fois.

"Huit fois moins !" a-t-il gémi.

C'était moche de dire ça, mais je me sentais mieux à côté de Markatović. Toute cette histoire avec Boris ne lui semblait pas si terrible que ça. Il était le seul à ne pas m'assommer de questions sur comment j'avais pu laisser ça arriver, il était le seul à ne s'étonner de rien, sans doute parce qu'il était lui-même dans la merde. J'avais le sentiment que nous étions du même côté.

Je me suis donc mis à essayer de convaincre Markatović que tout allait s'arranger, qu'il allait s'en sortir, qu'il faisait bien d'attendre, que l'État allait intervenir tôt ou tard, que les choses allaient rentrer dans l'ordre, qu'il fallait juste être patient, inspirer profondément et retenir sa respiration… Je m'efforçais d'être le plus convaincant possible.

"Je ne sais pas, j'ai l'impression que je devrais vendre, prendre le huitième de ma thune et acheter un billet pour Tenerife…"

Il me semblait que ce n'était vraiment pas une bonne idée. Par ailleurs, si Markatović partait, je resterais complètement seul dans ma merde. Je lui ai dit d'attendre, que les choses allaient évoluer dans le bon sens.

Je me suis tellement investi que je suis devenu convaincu de ce que je racontais, mais Markatović continuait à secouer mélancoliquement la tête.

"C'est différent quand c'est ton fric qui est engagé, a-t-il dit. Quand c'est ta peau qui est en jeu… Alors, tu n'es pas si convaincu que ça."

Je ne sais pas comment on en est arrivés à ce que je doive constamment le convaincre. Je veux dire, c'est ce qu'il attend de moi depuis le début, mais pourquoi est-ce que maintenant, il s'inscrit si fermement en faux ?!

À présent, je dois être encore *plus convaincant*. C'est comme ça que ça marche. Quelqu'un t'attribue un rôle, et tu te mets à t'y tenir. Tu oublies comment ça a commencé. Tu deviens le défenseur d'une idée. Tout dépend du cas. Ce que tu racontes est complètement aléatoire.

Dans d'autres circonstances, j'aurais dit le contraire, mais là, j'ai affirmé : "Mais mec, dès demain, la banque Ri remonte ! L'État *doit* intervenir ! C'est clair comme de l'eau de roche ! Il faut juste ne pas se laisser aveugler par la peur."

À dire vrai, si je ne m'étais pas retrouvé embarqué dans cette histoire avec Markatović, je n'aurais jamais affirmé que les choses allaient s'arranger avec ces actions. Je me suis laissé emporter, comme avec une chanson.

"C'est bon, c'est bon, tu m'as consolé", a dit Markatović.

J'ai repris un rail de coke.

"La vie, c'est comme une chanson…", je dis à Markatović en sniffant vigoureusement. Et j'ajoute : "La chanson *crée* les sentiments ! La langue est autonome !

— Pardon ?

— Il faut avoir des couilles, de la passion !" je dis.

Mon nez a tressailli.

5. CINQUIÈME JOUR

Je me suis réveillé… Surpris… En position assise, sur le canapé de Markatović, devant la télévision qui passait une émission pour enfants. Deux psychologues parlaient du bien et du mal avec des gosses.

"Le mal… Le mal c'est quand quelqu'un fait un château de sable, et que tu viens et que tu lui détruis", dit un petit garçon.

J'étais vraiment surpris.

Mais je n'avais pas de temps pour l'étonnement. Bouche sèche, jambes crispées, mal de tête – c'était ça le plus urgent.

Sur la table basse trônait une décharge de déchets nicotino-alcoolisés. Manifestement, nous avions nettoyé la drogue.

J'ai appuyé mes coudes sur mes genoux, posé la tête entre mes mains, m'efforçant d'être sage après la bataille. *Ouh là là, j'avais vraiment pas besoin de ça*, me suis-je reproché dans un dialogue interne – à l'adresse de quelqu'un qui était censé le retenir et en tirer une leçon.

J'ai essayé d'atteindre les parties endommagées de ma mémoire et de me rappeler… Je n'arrive pas à me rappeler mes rêves.

Il paraît qu'il faut se raconter son rêve dès le réveil, le mettre en mots, sinon, il se volatilise. J'avais sans doute fait un rêve informatique, je me souvenais d'un *password*… Et c'est tout.

J'ai levé la tête.

Un petit oiseau sautillait sur la rambarde du balcon. Il ne chantait pas.

Les enfants parlent du bien et du mal, ils comprennent la différence, dans l'émission du matin… Dans celle du soir, me suis-je fait la réflexion, tout semble plus compliqué. Le soir, ils n'arrivent pas à se mettre d'accord sur s'il faut oui ou non tuer les pépés et les mémés sur lesquels tu tombes en libérant un village.

Je me suis levé et me suis mis à inspecter les étagères de Markatović, à ouvrir les tiroirs, à regarder dans les soucoupes décoratives pleines de tout et n'importe quoi, jusqu'à ce que je trouve un célèbre cachet et l'avale.

Je regarde mon portable : 11 h 21.

Et un SMS de Sanja : *Manifestement, ça a dégénéré. Prends tout ton temps. Appelle-moi quand tu es réveillé. Bisous.*

Je l'ai appelée pour lui dire que tout allait bien, à part que j'avais mal à la tête et… Et c'est tout.

"Allez, prends un cachet, fais-toi un café… T'as beaucoup de boulot aujourd'hui ?

— Je n'ai pas de boulot. Heu… je me suis fait virer.

— Sans blague ?

— J'ai été éjecté, je dis.

— Tu t'es vraiment fait virer ?

— Hmhm. Vrai de vrai.

— Quand ?

— Hier soir, après l'émission.

— Ben pourquoi tu ne m'as rien dit ? m'a-t-elle demandé comme si j'avais enfreint une règle.

— Je ne sais pas. Tu étais en pleine représentation, et après… Que je te l'aie dit hier ou aujourd'hui, ça revient au même.

— Et qu'est-ce que tu vas faire maintenant ? a-t-elle demandé.

— Je ne sais pas… Je vais voir. Je ne sais pas. Désolé.

— Hé, tu n'as pas à t'excuser… C'est pour toi que c'est difficile.

— Oui, tu as raison… Désolé, c'est sorti tout seul."

J'avais de nouveau dit ce désolé, même si je ne devais pas. Mais j'avais le sentiment d'avoir trahi sa confiance.

Il y avait sans doute, quelque part dans l'aura de notre relation, des choses qu'on attendait de moi. Je pense qu'on partait du principe que j'allais progresser, et pas régresser. L'amour est plein de promesses, et j'en avais sans doute fait. Je pense qu'il n'avait jamais été prévu qu'elle devienne une star, et moi une antistar.

"Désolé, ai-je répété inutilement.

— Et merde... et merde... répétait-elle. Je suis désolée... Je ne sais pas quoi... Je viens d'arriver au théâtre...", a-t-elle dit. Puis, comme si elle avait fait un plus un, elle a ajouté : "Rentre à la maison. Ne continue pas à boire...

— Ne t'inquiète pas. Mais je ne sais pas trop. Qu'est-ce que je pourrais bien faire à la maison ? Je vais voir.

— Ne te remets pas à boire, OK ?

— OK. Calme-toi. Tout est sous contrôle."

Je raconte vraiment n'importe quoi, me suis-je dit en raccrochant. Mais de quel contrôle je parle ?

Je me suis fait un café turc et je suis sorti sur le balcon, me suis assis sur le fauteuil en rotin.

Une belle journée, vue sur la verdure et la ville dans le lointain. Markatović s'était vraiment bien installé. L'air pur. En contrebas glisse un petit tramway bleu. Les gens vont quelque part.

Je n'avais pas la moindre idée de quoi faire maintenant... Où aller ? La journée s'étirait devant moi telle une énorme énigme.

Continuer à boire ? Rentrer à la maison ? Aller en ville ? Me promener ?

Peut-être aller au zoo ? Emmener Markatović, et aller regarder les éléphants ?

C'est ça, ce qu'ils veulent dire quand ils parlent du chômage, ai-je pensé.

Je suis allé voir ce qu'il en était de Markatović. J'ai ouvert la porte de la chambre. Il était couché dans son lit conjugal, en diagonale. Il a cligné des yeux.

"Rendors-toi", ai-je dit en fermant la porte.

Malgré tout, j'espérais l'avoir réveillé. Juste histoire d'avoir de la compagnie.

Je suis retourné au salon.

Puis mon portable a sonné. Numéro inconnu. Le public ne m'avait pas oublié. Une journaliste : elle a demandé si c'était bien avec moi qu'elle parlait.

"J'espère", ai-je dit. Elle a une longue question, perfidement flatteuse (« … vous, en tant que professionnel reconnu qui vous êtes retrouvé sous le feu des projecteurs par un concours de circonstances… »), au sujet de si je me sens oui ou non responsable du destin de mon collaborateur et cousin.

"Oui, c'est ma faute, je dis.

— D'accord…" Elle s'est tue. Je vois bien, elle pensait qu'elle allait devoir me faire la morale et utiliser une rhétorique piégeuse pour obtenir ce qu'elle avait prévu, et voilà, en une minute, c'était plié. Maintenant, elle pouvait aller prendre un café.

"Merci beaucoup", a-t-elle dit.

À présent, Markatović aussi avait ouvert la porte, et passé la tête dans l'embrasure. J'ignore pourquoi une telle prudence. Ça lui était sans doute resté de la vie de couple.

"Je ne vais rien te lancer à la tête", ai-je dit. Il est entré.

Il a le regard d'un bébé animal qui vient à peine d'ouvrir les yeux. Et aussi la démarche.

Il me regarde comme s'il essayait de se souvenir de moi.

"Et merde, dit-il.

— C'est la vie", je réponds.

Puis il me demande : "Il y a du café ?

— Oui."

Il s'est traîné jusqu'à la table basse, s'est assis dans le fauteuil en cuir.

Il aspire son café, nous échangeons des phrases à moitié finies, nous nous lamentons mollement sur nos gueules de bois respectives. Il a, dit-il, fait une sorte de cauchemar. Dijana et les jumeaux le poursuivaient, chacune au volant de son rouleau compresseur, dans le parking incroyablement grand d'une galerie commerciale dont il essayait d'atteindre l'entrée, mais elle se dérobait sans cesse…

"Félicitations, ai-je dit. J'ai rêvé que je trafiquais un truc sur internet, des mots de passe, pour le reste, j'ai tout oublié."

Markatović s'est plongé dans les tréfonds de ses souvenirs embrumés. Il a secoué la tête.

"Tu n'as pas rêvé, dit-il.

— Comment tu le sais ?

— En réalité, je ne sais pas... Peut-être que tu en as rêvé aussi après. Mais, heu, la nuit dernière, tu as bien été sur internet et tapé des mots de passe... Tu as passé un ordre de Bourse, tu ne te souviens pas ?

— C'est pas vrai ! me suis-je écrié, terrifié.

— Ben, t'as passé un ordre d'achat pour des actions Ri !"

Il m'a considéré en haussant les sourcils. "J'ai essayé de t'en empêcher..."

Je le regardais fixement.

Il a répété : "Tu ne te souviens pas ?"

Je suis allé à l'ordinateur. L'ai allumé. J'ai regardé mon portable : 12 h 40. La Bourse ouvrait à dix heures. Ça dépendait du prix que j'avais proposé ; l'ordre n'était peut-être pas encore passé.

"Je croyais que j'avais rêvé, ai-je dit.

— Et merde, j'ai essayé de t'en empêcher, mais tu ne voulais rien entendre, tu avais décidé, impossible de t'en faire démordre, s'est défendu Markatović. Tu étais tellement sûr de toi qu'à la fin, je me suis dit que tu avais des infos."

Les fenêtres apparaissaient lentement. La connexion ramait. J'allume une cigarette. Je vais sur le site de ma société de courtage. J'entre mes mots de passe. Mon portefeuille s'ouvre.

Et merde : ordre exécuté !

Envolé, mon apport ! J'avais acheté trois mille actions d'une banque en faillite ! Les voilà dans mon portefeuille !

Ouh. Putain de confiance en soi cocaïnée ! Trois mille actions !

À 50,50 kunas.

J'avais quand même, à ce que je vois, offert légèrement moins que le cours final de la veille, mais cette merde était passée !… Naturellement ! C'était pas exactement la ruée. J'avais acheté 151 500 kunas de ces bouts de papier ! Quinze briques ! Tu peux dire adieu à l'appart, résonne une voix dans ma tête… Je regardais mon portefeuille. Depuis ce matin, RIBN-R-A était déjà tombée à 43,30. Pendant que je dormais sur ce putain de canapé, j'avais perdu, combien ? Je calcule… Voilà : 21 600 kunas.

J'ai posé ma tête entre mes mains. *Comment est-ce possible ?* m'accusais-je, dans un dialogue interne, à l'adresse de quelqu'un que je jugeais responsable.

Je ne pouvais plus me reposer que sur moi, me suis-je dit. Mais je ne pouvais même plus me faire confiance… La peur m'a envahi. Était-il possible de se faire confiance à soi-même, me suis-je demandé. Quel type d'action était-ce ? Qui était celui qui croyait ?

Je devais faire cesser ces réflexions.

Je regarde Markatović. Tout est sa faute, me suis-je dit. Il porte vraiment la poisse… C'est ça. La lose, c'est contagieux, je l'ai toujours su. J'aurais dû faire attention à mes fréquentations ! Putain de merde, pourquoi est-ce que je ne fréquentais pas les jeunes cadres dynamiques des publicités ?! Il y en avait plein la télé ; comment avaient-ils pu disparaître de mon champ de vision ?

Il n'y a que Markatović, ce bon vieux perdant, qui me regarde en clignant des yeux.

"C'est ta faute ! ai-je dit. Tu as tellement chouiné au sujet de la banque Ri, tu m'as poussé à te consoler…

— Mais c'est pas vrai, mec ! Hier encore, je te disais…

— Mais moi, je te disais *le contraire* ! ai-je crié. Pour te *prouver* que tout allait s'arranger.

— Ben pourquoi ?

— Tu *voulais* que je te dise ça. Ça fait des jours que tu me pousses à t'encourager. Tu chouines, et je dois être l'optimiste de service !

— Mais putain, c'est pas une raison…

— Ah oui ?! Tu parles, que c'est pas une raison ! Je me suis mis à affirmer que tout allait s'arranger avec la banque Ri, je me suis mis dans le trip et… et à la fin, j'ai acheté cette merde ! Ah, maudite soit la cocaïne et celui qui nous l'a donnée !"

J'ai juré pendant une dizaine de minutes, faisant rageusement les cent pas d'un mur à l'autre, et Markatović, à moitié endormi, me regardait depuis le fauteuil, haussait les sourcils, gonflait les joues et se passait les doigts dans les cheveux.

Je poussais des gémissements et disais des trucs du genre : "Mais bordel, pourquoi est-ce que tu m'as forcé à te dire que tout allait s'arranger ?! Et voilà le résultat ! T'es content, maintenant, t'es convaincu ? Je n'aurais jamais eu l'idée d'acheter ça sans toutes tes histoires ! Jamais, putain, jamais !

— Merde, mec, je t'ai dit de pas le faire…"

J'ai fixé le plafond en levant les mains : "Mais pourquoi est-ce qu'il fallait que je tombe sur toi, putain de bordel de merde !"

Sur ce, il s'est levé, a baissé la tête et m'a regardé par en dessous comme un taureau : "Hé, bordel, c'est ce que Dijana me répète à longueur de journée." Les veines de son cou s'étaient gonflées, sa voix grinçait d'amertume. "Et un jour, elle me quitte. Et… Et tout de suite, j'ai un pote qui vient, il dort chez moi, il se lève… Et… Et il reprend là où elle s'était arrêtée ! Mais, mais c'est quoi ce truc ?! Mais… Mais je vais tous vous rayer de ma vie, et vous pouvez tous aller vous faire foutre !!! Tu piges ?!"

Il se tenait dans son pyjama bleu, la marque de l'oreiller dans les cheveux, tel un boxeur laminé, la garde ouverte.

"OK, ai-je dit. Je me casse !"

Je suis sorti de cette immonde baraque, dans cette putain de verdure, et suis arrivé sur ce parking pourri.

Je me suis assis dans ma voiture.

Je suis resté assis, à regarder le mur devant lequel j'étais garé.

...

La ville respirait sous le soleil de midi.

Elle se laissait paraître plus vivante que ce qu'elle n'était.

Elle s'efforçait d'avoir l'air européenne. Elle portait les dernières fringues à la mode, des étiquettes de prix. Elle voulait être belle, derrière ses lunettes de soleil, pour son café en terrasse. Elle avait été conçue par des filles d'agences de marketing, des communicants branchés et des porte-parole au chômage, diverses variantes de Markatović, des éditeurs qui oubliaient lentement mais sûrement Krleža*, des scénaristes d'une sitcom locale... Elle était pleine de projets et de futurs rebondissements.

J'ai commencé par chercher les journaux du jour.

Le *Quotidien* du GEP se vendait comme des petits pains. J'ai dû faire trois kiosques avant d'en trouver un.

Tu m'étonnes que ça marchait bien, avec ce titre sensationnaliste en une : LE DESTIN DU JOURNALISTE CROATE : AL-QAÏDA SE TAIT. En dessous, une photo de Boris avec le sous-titre : "Boris Galeka, dont les employeurs avaient caché la disparition, a été vu pour la dernière fois il y a six jours à Bagdad."

Le spectacle continuait, donc. Comment avaient-ils bien pu trouver un lien avec Al-Qaïda ?

Debout devant le kiosque, j'ai ouvert le *Quotidien* à la deuxième page. En bas à droite, le long du texte principal, il y avait un petit encadré intitulé : "AFFAIRE DE FAMILLE". Il était écrit que Boris avait été envoyé en Irak par un journaliste du PEG qui était également son cousin, "ce qui en dit long sur la manière dont fonctionne ce groupe de presse". Ils ne me mentionnaient pas par mon nom, mais plus comme une sorte de métaphore de la perversion : manifestement, mes cinq minutes de gloire étaient passées. Milka jouissait d'un

---

* Miroslav Krleža (1893-1981) : grand écrivain, classique de la littérature croate.

meilleur traitement : une photo, et un petit panégyrique à sa combativité : "La mère qui a tenu tête à un grand groupe de presse", précisait la légende de la photo.

J'ai pris tout ça plutôt calmement, comme quand le dentiste te trifouille la bouche après t'avoir anesthésié. J'ai soupiré et levé la tête : les façades, les fenêtres, les publicités sur les murs… Tout semblait engourdi.

Je me suis assis en terrasse du café chic de la place, au milieu des petites vieilles aux coiffures scintillantes qui se prenaient pour des vestiges de l'Empire habsbourgeois. Je ne voulais pas entrer dans des cafés où j'aurais pu croiser une connaissance. J'ai mis mes lunettes de soleil. À partir de maintenant, j'étais condamné à me camoufler au milieu des petites mémés et des restes des anciens régimes, ai-je pensé.

On m'a servi un macchiato avec un carré de chocolat.

J'ai lu le journal, pour voir comment Al-Qaïda se taisait au sujet du destin du journaliste croate. Manifestement, ils avaient commencé par pondre le titre, et ensuite seulement le papier. Ça crevait les yeux, ils voulaient à tout prix Al-Qaïda en une, et ils avaient eu une idée : ils avaient envoyé des questions sur Boris à certains sites censément liés à Al-Qaïda. Et ils n'avaient pas eu de réponse. Et donc : Al-Qaïda *se tait*.

J'ai lu ce papier la bouche tordue, le genre de sourire qu'on peut produire à une blague de dentiste. C'était une manœuvre largement répandue dans la presse libre postcommuniste. Tu dois baser ton texte sur une prémisse erronée, que tu ne remets absolument pas en question, et ensuite, toutes tes élucubrations ont l'air logiques. Le texte sur Boris et Al-Qaïda reposait sur une prémisse manifestement erronée : il ne remettait jamais en question l'importance mondiale de mon cousin. La clique du GEP se comportait comme s'il était de notoriété publique que Boris était un individu de stature internationale. Visiblement, on s'attendait à ce qu'Oussama Ben Laden sorte de sa grotte et s'adresse au monde entier à cause de mon cousin.

Mais les types du GEP n'étaient pas si naïfs que ça – ils ne faisaient que donner au lectorat l'illusion qu'il voulait. Boris était devenu notre ambassadeur national dans le spectacle mondial, et nous souhaitions qu'il ait l'air important, afin que nous ayons l'air important. Les types du GEP jouaient avec l'image narcissique de notre nation, ils nourrissaient notre désir de faire partie de la scène internationale, ne serait-ce qu'en tant que cible imaginaire d'Al-Qaïda. Nous voulions que le monde fasse attention à nous, ou du moins, nous voulions nous voir nous-mêmes comme les héros de l'histoire – comme si c'était Ićo Caméra qui était aux commandes !

Et merde, c'est lui que j'aurais dû envoyer en Irak, me suis-je dit. C'est lui, notre digne représentant. Il aurait joué des coudes jusque devant les caméras de CNN. Il aurait au moins fait un signe de la main. Que dis-je, il serait même entré en contact avec Al-Qaïda – si besoin, il les aurait payés pour qu'ils le prennent en otage. Il ne nous aurait pas fait faux bond.

Et Boris ? J'avais peur des idées qui me passaient par la tête. Et si le cousin s'était procuré de cette héroïne produite par les talibans afghans ? Et si on finissait par le retrouver mort d'overdose dans une salle de bains de Bagdad ?

Mieux valait ne pas y penser. Le mieux à faire, pour l'instant, c'était de me taire comme Al-Qaïda et de lire ce journal en buvant mon café, en terrasse, incognito, comme tout le monde. J'ai regardé autour de moi : le journal était sur toutes les tables. LE DESTIN DU JOURNALISTE CROATE : AL-QAÏDA SE TAIT, ça criait de partout.

Le public achetait ces insanités. Cette boursouflure de notre propre importance en imposait au peuple, elle lui donnait un sentiment de dignité. Ça se reproduisait sans cesse. Dans un petit pays, presque tous les titres sont boursouflés. C'était sans doute cette boursouflure qui nous maintenait en vie. Dans tous les cas, tous les journaux auraient fait faillite s'ils avaient été réalistes. Alors que là, tu devais faire trois kiosques pour en trouver. Les types du GEP connaissaient leur métier. Techniquement, ils ne mentaient pas : Al-Qaïda se tait...

Quand tu regardes trop longtemps ce titre absurde, ça finit par te paralyser.

Je contemple ces journaux sur les tables et j'essaie de me prémunir de la prise de conscience qu'en réalité, c'est moi qui ai produit tout ça. Ça semble impossible, mais c'est si manifeste que je ne peux le contester.

Manifestement, je suis personnellement au centre de la folie. Je suis fondamentalement impliqué dans une inextricable bêtise, c'est manifeste.

À dire vrai – j'essaie d'être honnête avec moi-même –, ça fait déjà longtemps que j'ai ce sentiment. Je vis avec et j'essaie de le refouler, mais... Ça fait déjà longtemps que c'est comme ça. Quand tu regardes chaque jour des unes délirantes, tu n'arrives plus à réfléchir à rien, me suis-je dit. Tu deviens ça. Tu es dedans. Des titres stupides, des débats moraux amoraux, des fous au journal du soir, un peuple avide de mensonges, des gens en quête d'événements, qui les commentent dès le petit matin, la foule qui titube gavée de tous ces mots, le talk-show généralisé, les frustrations qui se changent en sens moral, les unes délirantes... Chaque jour, depuis des années, tout cet absurde se sédimente dans la langue dans laquelle je pense. Avec le temps, tout s'établit sur des prémisses erronées. Il est difficile de s'exprimer quand quelque chose de complètement faux devient de notoriété publique. Le principe dont on part est complètement faux, si bien que tu ne peux plus rien dire sur quoi que ce soit. Tout part immédiatement dans la mauvaise direction. Dès que tu essaies de dire quelque chose, tu le ressens tout de suite. Tu vois que ça part de travers. Toute la langue est tordue. La bêtise et le mensonge l'ont investie, ils l'organisent, attribuent les significations. C'est leur langue.

Je suis parfaitement conscient que mon histoire est impossible à comprendre, elle est pleine de bêtise et de folie, depuis le début, depuis avant le début. Mais j'ai accepté les règles du jeu. J'ai répondu au téléphone. J'ai joué mon rôle. J'ai participé à cette langue, et elle me ramène à elle, où je me débats en essayant… Mon histoire est impossible à comprendre, parce qu'elle s'est passée dans cette langue ; j'en suis parfaitement conscient, mais ça m'empêche horriblement. Ça m'empêche quand je parle, ça m'empêche quand je pense, ça m'empêche d'exister.

J'ai regardé alentour : cette place baignée de lumière, le cavalier au sabre dressé, tous ces gens qui vont quelque part, tous ces gens qui disent quelque chose.

Ça n'a pas de sens.

…

Une petite vieille à la table voisine m'observait avec attention, en clignant des yeux.

Elle avait certainement regardé la télévision la veille, et maintenant, mon visage lui semblait familier, elle ne savait pas d'où, me suis-je dit. Visiblement, elle était en train de fouiller dans sa mémoire qui était, par bonheur, surchargée. Malgré tout, à un moment, j'ai eu peur qu'elle me reconnaisse.

Puis je me suis dit : reconnaître – qui ? Mon image s'était désintégrée en une journée. Je m'étonne moi-même d'être encore capable de me représenter.

J'ai gigoté sur ma chaise.

Le regard de cette petite vieille me transperçait, comme si j'étais sous un trou dans la couche d'ozone. C'est ça, quand tu perds ton image – elle est ton aura sociale, ta couche protectrice… Fini. Les rayons ultraviolets passent sans rencontrer de résistance. Et en plus, j'étais bronzé aux UV comme une jet-setteuse.

Je me suis souvenu de la manière dont, l'avant-veille, Sanja avait scruté son interview. Ta propre image dans les médias te surprend. Ils te coincent dans une case, te refagotent et te donnent une signification. Ça, pour ce qui est d'être coincé et rhabillé pour l'hiver, j'étais servi. Un relooking complet. Milka, ma mère, Boris et la clique du GEP – ils avaient pris ma vie en main. Quel sentiment étrange : mon personnage échappait complètement à mon contrôle. Je ne me reconnaissais plus. Mais ça n'avait aucune importance. Les autres étaient là pour me reconnaître. C'est comme ça depuis toujours, me suis-je dit, les autres me reconnaissent, et ce que je pense de moi, c'est juste une vue de mon esprit. Ce n'est même pas une vue de l'esprit. Plutôt un vague sentiment.

J'ai sorti mon portable de ma poche et appelé Sanja. Je voulais qu'elle me convainque que j'étais encore moi, qu'elle me réunisse avec moi-même. J'imagine qu'elle communiquait encore avec le vieux Tin. Son impression était importante pour moi.

Elle a décroché. Les répliques liminaires standard, mais tous ces *comment ça va – ça va* ne sonnent pas convaincant. Elle le sent. Et elle essaie de trouver un sujet d'optimisme.

"Hé, on pourrait aller visiter cet appart aujourd'hui ! a-t-elle dit avec un entrain inhabituel, si bien que je me suis dit qu'elle jouait la comédie.

— Je l'ai déjà visité, ai-je dit.

— Ah bon ? Alors, il est comment ?

— Ben… C'est pas un appart pour nous."

Il me semblait qu'il était trop tôt pour révéler que j'avais claqué mon fric en actions.

"Il est mal fichu ?

— Il est trop cher", j'ai fait mien le texte du petit peuple. "Ces prix sont complètement fous. Je ne sais pas où ça va. Je ne vois pas la moindre logique économique là-dedans.

— Je sais, mais…

— Écoute, je ne sais même pas si c'est le bon moment…

— Pfff, je ne sais pas non plus, a-t-elle dit comme si elle avait épuisé toutes ses ressources. On en parlera quand on sera à la maison." Elle s'est tue un petit moment, mais comme je ne disais rien, elle a repris : "Mais ça serait peut-être pas mal que tu continues à regarder, essaie de te concentrer sur ça, maintenant que tu as du temps…

— Mais de toute façon, maintenant, je ne pourrai jamais décrocher un crédit, tu comprends ça ?

— Écoute, a-t-elle dit sur le ton de la confidence, peut-être que bientôt, moi, je pourrai en décrocher un. Ils vont peut-être me proposer un CDI. Ils me l'ont annoncé aujourd'hui. Peut-être dès le mois prochain.

— Ah oui ? ai-je dit. Super…

— Ça n'a pas l'air de te réjouir, a-t-elle fait remarquer.

— Mais si, bien sûr, me suis-je repris. C'est juste que… il se passe tellement de choses… Je n'arrive pas à tout assimiler.

— Oui… a-t-elle confirmé, pensive. Tu as vu la critique dans le *Quotidien* d'aujourd'hui ?

— Il y a quelque chose ?

— Oui, a-t-elle dit comme si elle était gênée vis-à-vis de moi. Ils me complimentent.

— Ah, super, je vais regarder ça.

— Il y a aussi un truc sur Boris, a-t-elle prudemment ajouté.

— Je viens d'acheter le *Quotidien*, mais je n'ai pas encore eu le temps de le lire, ai-je menti.

— Écoute, lis, mais essaie de ne pas le prendre personnellement. Regarde plutôt les petites annonces immobilières, pense à quelque chose de positif. Je sais que tu te sens terriblement mal à cause de cette histoire, mais essaie de prendre du recul, a-t-elle dit sur un ton mi-compréhensif, mi-réprimande. Et reste positif. Je t'en supplie.

— Promis", ai-je dit.

Je me sentais coupable vis-à-vis d'elle. Peut-être parce qu'elle n'avait pas dit : *Mais qu'est-ce qui m'a pris de me mettre avec toi ?* Elle n'avait pas dit : *Tout le monde se fout de ta gueule… Tu – tu n'es même pas un vrai méchant, mais une caricature médiatique… Le type qui a paumé son cousin en Irak et perdu un duel télévisé avec sa propre tante…* Que je le veuille ou non, dans ma tête se succédaient des images de gens blaguant à mon sujet autour d'un café, rebondissant à coups de répliques cinglantes. Je savais qu'immanquablement, ces voix lui arrivaient. Elle n'avait pas fait la moindre allusion à ce sujet, mais plus elle était compréhensive, plus ma culpabilité était grande ; elle se mêlait à des pressentiments dépressifs : je me sentais perdre ma place dans notre relation. J'avais adopté le ton du perdant, pendant toute cette discussion. Je sentais qu'elle avait surjoué cet intérêt pour l'appartement, qu'elle avait voulu me faire plaisir par pitié.

J'ai rouvert le *Quotidien*, et suis arrivé à la page culture. La pièce *Fille Courage et ses enfants* avait droit à un article d'une taille respectable, sous le titre "Striptease punk". La critique s'efforçait de percer à jour la signification de la pièce, dissertait sur le rôle du rock à l'Est et à l'Ouest... Ingo avait situé son groupe de rock sur cette sorte de "front de l'est", si bien que le thème s'imposait de lui-même. Dans les conflits entre l'Est et l'Ouest, écrivait la critique, la position du rock avait d'emblée été paradoxale. Même si le rock avait, en Occident, explosé dans les années 1960 comme une révolte contre le système, souvent ouvertement de gauche, le rock était, dans sa relation à l'Est communiste, l'arme de l'Occident. Le rock était l'essence de l'Occident, la culture de la liberté – c'est ainsi que l'avaient toujours perçu les jeunes de l'Est, et le rock avait joué un rôle certain dans la chute du communisme. Un Américain, écrivait-elle, trouverait sans doute étrange qu'en 1995, à Vilnius, en Lituanie, les fans de Frank Zappa se soient battus pour lui ériger un monument, de 4,2 mètres de haut, réalisé par le sculpteur Konstantinas Bogdanas, qui avait en 1979, à l'occasion du 400ᵉ anniversaire de l'université de Vilnius, également réalisé une statue on ne peut plus sérieuse de Lénine.

La critique, cependant, n'était pas certaine d'avoir bien compris si la mise en scène d'Ingo faisait référence au rôle du rock pendant la guerre froide, ou aux conflits actuels entre l'Est et l'Ouest : Ingo tournait peut-être en ridicule la thèse d'Huntington sur le "choc des civilisations"? L'un et l'autre étaient peut-être vrais ? La critique vantait la pièce pour "la complexité et la multiplicité de ses significations", précisant qu'Ingo Grinschgl – car il "n'avait pas l'air très informé à ce sujet" – n'avait sans doute pas eu à l'esprit les conflits Est-Ouest ex-yougoslaves, ou les oppositions culturelles telles que rock-turbofolk, urbain-non urbain, occidental-balkanique, croate-serbe – étaient utilisées à tour de bras dans le contexte politico-culturel, selon les besoins de chacun, en temps de paix comme en temps de guerre…

C'est bon, me suis-je dit… La critique avait bien fait ses devoirs, ça devait être une de ces petites nouvelles, mais – allez, dis-moi ce que tu as pensé du jeu de Sanja.

J'ai sauté une partie de l'article, jusqu'à un passage où j'ai aperçu le nom de Sanja. "Cette ex-membre du regretté collectif Zéro" avait joué, écrivait la critique, "avec beaucoup d'instinct, créant un personnage au charisme fascinant, puissant et féminin"… Jerman et Doc s'en sortaient un peu moins bien, mais ils s'en sortaient.

Un bon papier, me suis-je fait la réflexion, à l'opposé complet de la une.

Mon portable a sonné. Silva.

Elle dit : "J'ai appris que tu avais été viré. Je suis désolée."

Je n'avais pas envie qu'elle aussi me prenne en pitié. Je me suis éclairci la voix et j'ai dit : "Que veux-tu. Je ne suis ni le premier, ni le dernier. La mondialisation génère certains processus déterminés. Tout est lié, aujourd'hui. Quelqu'un merde en Irak, et c'est moi qui paie les pots cassés ici.

— Et tu prends ça à la rigolade ?

— Qu'est-ce que je peux bien faire d'autre ? Maintenant que je suis au chômage." Je jouais au mec cool, et je me suis un peu affalé sur ma chaise, sous le soleil printanier, devant le café de la place.

"Tu sais que Pero aussi s'est fait virer ? Ce matin. Le boss a pété les plombs. Vous avez vraiment merdé hier, a-t-elle dit.

— Sans blague ? Pero le Chef s'est fait jarter ?

— Hé, il n'est plus le Chef, juste Pero."

J'ai ri. "Et merde, il venait à peine de se mettre dedans, d'entrer dans le personnage... Et ils le lui reprennent." Je me sentais soudain mieux, et j'ai continué : "Moi, je ne me suis jamais vraiment fait au rôle de journaliste économique. Mais pour Pero, c'est autre chose. Son cas est bien plus grave."

Je m'étonnais moi-même de comment je parlais avec Silva. Toute ma déprime semblait s'être évaporée. Est-ce que je flirtais avec elle ? Je me suis dit que je n'arrivais pas à parler de cette manière avec Sanja, ni de Pero, ni de n'importe quoi d'autre. Je n'arrivais pas à jouer le mec décalé que toute cette merde n'atteignait pas. Comme si j'avais l'obligation d'être déprimé. Je me suis dit que certains sentiments *venaient* d'une certaine relation, et qu'en dehors, ils n'existaient pour ainsi dire pas – avec Sanja, j'étais dépressif, parce que je l'avais déçue, alors que je ne devais rien à Silva...

"Mais qu'est-ce qui te fait rire là-dedans ! C'est tragique, pas drôle, a repris Silva. Et ton cousin, là... Excuse-moi, mais je me suis pissée dessus en apprenant que c'était ton cousin.

— C'est tragique, pas drôle.

— Certes. À ton avis, qu'est-ce qu'il est devenu ?

— Qu'est-ce que j'en sais." Mon sens de l'humour m'a à nouveau fait défaut, car j'étais prisonnier, enchaîné à Boris.

Ils n'arrêtent pas de me poser des questions sur lui, ça ne va jamais s'arrêter, et je vais devoir éternellement feindre l'inquiétude, reconnaître ma faute, prendre un ton déprimé et écarter les bras en signe d'impuissance.

J'ai dit à Silva : "J'espère juste qu'ils vont finir par arrêter de me poser des questions sur lui. Je veux juste être débarrassé.

— Je comprends.

— Maintenant, le pays tout entier est inquiet pour lui. Et le mec est si important qu'il n'y avait personne à part moi pour lui trouver du taf.

— Que veux-tu, il a quand même disparu...

— En Irak, ai-je ajouté. S'il avait disparu à Solin ou n'importe où ailleurs, il aurait pu rester pourrir dans une cave.

— Tu es peut-être un chouïa trop ironique, a objecté Silva. Personne ne sait ce qu'il est devenu, et toi...

— Je devrais assumer la faute. OK. Et maintenant, il faudrait aussi que je me taise, me suis-je emporté. Je vois bien que je n'ai pas le droit de parler de ça. L'opinion publique est allergique à mon histoire. Précisément parce que je vois toute l'horrible ironie de la chose. L'inquiétude qu'il suscite dépend complètement de *là où* il a disparu. Fin de l'histoire. Personne ne s'inquiète pour lui en tant qu'être humain.

— C'est bon, pas la peine de t'énerver, a dit Silva comme si elle aurait préféré renoncer à la conversation.

— Je ne m'énerve pas contre toi", ai-je dit, même si j'étais aussi énervé contre elle.

Je sentais qu'elle aussi parlait la langue des tabloïds.

Silva a conclu : "On verra bien ce qui va se passer. À plus."

Maintenant, j'avais le sentiment qu'elle aussi pensait que j'étais une sorte de criminel. Pourquoi personne ne comprenait ce que je racontais ? Je me suis fait la réflexion qu'en vérité, j'étais déjà *du mauvais côté* de la société. Et maintenant, Silva aussi allait me bannir ? Parce que j'avais eu l'air ironique au lieu de battre ma coulpe. Comment avais-je atterri dans ce monde qui s'était transformé en tabloïd ? *C'est très simple*, me suis-je dit comme si je poursuivais ma conversation avec Silva. C'est très simple. Étant donné que personne n'en avait rien à foutre de mon cousin taré – j'avais été le seul à lui trouver du boulot, je l'avais envoyé en Irak, le fameux Irak, et avais donné aux âmes tabloïds l'occasion d'être inquiètes, bonnes, compatissantes et, bien entendu, de trouver un coupable – moi – et de me chasser à découvert, d'où je les regardais à présent, nu, sans carapace professionnelle ou morale.

C'est ce que j'aurais voulu dire à Silva. Ou à n'importe qui. Et continuer : Vous faites semblant d'en avoir quelque chose à foutre. Vous vous prenez au jeu, c'est tout. C'est juste le film qui passe ce soir à la télévision… Un film sur un journaliste croate qui a disparu en Irak. C'est un film, rien d'autre. Un film dans la rubrique informations. Vous vous prenez au jeu et vous vous identifiez au héros. Et pas, bien sûr, à l'antihéros. OK, c'est moi, je devrais regarder la télévision avec vous depuis mon coin, agenouillé sur une règle, la mine contrite, mais quelque chose m'entraîne à découvert, où je me sens absolument seul et, d'une manière horrible, libre. C'est ce que j'aurais voulu dire à Silva ou à n'importe qui d'autre en mesure d'entendre. En bref, je quitte votre société, c'est ce que je devrais dire, si j'avais un interlocuteur.

C'est alors que j'ai aperçu cette petite vieille qui m'observait – elle s'était levée et s'approchait… Elle s'est plantée devant moi. Certaines petites vieilles se croient tout permis, se disant que, de toute façon, leur fin est proche.

Elle m'examine à présent de près, et ouvre la bouche : "Excusez-moi, vous ne seriez pas…

— Non !" ai-je tranché.

Elle a un peu secoué la tête et regardé d'un air entendu ses deux amies qui, de la table voisine, en guise de renforts à l'arrière, suivaient avec attention la suite des événements.

"Vous ne seriez pas celui qui a disparu en Irak, dont ils parlent partout ? a-t-elle demandé.

— Non, non, absolument pas ! me suis-je écrié. Je ne suis même pas l'autre !

— Dans ce cas… Veuillez m'excuser !" a dit la petite vieille en secouant la tête. Puis elle a ajouté : "On croyait vous avoir retrouvé."

Et elle est partie, l'air ostensiblement perplexe. Je pense qu'elle voulait me montrer qu'elle ne me croyait pas.

J'ai laissé l'argent sur la table et je me suis levé, et les trois petites vieilles m'ont suivi du regard comme si je m'enfuyais d'un roman d'Agatha Christie.

...

J'ai ouvert les deux verrous. Le journal sous le bras, je suis entré dans l'appartement.

Tout est encore là, me suis-je dit, comme si j'avais été absent très longtemps.

J'ai posé le journal sur la table basse. Il y avait encore la gazette des petites annonces avec les appartements entourés. Les verres, le cendrier. Une boîte de pizza vide.

Je me suis servi un verre d'eau, et me suis assis dans le fauteuil, devant la télévision.

Le téléviseur éteint me regardait bêtement, comme s'il attendait que je fasse quelque chose.

Je le regardais.

J'avais le sentiment que l'air était épais, immobile. Les bruits de l'extérieur, la circulation.

La flamme a jailli après le clic du briquet. J'ai inspiré.

Je regarde toutes nos affaires.

Tout est rempli, ai-je pensé, il n'y a plus de place.

Dehors, dans la rue, la circulation, semble-t-il, s'intensifie. Quelqu'un s'est endormi sur le klaxon. Je regarde le ciel. Il y a des grues dans les airs. Plein.

Comme nous l'a enseigné la poésie, les instants durent parfois une éternité.

Je me suis enfoncé dans le fauteuil, devant la télévision éteinte. Je regarde autour de moi : comme si quelque chose d'étranger avait envahi l'espace. Il fut un temps où nous étions libres ici, Sanja et moi, loin de tout. Nos baisers, nos longs regards rêveurs dans les yeux, vers l'avenir. Mais à présent, de quelque part, par les murs, de partout, l'esprit général s'infiltrait, les relents de la société.

Comme si j'entendais des murmures. Tout un chœur de souffleurs derrière le décor. Tous ces gens hot, ces vieux lobbyistes miteux. Ma génération à la con. Ragots et conseils. Les guerres des autres.

Je m'enfonce dans le fauteuil. Là-bas, en haut, la grue porte un bloc de béton.

Mais je dois… Il faudrait que je trouve un truc, me suis-je dit. Un travail, pour commencer. Je dois aller de l'avant, recommencer à zéro. Assembler les pièces du puzzle, n'importe quoi, ne serait-ce qu'une petite carrière. Adapter toute l'histoire. Mettre à jour l'amour. Rajuster nos illusions. Il fallait caractériser un peu les rôles, me suis-je dit. Que ça soit compréhensible et digeste ; une modeste représentation mainstream. Nous avions besoin de l'illusion d'une vie accomplie ; ce sentiment que tu as rempli la norme. Il fallait l'atteindre. S'insérer dans la course, à nouveau.

Le goût du travail. Le goût du travail dans cet appartement. Se maintenir à la surface. Ces suites de mots qui me traversent l'esprit. Ils vont finir par me donner mal à la tête, me suis-je dit.

J'ai été tiré de mes réflexions par le réfrigérateur.

De temps en temps, comme ça, il se met soudain à bourdonner. Ce bon vieil Obodin.

...

C'est comme si on m'avait diagnostiqué une maladie, me suis-je dit. En un instant, ton monde s'écroule. Il faut s'y adapter, même si ce n'est pas une maladie ; il n'y a là rien de physique. Tout est dans la signification. Tout pourrait se combiner autrement, c'est ce qui me rend fou. Tout pourrait s'interpréter autrement. Tout pourrait être différent, si j'avais un pouvoir sur la langue, si je pouvais donner du sens à mon histoire.

Pour la première fois depuis mon abandon de la dramaturgie, je me suis dit que je devrais écrire. Que je devrais écrire cette histoire. Peut-être qu'ainsi je pourrais mettre tout ça à distance. Conserver ma santé mentale, envisager ça de loin ; disposer les choses dans un ordre donné, que ça ait l'air sensé.

Si au moins je pouvais assembler ça pour en faire quelque chose. Et ranger le tout dans une boîte, remiser un tas de papiers.

Soudain, je nous revois, Markatović et moi, assis dans ce sous-sol, à l'époque où il nous semblait que toutes les voies étaient bloquées, qu'il était impossible de respirer à force de ténèbres et de secrets.

Markatović et moi dans cette cantine, à boire de la bière. Alors déjà, nous étions au courant de toutes ces horreurs sur lesquelles on commence à peine à écrire. Nous en avions entendu parler immédiatement, il était impossible de ne pas en entendre parler ; nous avions été touchés, irradiés par le mal… Nous sommes *contaminés*… Ça nous torture aujourd'hui encore, me suis-je dit. Nous n'avons pas confiance. Nous n'avons pas confiance en cette réalité, en cette paix, en ces gens, en nous…

Mais nous nous sommes enfuis de ce sous-sol, nous sommes sortis au soleil.

J'avais fait un tour complet, me suis-je dit.
Le crépuscule tombait déjà ; je n'ai pas allumé la lumière.
Puis, le téléphone a sonné, le fixe.
"Tu sais qui c'est ? a demandé quelqu'un.
— Non", ai-je répondu, et j'ai raccroché.

...

Je suis assis dans ce fauteuil. J'attends d'entendre le tintement des clés, qu'elle entre, qu'elle me surprenne assis dans la pénombre, qu'elle me demande ce qui ne va pas, qu'elle s'inquiète.

Plus tard, j'ai entendu la clé tourner dans la serrure. Elle est entrée et a allumé la lumière. "Je suis là", ai-je dit.

Quand elle m'a vu, son visage s'est crispé. De son sac à main dépassait un tas de journaux. Tout plein de photographies et de bonnes critiques, me suis-je dit.

"Hé !" Elle m'a lancé un regard effrayé. "Pourquoi est-ce que tu restes assis dans le noir ?"

Je sais, je devrais dire quelque chose, pour que tout semble normal. Je devrais sourire, me suis-je dit.

"J'avais mal à la tête, ai-je répondu, alors j'ai éteint la lumière."

Elle a fait une pause : "C'est passé ?"

J'ai réfléchi un peu, et j'ai dit : "Non.

— Tu veux que j'éteigne ?

— Comme tu veux."

Elle a allumé la petite lampe d'appoint et éteint le plafonnier.

"Tu ne devrais pas fumer si tu as mal à la tête.

— Je sais.

— Qu'est-ce que tu bois ?" Elle a examiné le contenu de mon verre. "C'est de la *rakija** ?

— Non... C'est de l'eau."

Elle s'est approchée, s'est accroupie à côté de moi et m'a touché la main : "Dis-moi ce qui se passe...

— Je ne me sens pas bien", ai-je dit.

Elle m'a regardé comme si elle ne me connaissait pas.

"Mon Dieu... Tu veux que j'appelle le Samu ?!"

Je l'ai regardée. Pourquoi cette panique, tout d'un coup ? Est-ce que j'allais devoir la rassurer ?

"Non, pas la peine.

— Mais qu'est-ce qui se passe... Pourquoi est-ce que tu me regardes comme ça ?

— J'ai mal à la tête."

Elle s'est redressée, mal assurée, et s'est assise sur le canapé.

"Est-ce que... Qu'est-ce qui s'est passé ?"

J'ai longuement réfléchi à la question. Il s'est passé toutes sortes de choses, ai-je pensé, mais rien n'en est resté. C'est ce qui m'est venu à l'esprit. C'est comme ça que j'aurais voulu parler, sans ces explications vaines et interminables. J'étais

---

* *Rakija* : eau-de-vie traditionnelle à base de fruits, de raisin ou de plantes.

las de la langue standard, des questions et des réponses, elles étaient source de souffrance, ces questions-réponses soi-disant intelligentes ; la rationalisation des événements.

"Ne reste pas mutique comme ça, a-t-elle supplié, ça me rend folle."

Je l'ai regardée. Elle a gémi comme un enfant qui aurait reçu un coup. Je me suis dit que j'aurais moi aussi aimé pouvoir gémir, mais j'ai immédiatement évacué cette pensée. Et oui, me suis-je rappelé, je suis un putain de mec.

J'ai fermé les yeux.

"Je t'en prie, ne pleure pas, ai-je dit. J'ai juste mal à la tête."

Elle a repris son calme. S'est mise à chercher les cachets dans les tiroirs, et m'en a tendu un : "Avale-moi ça…"

Je l'ai avalé.

"Ça va aller", ai-je dit. Puis j'ai immédiatement poursuivi : "J'ai acheté des actions de la banque Ri aujourd'hui. J'ai placé l'ordre hier soir sur internet, je pense que je ne savais plus ce que je faisais. Quand je me suis réveillé, il était trop tard."

Elle a dit : "Quoi ? Tu as acheté… Parle plus lentement, s'il te plaît.

— Tout est dans les actions, ai-je dit avec un petit rire de soulagement. Tout le fric que j'avais.

— Quelles actions ?

— De la banque Ri, ai-je répété, avant d'ajouter : Elles ne sont pas chères en ce moment. On verra bien, qui sait…"

Elle a posé la main sur sa poitrine et soufflé : "Tu as… Mais c'est complètement fou… Cette banque a fait faillite !

— Ce ne sont que des suppositions, ai-je rectifié.

— Mon Dieu, Tin, mais qu'est-ce que tu vas devenir ?! s'est-elle écriée, au bord des larmes.

— Il fallait provoquer la chance ! ai-je lancé d'un ton presque enthousiaste. Je voulais me débarrasser de tout ça, d'un seul coup, en un geste…

— C'est ton argent, et tu as bien le droit d'en faire ce que tu veux. Mais…

— Je n'avais rien prévu, ai-je dit. Ça s'est fait tout seul…"
Les joues pendantes, elle regardait fixement dans le vide.
Nous avons gardé le silence un moment, puis elle a dit :
"Tu… tu devrais peut-être, genre… parler avec quelqu'un.
— Ben on parle, ai-je répondu.
— D'accord, mais… je ne peux pas… Mais je ne suis pas
psychologue, je ne comprends pas tout… Genre, tu devrais
peut-être vraiment parler avec quelqu'un."
J'ai réfléchi : "Tu veux dire avec un psychiatre ?
— Tu comprends, je ne sais pas… quel impact toute cette
histoire a eu sur toi… Je ne comprends pas. Tu as acheté ces
actions… C'est, c'est… Je ne sais pas, moi…
— C'est bon ! J'ai compris.
— Voilà, par exemple, je te dis quelque chose et…
— Je comprends ce que tu me dis !
— Mon Dieu ! J'essaie juste… Je ne te dis pas ça pour te
faire du mal ! Après tout ce qui s'est passé, comment est-ce
que tu peux penser que je veuille te faire du mal…
— Est-ce que tu peux te calmer un peu ? Je préfère que
tu ne me demandes rien.
— Pourquoi ?
— Parce qu'il y a des choses que tu ne comprends pas",
ai-je dit. Puis j'ai ajouté à mon intention : "Mon Dieu, quel
imbécile je fais !
— Pourquoi est-ce que tu dis ça ?
— OK, je n'ai pas envie d'en parler avec toi. Il y a des choses
dont je ne peux pas parler avec toi.
— Attends… Pourquoi est-ce que tu m'insultes ?
— Moi, je t'insulte ?! Putain, qu'est-ce que je suis… con
comme un manche.
— Ça devient insupportable…", a-t-elle dit comme pour
elle-même.
J'ai regardé la télévision éteinte.
"Je sais… Je sais que tu vas me quitter."

II

0. OUBLI

J'ai trouvé des clés dans la poche interne de mon vieux sac à dos. Je les examine : trois à peu près de la même taille, et une petite, comme pour une boîte aux lettres. Impossible de me souvenir d'où viennent ces clés. Qu'ouvrent-elles ? L'ancienne maison ? L'ancien appartement ? Qui sait. Je les tiens dans la main comme pour jauger leur poids. La poubelle est là-bas, dans le coin de la cuisine – je devrais juste les jeter, c'est clair. J'hésite, je ne sais même pas pourquoi. Ça fait bizarre de jeter des clés. Le plus souvent, on ne les jette pas, on se dit que peut-être, qui sait, tôt ou tard, elles ouvriront quelque chose.

1. DERNIERS JOURS

Je range mes affaires.

Je suis allé voir ce qu'elle faisait.

Toute la soirée, le silence avait régné dans l'appartement. À la télé, il y avait une émission sur... un sujet d'actualité ; le son était coupé. Elle était allongée sur le lit dans la chambre, tournée vers le mur.

"Je vais ranger mes affaires", ai-je dit depuis la porte.

Plus tard, je me suis arrêté, debout, dans le salon.

Je me suis raclé la gorge.

"J'y vais", ai-je lancé d'une voix rauque.

Elle est apparue à la porte de la chambre. Elle reniflait, en pleurs.

Il y a trois jours, elle a dit, avec l'expression que l'on prend pour annoncer les nouvelles importantes, que nous ne pouvions plus continuer comme ça. Immédiatement après, elle a fondu en larmes.

"Il y a quelqu'un d'autre ? ai-je demandé.

— Non, a-t-elle dit.

— Alors pourquoi ?

— Je ne peux pas... a-t-elle dit entre ses larmes. Je ne peux pas continuer, c'est tout."

Pourquoi est-ce qu'elle pleure si elle ne peut pas continuer avec moi, me suis-je demandé.

Je voyais de la culpabilité dans ses yeux. La culpabilité de ne pas avoir réussi à tenir, à préserver l'amour, envers et contre tout. S'il était vrai, l'amour était censé durer toujours. C'est ce que disent les films, les poèmes et les histoires d'amour. Ils ont créé une civilisation d'amour, d'images et d'espérances. Mais elle avait perdu patience. Peut-être l'image du but. Peut-être l'image du bonheur. Elle avait perdu quelque chose. Elle se sentait coupable vis-à-vis de l'amour. Vis-à-vis de moi. Je le voyais dans ses yeux. Sur son visage qu'elle semblait vouloir cacher.

"Je reviendrai chercher le reste ces jours-ci", ai-je dit.

J'ai levé les mains comme pour expliquer quelque chose, mais j'ai juste éclaté en sanglots.

"Je ne voulais pas… Je ne voulais pas ça, a-t-elle hoqueté. Où est-ce… Où est-ce que tu vas aller, maintenant ?

— J'ai trouvé quelque chose… de provisoire.

— Mais… Tu ne peux pas… Tu ne peux pas partir là, comme ça", a-t-elle dit. Elle s'est assise sur le canapé et a posé sa tête entre ses mains.

J'ai eu envie de lui demander : et quand alors ? Un peu plus tard ?

Cependant, j'étais bien loin de prendre les choses à la légère.

"Tu ne veux pas que je parte ?

— C'est si horrible, tout est si horrible", a-t-elle dit, et elle s'est allongée sur le canapé. La tête tournée vers le dossier, elle s'est mise à gémir comme un chien.

Je me suis approché, me suis assis au bord du canapé, et lui ai caressé les cheveux.

"Mon amour, ai-je dit le plus bas que j'ai pu, mon grand amour."

J'ai regardé autour de moi. Une image floue.

Toutes ces années… Nous nous étions imaginé cette vie qui nous attendait. Un avenir commun. L'intimité et le parfum des corps. Tous ces mots doux et ces blagues. Il fallait tirer un trait sur toutes ces images, passées et futures.

Le plus dur était d'imaginer cette séparation définitive. C'était plus dur que la séparation en elle-même. Les regrets me rongeaient depuis l'avenir, depuis cette période où nous ne serions plus ensemble. Cette nostalgie venue du futur, la conscience de l'oubli qui allait tout recouvrir.

J'étais assis là-bas, sur le canapé, tout au bord.

Il fallait nous dire adieu.

"On ne sera plus jamais ensemble...", ai-je dit, et ma voix s'est éteinte.

J'ai effleuré cette image.

Je me suis vu disparaître de cet appartement, j'ai vu ma trace pâlir, toutes mes affaires disparaître, la vie changer de forme pour devenir quelque chose d'autre.

Je lui ai touché les cheveux, encore un peu.

"Ne... m'oublie pas", ai-je à peine réussi à prononcer.

Je l'ai embrassée sur les cheveux, j'ai murmuré : "J'y vais."

Elle ne s'est pas retournée.

Je me suis levé.

J'ai pris mon vieux sac à dos et mon sac de voyage.

Je l'ai regardée depuis la porte, ses épaules tressautaient.

Une dernière fois, j'ai parcouru les lieux du regard, j'ai fait un signe de tête à toutes ces choses, et je suis sorti.

En entrant dans l'ascenseur, j'ai aperçu mes yeux injectés de sang dans le miroir, et je me suis mis à chercher mes lunettes de soleil dans mon sac à dos. Entre-temps, quelqu'un a appelé l'ascenseur et l'a fait monter. J'ai trouvé mes lunettes et les ai mises. Une femme est entrée. J'ai dû lui sembler bizarre à cause de mes lunettes noires. La femme s'est serrée dans un coin. J'ai tendu la main, et elle a sursauté... J'ai appuyé sur le bouton du rez-de-chaussée. Il était neuf heures du soir.

Nous avons enfin commencé à descendre.

...

Comme quand tu sors de l'obscurité d'une salle de cinéma. L'histoire est finie, et pourtant, tu es dehors.

Je me suis arrêté au bord de la route, ai posé mes sacs par terre. J'ai enlevé mes lunettes de soleil. Les gens promenaient leur chien. J'ai appelé un taxi, donné l'adresse et me suis tu.

Nous avons roulé, j'ai payé, je suis entré dans ce petit immeuble, ai gravi les escaliers avec mes sacs, me suis arrêté au deuxième étage devant cette porte sur laquelle était inscrit le nom de famille de quelqu'un.

J'ai ouvert et suis entré dans ce studio que j'avais loué l'avant-veille, pour un premier temps. J'ai senti une odeur de noix rance, ai posé mes sacs au milieu de la pièce, je suis resté planté là, puis j'ai levé les mains dans le vide comme si j'allais dire quelque chose.

Je me suis assis.

Tout ressemblait à une répétition.

Qu'est-ce que je fais ici... Je ne peux pas dire que je me suis *demandé* ça – c'est tout simplement ce dont j'avais l'air.

C'est là que finirait le film, me suis-je dit. Il est grand temps que la scène finale arrive. On aurait dit que tout ça n'était pas définitif. Comme si je n'étais pas là ; mon esprit errait.

J'ai allumé la radio.

Tchi-ki-tchi-kaa... Le bon vieux jingle m'avait retrouvé.

Je n'avais pas de télé.

Je sors le cendrier du sac. J'allume une cigarette.

Un petit meuble de salon des années 1980... Des placards de cuisine couleur café au lait.

Un canapé-lit marron.

Des traces de tableaux aux murs.

Une table ronde, à laquelle je suis assis comme dans une discussion avortée.

Je me lève ; par la fenêtre, vue sur l'atelier de mécanique dans la cour.

À en juger par les voitures garées, je dirais que le mécanicien est spécialisé dans les vieilles Opel.

Un arbre, entouré d'Ascona et de Kadett.

C'était le quartier de Tošo.

Ici, ils s'appellent tous Jo, me suis-je rappelé.

Je devrais aller au café du coin et dire : "Salut, Jo"... Pour voir si la combine marchait encore. Mais je n'avais pas envie d'aller dans un café de quartier où tout le monde se connaît, là-bas, je me sentirais vraiment seul.

Je ferais peut-être mieux d'aller au centre commercial qui avait, je l'avais vu du taxi, poussé dans les environs... Là, je pourrais faire semblant d'être un acheteur de passage, me promener sans avoir l'air esseulé.

Assis à la table vide. J'avais oublié d'acheter à boire.

J'ai appelé Tošo, pour lui annoncer que nous étions voisins. Ça a sonné, quelque part. Il n'a pas décroché. Il n'avait sans doute même pas mon nouveau numéro.

J'ai envisagé de lui envoyer un SMS pour lui dire que c'était moi.

Mais je n'étais pas sûr que ça soit une bonne recommandation. J'étais l'ennemi numéro un à la rédaction. Je devrais sans doute éviter de mettre Tošo dans une situation délicate. Je finirais bien par tomber sur lui dans le quartier.

Tchi-ki-tchi-kaa...

Les informations à la radio.

Des morts en Irak. Ce n'est pas fini.

Je devrais commencer par défaire mes bagages.

...

Je m'efforçais de ne pas penser à Boris, car ça me mettait en rage. Puis venaient l'impuissance et la détresse. Puis de nouveau la rage, qui me convulsait les muscles.

Après l'éclatement de l'affaire, les hypothèses sur son destin s'étaient succédé : qu'il était mort, que les Américains l'avaient tué par erreur dans une foule, qu'il avait été victime de bandits de Bagdad qui attaquaient les étrangers, qu'il avait été enlevé et pris en otage par les islamistes, et même qu'il avait rejoint les islamistes, car l'opinion publique – j'ignore comment – avait eu accès à ses reportages originels, où ils avaient trouvé des prises de position soi-disant anti-américaines. Des psychiatres, des spécialistes du syndrome de stress post-traumatique, s'étaient joints au débat, lisant dans ses formulations de la paranoïa, un sentiment instable du moi, des tendances suicidaires, une imagination schizoïde, un sentiment de dégradation et de culpabilité, des séquelles embrouillées de plusieurs guerres qui s'étaient fondues en une…

Le malheur, ai-je pensé. C'était juste un sentiment de malheur qui avait envahi son âme. Rien d'étonnant après tout ce qui s'était passé, me suis-je fait la réflexion. Je connaissais ce sentiment. Moi aussi, je le portais en moi. Quelque part au fond, nous sommes vaincus, pensais-je. Rien d'étonnant à ça. Qui a survécu à cette merde balkanique, qui a respiré cet enfer, doit avoir un sentiment de défaite. Mais il doit aussi le cacher. Il doit passer au-dessus, enjamber le gouffre, sans regarder en bas. Je dois me débarrasser de ce sentiment de malheur, si je ne veux pas qu'il m'engloutisse, me suis-je dit. Boris fouillait dedans, comme s'il y trouvait un plaisir pervers, comme s'il voulait y plonger. Je m'efforçais de ne pas penser à Boris, de ne pas penser à ça.

Les autres aussi s'efforçaient.

Les détails accessoires s'accumulaient autour de toute cette histoire, comme des décorations autour d'un vide.

Ils parlaient tous de ces décorations autour de l'histoire. J'étais l'une de ces décorations.

Quinze jours après mon licenciement, le *Quotidien* du GEP avait commencé à publier en feuilleton les reportages originaux de Boris.

C'était un coup de plus porté au PEG. Il était à présent public qu'*Objectif* avait publié de faux reportages d'Irak. L'histoire tournait autour de ça, autour de l'éthique journalistique, autour de la fiabilité des médias qui construisaient la réalité… Autour de moi, au final. L'histoire tournait comme un tourbillon, comme un manège.

À l'époque de ces prolongations de l'affaire, Sanja et moi étions encore ensemble. Je rêvassais de ce que ça ferait de me détacher de mon nom et de tout ce qu'on savait de moi, je m'étais pelotonné dans un cocon dépressif ; Sanja ne pouvait pas m'atteindre. Je me sentais mal à l'aise devant elle, je voulais juste qu'elle me laisse tranquille. J'avais plus ou moins réussi à passer au travers de la première phase d'humiliation, mais au cours de la deuxième phase, mon malheur avait commencé à ressembler à un système.

J'avais compris aux réactions des gens à quel point les consommateurs haïssaient en réalité les médias... J'étais un symbole de la manipulation. Tout juste si je n'étais pas un meurtrier. Les commentateurs se lamentaient sur le fait qu'il n'y avait pas de loi permettant de me juger.

Quand ces originaux étaient sortis, Dario avait, en défense du PEG, écrit un article où il révélait ses découvertes sur mon rôle dans le plan du GEP de monopolisation du marché des médias. Il avait été témoin du fait que j'avais été en contact avec Rabar, et je l'avais, lui, Dario, menacé de mort s'il le révélait, si bien qu'il ne faisait aucun doute que j'avais pendant tout ce temps œuvré contre mon propre journal, ourdi avec le GEP toute cette machination afin qu'ils puissent s'en servir pour désavouer la concurrence, lui porter le coup de grâce et achever de monopoliser le marché médiatique comme savent si bien le faire, sans reculer devant rien, les grandes multinationales... J'étais un espion dans leurs rangs, tout le plan avait été soigneusement élaboré et coordonné... La seule chose que Dario ne savait pas, c'était où placer le destin de Boris dans tout ça. Mais il laissait entendre que même sa disparition avait peut-être été organisée, ce que, concluait-il, l'avenir nous prouverait.

Par négligence, il m'avait rendu un service. Si la disparition de Boris faisait partie du plan, alors, au moins, je n'étais pas un assassin.

Ma conscience de l'absurdité de toute cette affaire ne m'aidait pas beaucoup. J'avais honte de sortir parmi les gens. J'avais peur d'aller au supermarché, et que la caissière ne me pose une question. Je végétais seul dans l'appartement, et j'attendais Sanja. Elle m'incitait à aller chez le psychiatre, ce que je refusais de faire.

"Tu ne peux pas rester tout le temps à la maison.

— Je suis bien à la maison.

— Qu'est-ce que tu fais toute la journée ?

— Des trucs."

J'ignore qui a transmis au GEP les reportages originaux de Boris. *Objectif* avait écrit que c'était moi. Pour ma part, je soupçonnais Pero – il me semblait que c'était sa vengeance contre le PEG et contre moi.

Mais tout ça, ce sont des détails, de simples décorations autour de l'histoire. Tout comme le fait qu'un éditorialiste culturel ait affirmé que les reportages de Boris étaient des textes très originaux, dotés d'une valeur littéraire, que j'avais défigurés sans la moindre créativité, et que se soient ensuite manifestés des éditeurs intéressés par une publication sous forme de livre. Ces éditeurs étaient complètement largués, ils m'avaient appelé pour se renseigner sur les droits, et je les avais redirigés vers Milka, qu'ils négocient avec elle ; elle obtiendrait certainement un prix plus élevé.

Et au moment précis où tout ce délire, comme chaque sujet brûlant de la veille, avait commencé à sombrer dans l'oubli – Milka avait recommencé à m'appeler.

Je ne décrochais pas.

Ensuite, pour finir, c'est ma mère qui m'avait appelé. Elle m'avait dit qu'il y avait du neuf. Que Boris avait contacté Milka.

"Boris a appelé, a-t-elle dit. Allô ?"

Elle a répété : Boris avait appelé de Bagdad.

"Boris a appelé Milka. Il est en vie", a-t-elle dit encore une fois.

Ma mère m'a dit que Milka l'avait appelée, car elle n'arrivait pas à m'avoir.

"Tu m'entends ? a-t-elle demandé.

— Hmhm", ai-je dit. J'avais de la peine à respirer. "Mais qu'est-ce qu'il fout encore à Bagdad ? Qu'est-ce qu'il fout là-bas ?

— Ben, il...

— Mais pourquoi il ne donnait pas de nouvelles, bordel de merde ? ai-je continué par-dessus sa voix.

— Ben..."Ma mère s'est arrêtée comme si le fait que je jure devant elle la prenait au dépourvu, comme si elle se demandait si elle devait me réprimander ou non.

"Ben... Elle dit qu'il a fait une sorte de dépression, qu'il n'avait de contacts avec personne, que maintenant, il prend des cachets américains, elle-même, elle a pas trop su m'expliquer...

— Il prend des cachets américains ?" J'ai failli éclater de rire. "Il prend des cachets américains ?!

— Hé, je te transmets juste ce qu'elle m'a dit... Qu'il a fait cette dépression, qu'il avait perdu son portable, son ordinateur, tout, ou qu'on lui avait volé, il sait même pas...

— Il prend des cachets américains..."Je répète ça comme un summum d'absurdité, et elle continue à me transmettre ce que Milka lui a dit : que c'est un Anglais qui l'a sauvé, qu'il l'a emmené chez lui et s'est occupé de lui, que Boris restait couché toute la journée, "qu'il était incapable de faire quoi que ce soit"... Elle dit que Milka elle-même n'y comprend pas grand-chose, mais qu'il va mieux maintenant... Il dit qu'il va rester là-bas, travailler pour les Anglais, pour une de leurs chaînes de télévision...

"D'après ce qu'elle a dit... Quelque chose du genre il va chercher ce qu'ils peuvent filmer... sur le terrain... Quelque chose avec terrain pis un mot de la télé, là... Hé, hé, producteur de terrain. Il se balade partout et il pose des questions, vu qu'il parle arabe.

— Je *sais* qu'il parle arabe !

— Enfin voilà, c'est bien tombé pour lui, a-t-elle poursuivi. Mais tu sais, je lui ai bien rabattu le caquet à la fin, à Milka. Je lui ai dit : « Alors comme ça, ton fils a un travail, et pour les Anglais en plus, ça doit certainement bien payer, alors que mon fils a perdu le sien, tout ça à cause de ton espèce de voyou. » Et elle du genre mais qu'est-ce qu'il me prend, qu'elle aimerait bien me voir à sa place... Qu'il aurait pu mourir là-bas. Enfin bon, tu la connais, incapable de s'excuser.

— Écoute...

— Elle m'a vraiment mise hors de moi, a-t-elle repris. Mais je lui ai dit que la moindre des choses, maintenant, ça serait de te faire ses excuses, et dans les journaux et à la télé. Que si elle avait pu t'attaquer, elle pouvait bien...

— Arrête de parler d'elle ! Arrête de parler de toi !

— Ben qu'est-ce qui te prend ?" Elle était surprise.

"Pfff... je vais devenir fou, ai-je gémi doucement, davantage pour moi.

— Ne deviens pas fou, mon chéri, a-t-elle dit. C'est bien qu'il soit vivant, que tu ne l'aies pas sur ta conscience... Moi aussi, j'ai bien regretté de lui avoir donné ton numéro. Je ne le donnerai plus à personne. En même temps, plus personne ne le demande."

Sa manière de parler me rendait dingue, le fait qu'elle doive *tout* dire. Il me semblait qu'elle et Milka se ressemblaient de plus en plus, comme moi et Boris.

"Elle a dit autre chose sur lui ?

— Elle m'a énervée, alors j'ai pas pensé à lui demander..."
Voilà.

Je regardais bêtement devant moi, sans savoir ce que j'étais censé ressentir. Me réjouir ? Rire ?

On m'avait retiré ma chaise, j'étais tombé, et maintenant, tout ça allait prendre des allures de blague. En fait, non, c'est bon. Il a appelé.

"Très bien ! ai-je dit. Très bien !"

J'ai raccroché.

S'il était mort, ai-je pensé, cette merde aurait semblé moins absurde. Je me suis demandé : devais-je aller là-bas, à Bagdad, et le tuer ?

Je me vois dans le désert. Le soleil me tape sur la nuque. Je ressens une pression derrière les yeux. Je m'approche de lui et... Mais – c'est bon, il a appelé, c'est fini, me répétais-je, comme pour me ranimer. Mais tout ça sonnait vide, comme la voix d'un haut-parleur dans une salle de conférences oubliée.

Je n'entends plus que mon cœur qui bat, comme s'il sautait un battement... *Est-ce qu'il saute un battement ? Est-ce qu'il saute vraiment un battement ?! Est-ce que c'est ce que je pense ? Le cœur ?* J'ai envisagé d'appeler le Samu... Puis j'ai pris une bière, et un cachet pour me calmer, un normal, je n'avais pas encore réussi à me procurer des américains, et... J'en ai pris pas mal avec de la bière... Et je me suis calmé.

Et je me vois m'approcher de lui et... *Ils sont très bien, ces cachets, même s'ils ne sont pas américains,* je dis.

J'ai éclaté de rire.

Quand Sanja est rentrée et qu'elle a vu les canettes vides, elle n'a pas trouvé ça drôle.

Dario, bien entendu, a pris la nouvelle autrement.

Il avait enfin des éléments pour étayer sa thèse comme quoi Boris n'avait pas vraiment disparu en Irak, que j'avais intentionnellement publié de faux reportages... Car j'étais depuis longtemps corrompu par le GEP, qui avait consacré à cette opération spéciale une somme conséquente, et j'avais inclus Boris dans la combine, ce pour quoi j'avais sans doute reçu l'assistance de Milka elle-même, qui m'avait attaqué publiquement pour que tout ait l'air plus crédible, et c'était ainsi que nous avions fomenté une indigne manipulation publique, et nous étions partagé le fric du GEP... C'était exactement ce que le public aimait entendre : un grand complot.

Malgré tout, Boris était en vie, tout est bien qui finit bien, disait Sanja ces jours-là, quand elle s'efforçait encore de croire en nous.

Sanja pensait que nous devions nous réjouir de cette nouvelle. Je me sentais coupable de ne pas y arriver.

Sanja pensait que tout pouvait recommencer comme avant. Je devais juste me refaire une place. Être de nouveau mon vieux moi. Reprendre mon vieux visage. Allumer une clope comme Clint Eastwood et partir dans un nouveau film.

...

Mais, tu vois, nous nous sommes séparés devant la malle-poste, à la fin du vieux film. Elle est repartie à l'est, avec sa tonne de valises, et j'ai continué vers l'ouest, avec bien peu de bagages. On pourrait dire ça comme ça.

On pourrait parler de la liberté du vagabond, du cavalier solitaire qui, telle une ombre chinoise, se tient devant le soleil couchant.

On pourrait parler des sentiments enfermés dans le cœur, ceux qui sont restés comme un trop-plein. De l'oubli qui nous rattrape et efface les traces... On pourrait parler.

De la nostalgie.

De ce qu'on n'arrive plus à reconnaître.

... Comme quelqu'un qui nous rappelle quelqu'un d'autre, des années plus tard ; tu regardes cette personne assise à une autre table, à une terrasse. Plus tard, tu la suis du regard quand elle part. Ce n'est pas elle, te dis-tu. Non, elle ressemble juste... On pourrait parler de ce sentiment ; l'évanouissement dans le temps.

On pourrait parler de la liberté... On pourrait parler de manière légendaire, archétypale : l'homme part toujours quelque part ; il a devant lui de grands espaces, de nouveaux horizons, de nouvelles villes, de nouveaux pays. Lui, la variante esseulée du conquérant historique...

Tout ça sonne bien mieux que la nuit dans ce studio pathétique.

La solitude ordinaire.

Marcher, de gauche à droite.

Table, évier, canapé, fenêtre.

Je regarde nos photographies… Une photo d'elle en Égypte, devant une muraille. C'était le jour où j'avais, un dimanche, cherché des antibiotiques pour elle dans cette ville qui ressemblait à un labyrinthe, pleine de gens qui te tiraient par la manche, dans des ruelles secondaires. J'avais cru que je n'arriverais jamais à retrouver mon chemin, qu'elle allait rester seule, brûlante de fièvre, dans la chambre d'hôtel. Pendant des heures, j'avais cherché une pharmacie ouverte. Nous étions tellement ensemble alors.

C'est étrange d'être ensemble.

De l'intérieur, tout a l'air différent.

Ou avions-nous disparu, me suis-je demandé ?

Au début, nous étions dans cette bienheureuse solitude, puis était arrivée toute cette ménagerie, sur scène, dans ce vieil opéra, accompagnée d'un énorme orchestre.

Les boulots, les appartements, les parents, les attentes, les statuts, les succès, la fidélité, l'opinion publique, la famille, les factures… Tout ça s'était pressé autour de nous, nous avait recouverts comme des mauvaises herbes. Nous étions restés quelque part en dessous.

Toute cette construction s'empile sur l'amour, tout s'accumule, jusqu'à ce que l'amour lâche. C'est, me suis-je dit, la révolte de l'amour.

Debout devant la fenêtre, je regarde la nuit.

…

Ça fait déjà longtemps que je n'ai pas appelé Sanja. Parfois, la conversation commence bien, mais à la fin, toujours, il faudrait ajouter quelque chose, et il n'y a rien à dire.

Alors, l'un d'entre nous dit : "Bon, ben… à une prochaine…"

J'ai peur de ces silences.

Nos derniers jours en étaient pleins.

Personne n'osait annoncer la fin de l'émission.

Quand elle avait commencé à se taire avec moi, je lui avais demandé ce qui n'allait pas. Mais elle était incapable de me le dire. Elle n'arrivait plus à parler de ça avec moi. Elle évacuait la question d'un geste de la main, se plaignait d'autre chose, parlait d'une voix lasse. Elle me disait qu'elle était tendue, prenait des cachets pour dormir.

En réalité, la seule chose qui la tourmentait, c'était moi, je le sentais.

Moi aussi, j'avais commencé à me taire avec elle. Il me semblait qu'elle en avait, tout comme moi, assez de mes problèmes. L'imbroglio avec Boris était passé, mais les choses n'étaient pas redevenues comme avant.

La situation était étrangement tendue.

Nous étions devenus souffreteux. Amorphes.

Aujourd'hui, je dis à tout le monde : on ne s'entendait plus. Même si je ne sais pas à quel sujet. À quel sujet ne nous entendions-nous plus ? L'image qui nous maintenait ensemble s'était effritée, c'est tout.

Elle rentrait à la maison et me racontait sa journée ; elle était heureuse de rencontrer des gens intéressants et importants. Je ne le disais pas, mais ces gens qu'elle mentionnait m'énervaient… Je voyais leur photo dans les journaux. Le ton avec lequel elle leur attribuait de l'importance me gênait. Sa manière de les intimiser me gênait… Elle les appelait sans cesse par leur prénom.

Elle avait eu un autre premier rôle au théâtre, on l'avait appelée pour jouer dans un film, elle rêvait du prochain Festival de Cannes, je dois m'y habituer, elle évolue maintenant avec les célébrités, toutes ces personnalités qui se font mousser, me disais-je, et je dois, d'une certaine manière, me mesurer à eux… Je voulais rester cool. Mais il me semblait que je n'étais pas à ma place, comme si j'étais assis dans un courant d'air.

J'aurais pu me dire : elle réussit mieux que moi, et alors ? Est-ce que j'aurais préféré qu'elle n'ait pas de talent ? Aurait-elle dû se faire virer du théâtre comme moi de la rédaction ? C'est mieux comme ça, bien entendu que c'est mieux comme ça, me répétais-je. Le problème, c'est juste ma pulsion de domination, cette merde que j'ai dans la tête, le machisme qui redoute la réussite des femmes, je dois m'en débarrasser – me disais-je. Tout était très clair. Mais j'étais devenu amorphe pour ce qui est du sexe, j'avais renoncé à initier quoi que ce soit, comme si je testais son désir.

"Est-ce que tu me trompes ? avais-je demandé un soir, où elle était rentrée du théâtre plus tard que d'habitude.

— Pardon ?" Elle s'était arrêtée à côté de la porte. "On est juste restés boire un verre…

— Est-ce que tu me trompes ?! avais-je répété.

— C'est quoi, cet interrogatoire ?!

— Oui ou non ?

— Mais qu'est-ce qui te prend ?… Non, je ne te trompe pas !

— Tu m'aimes ?"

Mon regard attendait, et elle me regardait presque avec de la haine. "Qu'est-ce que c'est que ça ? avait-elle sifflé entre ses dents.

— Rien, je demande juste.

— Tu pourrais demander autrement !

— Tu dois juste dire oui ou non.

— Oui ! avait-elle crié en écartant les bras. Oui, putain, oui, je t'aime !

— OK. J'avais juste besoin de savoir", avais-je dit en baissant les yeux.

J'étais devenu jaloux, je voulais aller partout avec elle. Elle, de son côté, aurait voulu que tout soit comme avant, que le fait qu'elle soit maintenant connue n'ait pas d'impact sur notre vie. Peut-être pour moi, pour que ça soit plus facile pour moi… Et peut-être aussi pour elle – pour éviter ce problème de changement d'identité qui vient avec la célébrité. Il y a quelque chose d'humiliant au fait que tu changes brusquement à cause de ton changement de statut social. Il y a là quelque chose d'abject, car ça donne l'impression que tu n'es pas toi, mais une construction sociale. Il y a là un message dangereux, qui te dit que ce que tu es ne dépend pas de toi. Il y a là quelque chose qui peut t'effrayer, quand tu te dis qu'au final, tu es une chose indéterminée.

Ce dont elle avait le plus peur, c'était que quelqu'un dise qu'elle s'y croyait. Quand quelqu'un lui disait qu'elle n'avait *pas changé du tout*, ça lui donnait le sourire. C'était pour elle le compliment ultime. Elle voulait sortir dans les cafés normaux où tout le monde va, aller à des concerts de rock, en boîte, à de grands rassemblements, tout comme avant, et nous sortions un peu partout, le plus normalement du monde, et je marchais derrière elle comme un garde du corps.

Il fut un temps, au début, c'était agréable de se montrer avec une fille que tout le monde regarde ; tu y prends plaisir, sa beauté te rend fier... Mais au bout d'un moment, j'avais commencé à me sentir comme un cerbère. Quand je me retrouvais avec elle quelque part où les mecs matent, croiser ces regards me rendait nerveux. Je sentais mon adrénaline monter, et j'avais des prises de bec. J'étais peut-être devenu paranoïaque. Mais ces débiles passaient leur temps à la mater, ils n'avaient rien de mieux à faire que de me provoquer. Ils la regardent, je les regarde, nous nous mesurons du regard. Et ce jeu à la con se répète. Je ne pouvais pas boire mon putain de verre en paix.

À cause de ça, j'avais commencé, *moi*, à réfléchir aux endroits où nous pouvions sortir, comme si c'était moi qui étais connu, et pas elle. La ville s'étrécissait. Si elle émettait le désir de sortir dans un café où tout le monde se retrouvait, où d'aller à un rassemblement de foule où on pouvait s'attendre à tomber sur des groupes de crétins, je commençais à me sentir tendu avant même de quitter l'appartement. Elle me demandait : "Qu'est-ce qu'il y a ? Tu es fâché ?" Je ne lui disais pas quel était le problème ; il me semblait que j'allais passer pour un lâche.

Je pensais : je ne suis pas fâché, c'est juste que parfois, je me sens comme un garde du corps… Et on ne peut pas dire que je fasse 130 kilos. Mais je ne le disais jamais. Un homme ne se sent pas le droit de dire ça, il joue au grand guerrier. Nous sommes sans cesse tendus, nous les grands guerriers. Nous déambulons sous un masque patibulaire jusqu'à ce qu'il devienne notre visage. Dans les Balkans, tu prends assez tôt des rides avec toute cette mascarade. Notre vie est un éternel concours de bites. Ce masque me rendait fou. Heureusement, personne ne m'a jamais cassé la gueule devant elle. J'en avais une peur maladive, je faisais des pompes et soulevais des poids tous les jours. Je m'entraînais frénétiquement, de toute façon, je n'avais rien d'autre à faire. J'ai peut-être un peu trop forcé, et soudain, je me suis mis à avoir mal à l'épaule. J'ai pris des antalgiques. Je suis allé faire des examens, et on m'a dit que la douleur venait de la colonne vertébrale. Peu importe, j'ai continué à m'entraîner et à prendre des antalgiques. Elle n'avait pas idée de ce qui se passait dans ma tête à ce sujet. Les femmes ne savent rien de cet immonde poids de la virilité ; c'est pourquoi elles dansent, c'est pourquoi elles sont plus gaies, et c'est pourquoi elles vivent plus longtemps.

Je trimballais alentour ce visage, cette colonne vertébrale et ces muscles. Elle s'amusait, et moi, je devais boire pour annihiler ce stress. J'ai envisagé de me procurer un pistolet, pour pouvoir arrêter la muscu.

Ma colonne vertébrale me faisait vraiment souffrir. Je n'avais envie d'aller nulle part, je cherchais des excuses, j'avais commencé à boycotter les sorties, je critiquais la situation sociale pleine de violence, je maudissais les conséquences de la guerre qui avait rendu notre société durablement machiste, je maudissais les médias fascinés par la violence et les hommes violents, je disais que l'air était rendu irrespirable à cause des crétins frustrés qui évoluaient en groupes et haïssaient les femmes qu'ils ne pouvaient avoir, et déversaient cette haine sur le mec qui accompagnait la jolie fille, la jeune actrice… C'est qui, ce guignol ?

Nous sortions de moins en moins en ville, et donc nous devions aller chez les gens… Et nous avions – elle avait – plein de nouveaux amis qui nous invitaient à dîner. En général une espèce d'élite. Le monde du glamour, pourrait-on dire vu de loin.

Je ne prenais aucun plaisir à ces soirées, elles me rendaient nerveux d'une autre manière, mais… Il faut bien qu'on sorte quelque part, merde ! disait Sanja.

Certes, mieux valait aller à ces dîners et ces apéros qu'à des festivités de masse. La seule chose qui menaçait ici, c'était l'ambiance pourrie… Et ce sentiment que j'étais là par hasard, à cause de Sanja, et que sinon, ils ne m'auraient jamais invité, ni même salué dans la rue.

Sanja s'intégrait mieux à leur compagnie, peut-être parce qu'elle se sentait membre de plein droit de la société. Elle semblait maîtriser parfaitement cette langue blasée, elle arrivait même à plaisanter avec… En l'observant de l'extérieur, j'adoptais une sorte de distance. Je remarquais qu'elle prenait du plaisir à tout ça, qu'elle était contente d'elle.

Mais, me disais-je, je me serais sans doute comporté de la même façon à sa place. Le fait que je remarque le plaisir qu'elle prenait à être au centre de l'attention était lié à ma propre insignifiance. Je commençais à voir sa réussite d'un autre œil. La chose passait par la plaisanterie, de la manière qu'ont les couples de se lancer des piques.

Je soutenais qu'il fallait bien que quelqu'un soit là pour la ramener sur terre, maintenant que tout le monde lui baisait les pieds. Sans quoi, elle allait s'envoler dans les nuages et perdre tout contact avec la réalité. Je me rendais à ces soirées glamour armé de mon ironie ; tandis que les autres sirotaient des vins de prix, je m'entêtais à boire de la bière, je jouais le rôle de l'homme du peuple… Intègre, terre à terre… Qui opposait à toutes ces mondanités un commentaire plein de bon sens. Je mentionnais souvent mes origines campagnardes, soulignais ce que j'avais autrefois dissimulé. Mon rôle était peut-être prévisible dans ce répertoire de la sociabilité, j'étais peut-être un clown auquel il ne restait plus que ça, mais je me considérais comme libéré. Ils étaient tous au courant de ma débâcle professionnelle. Je ne me passionnais plus pour rien, parce que je n'avais plus rien pour quoi me passionner. Je disais : "Waouh, Sanja, on te demande encore une grande interview ?!... Hé, mentionne-moi au passage. Dis que je suis actuellement au chômage, qui sait, peut-être que quelqu'un va m'appeler..."

Ils souriaient.

"Ouh, regardez-moi ça... Ils ont encore mis que j'étais « un ami » en légende de la photo. Quand est-ce qu'ils vont comprendre que je ne suis l'ami de personne ? Chez moi, tout est intéressé..."

Ils souriaient.

"Ils te proposent un rôle dans une série pourrie ? Hé, que veux-tu, c'est pas un gros marché, tu ne peux pas te permettre de faire la difficile. En plus, on a besoin d'argent pour la drogue..."

Ils trouvaient ça spirituel.

"Et ensuite, attention, elle est invitée dans l'émission *100 % personnel* – toute une émission rien que sur elle ! J'étais censé être moi aussi dans l'émission ; dans ces passages qu'ils tournent à l'avance. Ils étaient censés venir filmer à la maison, mais j'ai refusé. Je ne voulais pas que ma famille en Dalmatie me voie cuisiner."

Ils riaient, nos nouveaux amis. Ils trouvaient mon autodérision unique. Sanja et moi étions des vétérans de l'amour, à l'opposé de ces couples qui se bécotent en public comme si les autres n'existaient pas. Nous étions tout sauf cucul.

Une fois de retour à la maison, je donnais le mot de la fin. En réalité, dans la voiture déjà, je commençais à débiner les gens avec qui nous avions passé la soirée. Il était facile de les observer de l'extérieur. J'étais conscient que ce n'étaient pas mes amis, mais les siens. En réalité, ce n'étaient même pas les siens. C'étaient les amis de son nom, disais-je. Moi aussi, il fut un temps, j'avais eu une once de carrière, et j'avais bien vu comment ils avaient tous disparu, disais-je. Les gens se fréquentent en fonction de leurs statuts sociaux respectifs, pas de leurs âmes, encore faudrait-il en avoir une, disais-je. "Attention, à force de fréquenter des noms, les gens finissent par se perdre, disais-je. Le monde du glamour est plein d'âmes perdues, elles flottent autour des lustres dans les soirées mondaines, comme ces ballons qui s'élancent dans les airs. Tu n'as pas remarqué ? On se croirait dans les limbes."

Je débinais ces gens et leurs âmes, aidant Sanja à ne pas se perdre dans ce champ antigravitationnel. De fait, je la ramenais sur terre. Mais c'était à peu près tout ce que je faisais.

Impossible de trouver du travail. Avec ma réputation fichue, j'aurais dû recommencer "à zéro", mais – il ne me manquait plus que ça. Moi, accepter un travail sous-qualifié, et achever d'anéantir la moindre illusion à mon sujet ?! Mieux valait être un philosophe de canapé que le larbin de quelqu'un. C'est pourquoi je préférais rester à la maison, regarder des émissions à la gloire du peuple, boire de la bière, fumer et conspuer le capitalisme qui était, en Europe de l'Est, proprement miraculeux. Ici, on a des capitalistes qui n'ont jamais réalisé l'accumulation initiale du capital, disais-je en regardant la télévision. En guise d'accumulation, ils ont procédé à une *redistribution* du capital, disais-je. Le capital existait, c'était juste que soudain, son propriétaire avait disparu. Le capital était public, et le public avait disparu. Le peuple avait disparu. De l'économie, s'entend. Le peuple avait disparu de l'économie et était parti à la guerre, le peuple était tout entier parti sur la frontière, il ne pensait qu'à la frontière, parce que c'est comme ça que le peuple voyait l'État, comme une frontière. L'État était resté vide de l'intérieur, il n'y avait plus personne, et le capital errait à la recherche de son propriétaire. Tout ce que tu avais à faire, c'était attendre, quelque part dans la forêt de lois, pour tomber sur le capital comme sur Hänsel et Gretel ou le Petit Chaperon Rouge. C'était un conte émouvant : le peuple socialiste avait chassé le capital de sa maison, et lui, le pauvret, tout ce qu'il voulait, c'était que quelqu'un lui donne un nouveau foyer, disais-je. À présent, le capital était chez des braves gens qui l'avaient adopté, disais-je. Il fut un temps, tout était à nous, et maintenant, tout était à eux, disais-je. Le peuple s'en réjouissait, gloire à lui, disais-je, en regardant des émissions sur l'honneur national et les batailles célèbres.

Sur le long terme, ce processus anéantissait tout sentiment de sens, disais-je, je refusais de travailler dans ce capitalisme créé à partir du socialisme, et pendant la guerre par-dessus le marché, disais-je. C'est la magie de la guerre, une magie pleine d'âmes mortes, disais-je. *Les Âmes mortes*, Gogol, *Le Revizor*, et autres œuvres dramatiques, disais-je. Tu ne peux pas travailler là-dedans, tu ne peux pas être là-dedans, sans que ne viennent te tourmenter les âmes mortes, les âmes des prolétaires morts, disais-je. Chez nous, même les généraux étaient devenus capitalistes, disais-je. Comment peut-on enregistrer simultanément des pertes au front, et des profits à l'arrière ? C'est la magie de la guerre, disais-je. "À ton avis, c'est de la magie blanche ou noire ?" demandais-je.

C'est vraiment la thérapie du choc, la guerre combinée à la privatisation, non, ce n'est pas si courant que ça, une si impeccable coordination, disais-je. "Pourquoi est-ce que le reste du monde ne nous étudie pas ? demandais-je à Sanja.

— Tu regardes trop la télévision", répondait-elle.

Elle n'avait pas envie, comme elle disait, de *gâcher de l'énergie* pour ça. "Ce ne sont pas tes récriminations qui vont faire changer les choses, disait-elle. Tu penses vraiment que râler devant la télé, c'est quelque chose de concret ? Tu penses que tu participes à la politique ? Tu te fais des illusions. Tu te cherches une communauté virtuelle, tu polémiques tout seul dans le salon, parce que tu veux faire partie de quelque chose, tu veux faire partie du peuple, disait-elle. Tu as l'impression de participer, mais c'est juste dans ta tête, disait-elle. Tu pourrais tout aussi bien regarder ça depuis la station MIR, mais quand tu comprendrais à quel point tu es loin, tu arrêterais peut-être de t'énerver...

— Mais je suis là, disais-je.

— Où ça ?" demandait-elle.

Mais... Mais... Bon, d'accord... Faute de mieux, la politique, c'est notre industrie du divertissement, disais-je. Nous ne sommes pas en mesure de produire des contenus si divertissants, nous n'avons pas d'industrie du divertissement comme les Américains, nous n'avons pas toute cette machinerie, et la politique doit faire des extras, elle doit sans cesse être un drame au bord de la catastrophe, au bord de l'Europe, disais-je. Sans la politique, nous mourrions d'ennui, disais-je.

Surtout nous autres les chômeurs.

Elle ne me répondait même plus.

Chez nous, il n'y a même plus de football, mais il y a encore des supporters. Il y a de plus en plus de supporters, et les supporters sont de plus en plus fous, de plus en plus paumés, disais-je. Le public s'est retrouvé privé de programme télé, disais-je. S'il n'y avait pas la haine des derbies politiques, ça serait le désert. Cette politique attardée est la seule chose qui nous reste, la seule chose qui fonctionne, disais-je. Ou plutôt, elle ne fonctionne pas, mais c'est exactement en ce sens qu'elle fonctionne. De quoi pourrions-nous bien parler si la politique fonctionnait, demandais-je. Si la politique n'était pas si hideuse, nous n'aurions aucun sujet de conversation, il n'y aurait pas la moindre programmation, répondais-je. Nous devons bien tuer le temps à quelque chose, tuer les mots, nous devons bien casser du sucre sur un dos quelconque avec cette langue qui nous est donnée, qui nous a maintenus en vie, que le drame politique maintient en vie, sinon, le silence régnerait.

La programmation politique nous sauve du vide, la programmation nous évite de réfléchir sur nous, car réfléchir sur soi, c'est le pire des crimes dans l'industrie du divertissement, et si nous n'avions pas le divertissement politique, nous serions contraints de devenir une société différente, une société qui réfléchit sur elle-même, sur son propre vide, sur l'absence de politique humaine. Alors, peut-être que nous nous désintégrerions. Il arrive que les groupes se désintègrent à force de réflexion. Chacun commence à réfléchir par soi-même, ha ha ha. Il y a un nombre incroyable de modes de réflexion différents. Un nombre incroyable de modes de vies différents. Ce n'est pas bien. Nous devons rester unis. Nous devons toujours penser à la même chose. C'est le but du divertissement politique, l'unicité des thèmes. Je dois participer pour appartenir. Même si je suis seul. Tiens, même toi, tu ne m'écoutes pas, disais-je.

Mais je dois dire quelque chose, je dois savoir de quoi il retourne, je dois m'énerver, disais-je. Je dois jouer le rôle de l'homme, ha ha, de l'homme, le vrai devant sa télé. Après tout, il y a de la force brute dans la politique. Pendant que tu regardes la télé, tu t'imagines le combat, disais-je.

Je me sentais viril devant la télé, plongé dans la programmation politique saisonnière. Si j'étais un stéréotype de fille, alors, je suivrais sans doute des émissions sur la beauté, les trajectoires de vie émouvantes et les couples hollywoodiens. Je regarderais Oprah et me battrais avec mon régime.

Ça serait beaucoup plus sain.

Alors que là, je regardais la télé en buvant de la bière et en fumant.

Tiens, une nouvelle émission à la gloire du peuple, allez, monte le son, voilà une émission sur comment les autres sont pires que nous, disais-je. Nous voulons nous voir sous le meilleur des angles, disais-je. Comment pourrions-nous être objectifs, lui demandais-je. De toute façon, le plus important, ce sont les fantasmes, disais-je. Le peuple vit de la fiction, tout comme nous. Nous sommes tous en couple, disais-je. Nous entretenons l'illusion, notre image de nous-mêmes. Nous renforçons notre relation, nous entretenons l'amour de l'intérieur. Au final, l'amour est là pour nous protéger de la vérité, disais-je. Nous sommes dedans, sous la protection de l'amour. Nous ne voulons pas de faits dans notre amour. Ce qu'il nous faut, c'est de la fiction, ce que nous avons inventé. La réalité objective, ce sont des images par satellite, disais-je. Sans illusions, tu es dehors, à la rue, nulle part.

La fiction est nécessaire, l'histoire est nécessaire, disais-je. C'est la même chose que la perspective, c'est la même chose que l'identité, disais-je. Il n'y a rien d'objectif dans l'amour, disais-je. La personne que tu embrasses, tu la connais, et en même temps tu ne la connais pas. Tu la connais, mais de l'intérieur, disais-je. Tu ne la regardes pas de l'extérieur. Quand tu commences à la regarder objectivement, c'est fini, disais-je. Tu m'entends ? Qu'est-ce que tu en penses ? Celui que tu embrasses, tu ne le regardes pas de loin, disais-je. Ce sont les autres qui le regardent comme ça, et les autres ne savent rien de l'amour. Que peuvent bien dire les autres d'un couple d'amoureux ? Juste de quoi ils ont l'air.

Il n'y a pas d'observateur objectif. Il n'y a pas de vérité sur l'amour, disais-je, pas de témoin. La réalité objective ne connaît pas les illusions, il n'y a pas d'amour en elle, disais-je. Tiens, en Irak, ils meurent sans illusions, ils ne vont pas pouvoir tenir, disais-je en regardant les informations. La guerre est si réelle, disais-je, c'est le problème de la guerre, elle anéantit les illusions car elle est trop véritable. Meurtre. Meurtre. Meurtre. Trous. Trous. Meurtres. Et ainsi de suite. Comment restaurer les illusions après la guerre ? Les illusions sur soi. Comment restaurer l'amour, la fiction ? Tu dois mentir, disais-je. Tu dois trouver de jolis mots même pour la guerre. De grands mots, des mots dignes, des mots d'illusion. Tu dois toujours restaurer le sens. C'est incroyable, disais-je. Le mensonge est légitime, disais-je, le mensonge est généralisé, disais-je, le mensonge est le sens. Boris ne mentait pas, il était fou, disais-je, et nous ne l'avons pas publié. Tu avais raison, disais-je à Sanja. Il ne se falsifiait pas, il est arrivé d'en bas et m'a fait tomber de mon trône, du monde dont je pensais qu'il m'appartenait. En vérité, il est stupide de prétendre que tu es sur un terrain stable, disais-je. Maintenant, je suis à la rue, nulle part, maintenant, je comprends, ce qui ne signifie pas que je voie le sens, non, je ne fais que parler, comme lui, comme s'il m'avait contaminé, et je n'arrive pas à contrôler le sens de ce que je dis, non, je ne fais que parler, disais-je, en regardant la télévision, buvant de la bière et fumant.

"Ça va finir par te rendre fou. Tu bois trop, disait-elle. Tu me rappelles mon père, tu restes planté devant la télé à te vautrer dans ta déception, hé, lève-toi un peu de ce fauteuil, ce n'est pas bon, tu es assis là depuis que je suis partie...

— Hé, je vais descendre dans la rue ! disais-je, comme si je menaçais quelqu'un.

— Avec qui ?" demandait-elle.

Beuh... C'est comme ça que j'ai gâché nos derniers jours.

À présent, je suis assis seul dans ce studio miteux, sans télévision, et je vois qu'il ne se passe rien.

Je m'étais presque déshabitué du sexe. Il n'y avait là rien de volontaire. Je n'avais tout simplement pas l'énergie pour l'histoire, pour la séduction, le sourire, et le sexe en lui-même n'est pas si simple que ça à obtenir.

J'étais sans doute trop timide pour aller aux putes, je sentais une sorte de blocage. Qui sait, me disais-je, après les une ou deux premières fois, ça sera peut-être plus facile ?

Mais de toute façon, je ne roulais pas sur l'or. *Objectif* ne m'avait pas versé d'indemnités de licenciement, au prétexte que je leur avais causé un préjudice professionnel, et je les avais attaqués en justice, mais eux aussi m'avaient attaqué…

Au début, j'avais vendu quelques actions de la RIBN-R-A, à un prix scandaleusement bas, pour survivre, mais ensuite, un jour, Markatović m'avait appelé : "Tu as entendu ? Ils l'ont bloquée !

— Quoi ?

— L'action Ri ! L'autorité de supervision financière a bloqué les transactions jusqu'à nouvel ordre !

— Hein ? Ils ont le droit ?

— Manifestement, oui ! Pour empêcher les manipulations, qu'ils disent, vu que les Allemands se sont définitivement retirés. L'action restera bloquée le temps qu'ils se décident s'ils veulent la sauver ou la mettre en faillite…"

Ouh. Et nous qui pensions que le capital international allait nous sauver, qu'il fallait l'aguicher comme un amant, supprimer les barrières, tout flexibiliser, parce qu'il faut laisser le capital respirer, prendre ses aises… Mais bon, comme quoi – il s'était cassé.

À présent, j'empruntais du fric à Markatović. Je ne sais pas à qui il empruntait.

Dijana était revenue avec les enfants depuis longtemps. À son retour, Markatović s'était réjoui. Puis, récemment, il avait loué un studio pas loin du mien, le temps, comme il disait, "que les choses se règlent". Il avait l'intention de vendre le grand appartement et d'en acheter deux plus petits, s'il arrivait à convaincre Dijana qui s'était déjà, m'avait-il annoncé avec une grimace sinistre, habituée au grand appartement. En gros, maintenant, nous étions dans le même quartier, moi, Markatović et Tošo, que je n'avais toujours pas réussi à croiser.

Un soir, Silva m'a appelé pendant que j'attendais Markatović. Ce dernier voulait discuter d'un truc, professionnel, autour d'une bière, dans son studio, vu que les bars à cigares étaient devenus trop chers pour lui. Il devait passer me prendre devant la pâtisserie de la rue Ljudevit Gaj.

Ça faisait déjà longtemps que personne de l'ancienne rédaction ne m'appelait plus, et je me suis réjoui en voyant l'appel de Silva. Mais sa voix s'est brisée : "Écoute, excuse-moi, j'ai pensé à toi… Je suis aux urgences. Mon fils a une forte fièvre. Ils ne savent pas ce qu'il a…"

J'ai bloqué un instant. Son fils était aux urgences, et c'était moi qu'elle appelait ? Je me suis dit que Silva avait besoin du soutien d'un homme, étant donné qu'elle n'avait pas de mari. Je me suis senti obligé d'une manière archétypale.

"Tu as besoin d'aide ?
— Tu as vu le jeu ?"

Une voiture passait, et j'ai cru avoir mal entendu.

"Quel jeu ?
— *Il en faut deux pour être heureux.*"

Puis elle m'a expliqué : en guise d'à-côté, elle s'occupait des jeux concours dans *Aujourd'hui*. Les quotidiens du GEP étaient pleins de jeux concours, et ils devaient se mettre à niveau, m'a-t-elle dit. Elle avait entre autres lancé le jeu *Il en faut deux pour être heureux*.

"J'ai vraiment rien remarqué, ai-je dit.

— Comment ça, ça prend une pleine page", a-t-elle répliqué. Elle avait ce ton "mais d'où tu sors", sans doute parce que c'était elle, m'a-t-elle dit, qui avait inventé le jeu en question. Une partie importante du jeu consistait en de vraies histoires d'amour. C'était un jeu concours unique, intéressant à lire, s'est vantée Silva.

"Et donc, à côté du jeu de tirage au sort principal, où il faut deviner quelle star est en couple avec qui, nous avons un autre prix, pour la meilleure vraie histoire d'amour. "

Je me suis plongé dans la contemplation d'une tache d'huile sur la route. Je me suis dit que Silva était sous le choc, et qu'elle racontait n'importe quoi.

"Tu m'écoutes ? a-t-elle demandé.

— Je t'écoute, ai-je répondu d'un ton compatissant.

— Mais on ne reçoit pas beaucoup d'histoires, et en plus, elles ne sont pas assez romantiques.

— Pas assez romantiques ?

— Oui, oui… Et donc, si tu veux m'aider, tu pourrais m'en écrire une… pour demain matin.

— Pardon ?! ai-je sursauté. Tu veux que je t'écrive une vraie histoire d'amour ? Romantique ?

— Oui, enfin tu vois…"

C'était pour ça qu'elle avait besoin de moi ?

J'étais déçu. J'avais sans doute voulu me sentir comme un preux chevalier aidant une mère célibataire, m'imaginant que quelqu'un avait vraiment besoin de moi. Mais ça, c'était trivial.

"En général, c'est moi qui les écris… a reconnu Silva.

— Aaah, et donc, maintenant, tu t'adresses à moi en tant que faussaire renommé ?

— Mais non, a-t-elle dit d'une voix épuisée, écoute, tout le monde s'en fout, ce sont de stupides lettres de lecteurs. Leurs histoires d'amour. Personne ne peut vérifier si c'est vrai. Je te paierai en cash. Sinon, je vais perdre mon petit boulot.

— Mais je ne sais pas écrire ça, ai-je protesté.

— Bien sûr que si, tu sais ! C'est bête comme chou. Du mielleux, du kitsch, de la romance… Genre, *te quiero, te amo, mon amour* ceci, *ma chérie* cela. C'est toujours la même chose." Elle a continué : "T'as qu'à regarder les miennes et copier."

Elle parlait d'un ton pressé, et je l'ai imaginée devant l'entrée des urgences, en train de fumer frénétiquement en parlant au téléphone : "Allez, s'il te plaît, c'est dix, quinze phrases, pas plus, mais moi, je n'aurai pas le temps, je dois rester ici…"

J'ai aperçu la Volvo de Markatović au bout de la rue. Même si je me tenais à l'endroit convenu, je me suis mis à agiter les bras comme un noyé.

Quand Markatović m'a fait un appel de phares, j'ai reposé le portable sur mon oreille. "Désolé, je ne t'ai pas entendue, ai-je dit à Silva. Je faisais des signes de main."

Elle n'a rien vu d'étrange là-dedans. Elle m'a juste demandé : "Alors, c'est d'accord ?"

Markatović s'est arrêté, j'ai ouvert la porte, me suis laissé tomber sur le siège comme un animal mort, et lui ai fait un signe de tête.

"Tu veux bien m'écrire ça ? a demandé Silva à l'autre bout du fil.

— Pfff, allez, je vais essayer…

— Merci merci merci !

— Le plus important, c'est que le petit aille mieux."

"Qu'est-ce qui se passe ?" Markatović m'a regardé du coin de l'œil.

"Le môme de Silva est aux urgences.

— C'est grave ?"

J'ai réfléchi un peu, puis j'ai dit : "Même l'hôpital ne sait pas."

Nous nous sommes dirigés vers notre nouveau quartier. Tandis que nous étions arrêtés au feu rouge, je me suis plongé dans la contemplation d'un immeuble bleu en construction. Il y avait des chantiers partout, les actions des entreprises du bâtiment perçaient le plafond, et il semblait que tout le monde était gagnant, sauf nous.

"Mais comment est-ce qu'ils peuvent construire ce genre d'immeubles bleus infâmes, ai-je dit. Il n'y a personne qui les contrôle, ou quoi ?

— Il y a des choses bien plus importantes que personne ne contrôle. Tu t'inquiètes encore de l'esthétique ? Euh, sinon… T'en es où, côté fric ?

— Rien de nouveau sous le soleil.

— Ben qu'est-ce que tu fais ?

— J'écris, ai-je répondu pour dire quelque chose.

— Toi aussi ? a-t-il répliqué d'un ton déçu, lui qui n'avait pas encore fini son roman.

— Bah, des histoires d'amour à la con, ai-je dit, avant d'ajouter : Soi-disant vraies.

— Je vais avoir besoin que tu me rembourses, a-t-il repris. J'ai épuisé tous mes crédits… J'ai même dû virer mon vieux.

— Hm… Et comment il l'a pris ?" ai-je demandé craintivement, pour ne pas avoir l'air de changer de sujet.

Markatović regardait droit devant lui, comme quelqu'un de bien décidé à ne pas se retourner, la mâchoire serrée, puis il a reniflé, et donné un coup d'accélérateur.

Quand nous nous sommes garés, tout est arrivé très vite. Tandis qu'il sortait de la voiture, deux créatures ont surgi de la pénombre du parking et se sont jetées sur lui. De mon côté, je suis tombé sur un type qui m'a attrapé par-derrière, mais j'ai réussi à me dégager avant qu'il n'ait resserré sa prise… Je me suis hâté de m'esquiver, et il m'a tapé sur l'épaule avec un truc… J'ai vu que les deux autres tabassaient Markatović, et le mien me suivait. Il était énorme.

Je me suis caché derrière un véhicule. Le type ne savait pas par quel côté me prendre… Je ne voyais pas Markatović à cause des voitures, mais je voyais les gorilles qui, manifestement, le bourraient de coups de pied alors qu'il était à terre. Derrière moi, il y avait un petit parc, où les mecs du quartier se retrouvaient souvent pour picoler sur les bancs. J'ai eu une illumination, et j'ai crié au hasard : "JO ! HÉ ! JO ! À L'AIDE !"

Le type qui me poursuivait s'est mis à regarder autour de lui. Il ne savait pas où était ce fameux Jo.

Et ensuite, un mec a vraiment émergé de l'ombre du parc, plus bas, à une cinquantaine de mètres.

J'ai crié : "Jo ! Rapplique, Jo ! Ils viennent nous agresser dans notre quartier !"

Alors, trois ou quatre autres Jo ont rejoint Jo dans l'obscurité. Ils se sont mis à courir dans notre direction en criant : "Tiens bon, Jo, on arrive !"

Les gorilles n'ont pas voulu prendre de risques ; dès qu'ils ont entendu que nous avions des renforts, ils ont couru à une BMW noire qui, je ne l'ai remarquée qu'alors, attendait au bord de la route tous phares éteints. Ils avaient même un chauffeur. Ils sont entrés… Et ont démarré en trombe. Les mecs du parc, maintenant qu'ils avaient pris leur élan, ont continué à courir un peu derrière eux. "Arrête-toi, dégonflé !" criaient-ils, tout ragaillardis, et je priais pour que les gorilles ne s'arrêtent pas.

Je me suis approché de Markatović et me suis accroupi à côté de lui. Ils lui avaient bien refait le portrait. Sa lèvre était fendue, et saignait. Son visage rouge, un œil à moitié ouvert. Il se tenait les côtes et respirait à grand-peine.

Les Jo se sont rassemblés autour de nous.

"Merci, Jo, il était moins une, ai-je dit.

— Putain, c'était qui, ces enfoirés ?

— Aucune idée…"

Ils étaient, je le voyais, légèrement déconcertés par le fait qu'ils ne nous connaissaient pas non plus, mais ils n'ont rien dit… De toute façon, ils ne s'étaient pas battus pour nous, ils avaient juste piqué un petit sprint.

J'ai appelé le Samu pour Markatović.

Pendant que nous attendions, un des Jo m'a demandé : "Tu es du quartier ?

— Hmhm, ai-je dit. Je ne suis pas là depuis longtemps, mais je suis pote avec Tošo.

— Hmhm", a-t-il dit en hochant la tête d'un air de conspirateur, comme s'il me remettait. Il était certainement en train de se dire que les psychotropes lui attaquaient la mémoire. "On vous doit une fière chandelle, ai-je dit. La prochaine fois qu'on se voit, je paye ma tournée."

Jusqu'alors, Markatović gémissait par terre, adossé à sa voiture, en position semi-couchée, mais à ce moment-là, il est intervenu avec son bras tendu et un billet de deux cents kunas : "Tenez, les mecs, vous boirez un truc à ma santé…

— Non, non… a dit le plus grand des Jo.

— Allez, prends, ai-je insisté. Sinon, il va s'épuiser à essayer de vous convaincre."

Il a pris l'argent.

"Allez, franchement, c'était qui, les types qui vous ont attaqué ?

— J'en sais fichtre rien, vraiment.

— Des micro… régionalistes…", a glapi Markatović depuis l'asphalte.

Les Jo m'ont regardé. Ils pensaient qu'il délirait. L'un d'entre eux a eu un petit rire. Markatović avait une dent de devant cassée, ce n'est qu'alors que je l'ai remarqué.

"Ils ont perdu les élections, aaah, a gémi Markatović. Même si je leur ai fait… donner leur maximum…

— Du calme, ne t'épuise pas", ai-je dit. Puis j'ai soufflé aux Jo : "Commotion cérébrale."

Quand l'ambulance est arrivée, je suis monté avec Markatović.

"Tu dois du fric à La Vallée ? ai-je demandé dans la camionnette du Samu, sous le regard curieux du jeune ambulancier.

— Bah… Ils comptent le moindre sou…", a répondu Markatović avec une grimace de douleur.

Quand nous sommes arrivés, ils l'ont allongé sur un brancard. Avant qu'ils ne l'emmènent, Markatović a marmonné d'un ton tragique :

"Va faire du business en Croatie après ça…

— Pardon ?" lui a demandé l'ambulancier.

Markatović ne lui a pas répondu, étant donné que, bien entendu, ce n'était pas à lui qu'il s'adressait, mais à l'opinion publique tout entière.

Ensuite, il m'a fait un signe de la main, avec une expression pathétique, comme si c'était la dernière fois que nous nous voyions.

Ils l'ont emmené se faire recoudre la lèvre. Ils ont aussi parlé d'une radio. Pour le dentiste, il allait devoir se débrouiller seul.

Les portes se sont refermées sur lui, et j'ai parcouru le hall du regard, désorienté, comme si je venais de me réveiller. J'étais probablement moi aussi sous le choc. Le mot "microrégionalistes" me résonnait bêtement dans la tête… Avec ces images de passage à tabac… Et ces relents d'alcool d'hôpital… Puis j'ai remarqué une blonde qui dormait sur une chaise dans le hall.

Je me suis approché. L'ai regardée de près.

Elle tenait des deux mains son sac sur ses genoux, et sa tête avait glissé sur le côté. Silva.

Je me suis assis à côté d'elle.

Je suis resté assis un certain temps, comme si j'avais trouvé un refuge.

Je me suis demandé si je devais la réveiller… Mais ça m'aurait fait de la peine. À en croire son teint, elle était épuisée.

C'était interdit de fumer, et au bout d'un moment, je me suis levé et ai fait quelques pas vers la sortie… Puis j'ai pris mon portable et tapé un SMS : "Si tu peux, veille aussi sur Markatović. Ils l'ont emmené se faire recoudre. Je rentre à la maison écrire cette histoire d'amour."

J'ai entendu dans son sac à main la sonnerie de son portable pour les messages. Elle ne s'est pas réveillée.

De retour dans mon studio, j'ai pris une bière, me suis assis à la table et me suis mis à feuilleter l'avant-dernier numéro d'*Aujourd'hui*, à la recherche d'*Il en faut deux pour être heureux*. Ça ne m'a pas pris longtemps. De fait, ils avaient une pleine page.

> Chers lecteurs, si vous pensez que votre histoire d'amour est en quoi que ce soit singulière ou originale, il vous suffit de nous l'envoyer. Qui sait, c'est peut-être précisément votre histoire d'amour qui recevra le prix de l'histoire la plus originale, et vous qui partirez pour le voyage de vos rêves.

J'ai réfléchi à une histoire : deux amants s'aimaient d'amour tendre, mais ensuite, l'amour avait subi les assauts du travail, de l'argent, de la réussite, de la famille – et il n'avait pas survécu à la pression du système. Mais le genre romantique n'admet pas l'amour qui se délite, non, il prend le système de haut. Je savais que le genre était menteur.

Ensuite, j'ai lu l'histoire d'amour de la veille, pour voir de quoi c'était censé avoir l'air. L'histoire avait prétendument été envoyée par une certaine Ružica Veić, de Biograd, et le texte journalistique "résumait brièvement" l'idylle. Ružica avait soi-disant travaillé comme baby-sitter à Rio de Janeiro, où elle était tombée passionnément amoureuse, avant de finir par revenir en Croatie avec son Brésilien…

L'histoire ne précisait pas si le Brésilien était noir ou blanc. Alors que Ružica Veić de Biograd n'aurait certainement pas manqué de le mentionner, Silva, toute à son ardeur romantique, avait complètement négligé ce détail. Les critiques auraient dit qu'elle avait un style identifiable.

OK, me suis-je dit, j'imagine que c'est ça le truc : la fille doit partir pour une destination exotique et sexy, y tomber amoureuse, et ensuite rentrer à la maison, car il ne serait sans doute pas recommandé que ces histoires fassent de la pub pour l'émigration.

J'ai regardé si j'avais un autre *Aujourd'hui* dans la pile de journaux à côté du canapé. J'ai trouvé le numéro de samedi. L'histoire d'amour était quasiment identique, à ceci près que Ljerka Mršić d'Osijek était archéologue, et le type un riche Napolitain auquel elle avait trouvé, par un pur hasard, des racines croates.

Bien.

J'ai tapé le titre : MILKA A TROUVÉ LE GRAND AMOUR AU MEXIQUE

Et ça a coulé tout seul : *L'histoire d'amour entre Milka Radičić, 25 ans, originaire de Vrbovec, et Eduardo Castillo, de quatre ans son aîné, est pour le moins inhabituelle : elle a commencé au Mexique, où elle était partie travailler comme jeune fille au pair. Avant son départ pour le Mexique, Milka était en couple avec Borna, qui lui avait promis de l'attendre, et qu'ils se marieraient à son retour. Mais une fois au Mexique, la vie de Milka prit un tour tout à fait différent…*

J'ai été tiré de mon histoire par un appel de Silva. Elle s'était réveillée dans la salle d'attente, avait vu mon message…

Elle m'a dit que le petit allait mieux, qu'ils avaient fait baisser sa température, qu'ils avaient recousu la lèvre de Markatović, mais qu'ils allaient le garder encore un jour ou deux, car il avait, apparemment, deux côtes cassées. "Et merde", ai-je dit. Puis j'ai ajouté :"J'irai lui rendre visite demain."

Elle m'a demandé comment je m'en sortais avec l'histoire d'amour.

"Je regarde les tiennes et je recopie.

— C'est la meilleure solution, a-t-elle approuvé. On se téléphone demain matin."

Je me suis remis à écrire : *En arrivant au Mexique, sur les terres d'Alex Castillo, dont elle devait garder les enfants, Milka avait eu la surprise de constater que la propriété était située au pied d'une montagne couronnée de fumée. Le jeune frère d'Alex, Eduardo, lui avait expliqué qu'ils se trouvaient sous le volcan Popocatépetl, ce pourquoi tout le monde dans sa famille avait toujours sous son lit une valise prête, avec l'essentiel. Dès sa naissance ou presque, lui expliqua Eduardo, chaque Castillo vivait avec une valise, prêt à partir, ce qui se reflétait sur leur caractère familial et leur vision de la vie. Même si jusqu'alors, aucun Castillo n'avait jamais été contraint de partir, ils étaient à chaque instant prêts à tout quitter et à s'aventurer dans l'inconnu. C'est ça, de vivre sous un volcan, avait dit Eduardo à Milka.*

"Et comment !" dis-je pour moi-même.

Eduardo avait plu à Milka dès le premier regard échangé. Et réciproquement. Elle était la première jeune fille au pair à ne pas avoir pris la fuite par peur du Popocatépetl. Il avait immédiatement compris que la Croatie était un pays de femmes courageuses. Et l'amour était né entre Eduardo et Milka.

J'ai fait une pause. Il faut ajouter un peu de péripéties, me suis-je dit. C'est trop facile.

Mais après six mois, Milka avait dû rentrer en Croatie. Eduardo et elle s'étaient fait leurs adieux au pied du Popocatépetl, convaincus qu'ils ne se reverraient plus jamais. Sur le moment, elle avait presque souhaité que le volcan se réveille, et qu'Eduardo prenne sa valise.

Ensuite, elle avait eu des remords d'avoir pensé ça, car ç'aurait été une catastrophe pour la famille d'Eduardo, et son vœu était si fort qu'elle redoutait qu'il ne se réalise. Pendant le voyage, elle avait prié Dieu que cela ne se produise pas. Elle s'imaginait le pire : qu'il y avait une éruption volcanique, et qu'Eduardo n'avait pas le temps de s'enfuir avec sa valise… C'est avec ces pensées en tête qu'elle était arrivée en Croatie, où elle avait immédiatement appris que Borna avait en son absence commencé à fréquenter Lana, sa cousine, ce qui n'avait fait qu'ajouter à la peine de Milka. De plus, en ces instants si difficiles, nul ne la comprenait, tout le monde lui disait qu'elle n'aurait jamais dû aller au Mexique.

De manière inattendue, après une semaine, Eduardo l'avait appelée pour lui dire qu'il prenait sa valise et venait en Croatie. Terrifiée, elle lui avait demandé si le volcan était entré en éruption, mais il lui avait répondu qu'il ne s'agissait pas de ça. Je viens par amour, avait-il dit, et Milka avait fondu en larmes de soulagement et de bonheur.

"Peu de temps après, Eduardo et moi nous sommes mariés en Croatie, puis nous sommes repartis au Mexique pour nous marier là-bas aussi", nous a écrit Milka, ajoutant qu'ils avaient tout de même décidé de s'installer en Croatie, afin qu'elle puisse finir ses études, car elle venait de s'inscrire à la faculté de géologie.

Je me suis dit que cette fin avec le retour en Croatie faisait un peu téléphonée. Mais bon, nous ne pouvions pas non plus présenter notre propre pays comme un endroit dont tout le monde voulait partir. Quoi qu'il en soit, ça irait bien pour Silva. J'ai tapé son adresse mail et cliqué sur *envoyer*.

Silva m'a appelé vers midi. Elle était satisfaite.

"Tu penses que ça fait vrai ?

— On s'en fout, a-t-elle dit. Franchement, qui a envie d'une histoire d'amour qui fasse vrai ?"

Ensuite, elle m'a dit que j'étais vraiment doué pour ça. Elle a ajouté que je pourrais gagner un peu d'argent avec ce talent, au moins le temps de trouver autre chose. Elle m'a dit que, si je voulais, elle pouvait me recommander chez *Violetta*, le magazine féminin du PEG, pour que je leur écrive des petits romans sentimentaux, qu'ils mettaient en supplément en pages centrales du magazine, que je signerais de noms féminins étrangers. Le public n'aime pas les noms locaux, ils trouvent que ça ne fait pas assez bien, a-t-elle dit, et donc, si je voulais écrire, le temps que j'étais au chômage, personne ne saurait que c'était moi.

Un soir, nous sommes allés boire une bière dans un café isolé plein de miroirs. Elle m'a donné mes honoraires au noir. Puis, je l'ai écoutée me parler, avec cet arrière-goût de frustration de la salle de rédaction que j'avais déjà oublié, de Čarli qui, après le licenciement de Pero, était devenu rédacteur en chef. Le rôle de chef l'avait régénéré… "Il ne me court plus après", a dit Silva, et elle s'est inconsciemment regardée dans le miroir, sans doute pour vérifier de combien elle avait grossi. Dario, a-t-elle continué, avait lui aussi grimpé les échelons ; il suivait Čarli comme son ombre, éliminant de la course le Secrétaire, que tout ce travail partisan sur le terrain épuisait, son cholestérol crevait le plafond, ils n'allaient sans doute pas tarder à le mettre à la retraite… Le boss, ça, j'étais au courant, était devenu président de la Fédération de tennis ; à long terme, il visait le Comité olympique…

De fil en aiguille, nous avons bu jusqu'à la fermeture, et quand les serveurs nous ont demandé de partir, j'ai dit : "On va chez moi ? On peut acheter à boire à la station-service…"

Elle a gardé un peu le silence, puis a dit : "Tu crois ?

— Je ne crois rien", ai-je dit.

Nous avons ri, et sommes partis en zigzag dans la rue.

Nous avons fini au lit.

Après le sexe, elle s'est endormie, et je respirais à côté d'elle sur ce canapé déplié.

Elle s'est réveillée après une heure et demie – les premiers rayons du soleil perçaient par les volets roulants – et m'a vu assis à la table, avec une bière.

"Ça va ?

— Oui oui. Je n'arrive pas à dormir, c'est tout.

— T'inquiète, a-t-elle dit en cherchant son soutien-gorge. Je vais y aller…

— Non, non, dors, toi.

— Je dois rentrer chez moi", a-t-elle soupiré. Elle s'est levée et s'est mise à la recherche de ses autres vêtements.

Je me suis tu. Je me suis dit que j'aurais dû la retenir, mais j'étais à peine capable de parler, et en vérité, j'avais envie d'être seul.

Elle s'est habillée dans la pénombre. S'est approchée de moi. Elle s'est penchée un peu et m'a regardé dans les yeux : "Hé, y a pas de malaise."

Mon visage exprimait sans doute une sorte de panique. J'avais l'impression que c'était la fin de notre amitié. D'un autre côté, l'amour n'avait pas commencé non plus.

"Je comprends", a dit Silva.

J'ai levé un regard interrogateur.

"Tu l'as encore dans la tête", a-t-elle dit.

J'ai fait une sorte de grimace indéterminée.

"Mais tu vas devoir te la sortir de là, tu sais.

— Mais ça n'a rien à voir avec ça, ai-je dit, histoire de ne pas rester silencieux.

— Dans tous les cas, ça n'a rien à voir avec moi, a-t-elle ajouté en cherchant nerveusement ses affaires sur la table. Moi, je suis cool. J'ai déjà eu tellement de merdes dans ma vie. Rien ne peut me… Je te dis ça pour toi. Tu dois te sortir cette histoire de la tête, comme si elle n'avait jamais existé.

— Écoute…" J'aurais voulu éviter tout ça.

"Crois-moi, je sais ce que c'est", a-t-elle dit.

Je me suis dit que j'aimerais pouvoir l'aimer. Elle méritait d'être aimée, me suis-je dit.

Mais la simple idée de l'amour me pesait. Je m'imaginais une sorte de tourbillon : comme si je me tenais au bord d'une rivière à le regarder, souhaitant rester en dehors de toute cette folie.

"Oui, sans doute, ai-je dit. Tu veux que je te fasse un café ?"

Elle a soupiré, comme si elle essayait d'avaler quelque chose.

"Allez, d'accord !" a-t-elle lancé d'un ton énergique, comme un artisan qui a encore du pain sur la planche.

"Silva, je t'estime vraiment beaucoup", ai-je dit pendant qu'elle buvait son café.

Elle a plissé ses rides autour des yeux, a fait un sourire ironique.

"Ne sois pas si direct", a-t-elle dit.

Plus tard, elle a appelé un taxi.

...

"Ils l'ont débloquée !" hurlait Markatović dans le téléphone. Il m'avait réveillé.

"Allume ton ordinateur !"

J'ai marmonné quelque chose. J'ai regardé ma montre : dix heures et quart.

"Allume ton ordi, regarde la Bourse ! Elle remonte !" criait-il.

Ses côtes se ressoudaient. Sa lèvre inférieure était restée un peu plus épaisse au milieu, ce qui ne lui allait pas si mal. Il s'était fait poser une couronne sur son incisive.

J'ai allumé mon ordinateur, et j'ai enfin vu ce bandeau défiler. RIBN-R-A. Depuis l'ouverture, elle avait monté de 8 %.

J'ai appelé Markatović : "C'est bon, ça...

— Et ça va être encore mieux ! s'est-il écrié. C'est forcé ! On a encore le temps avant que ça remonte à mon prix, mais ça va venir, c'est forcé, elle doit grimper, coûte que coûte !

— Mais oui, elle va grimper", l'ai-je encouragé, presque comme avant.

Cela faisait déjà un certain temps que nous savions que les choses devaient finir par s'arranger avec cette banque, car l'État avait repris à son compte le bloc de titres majoritaire et les dettes. L'affaire ne suscitait pas la liesse générale, mais la région de Rijeka pouvait souffler, tout comme Markatović et moi. Nous attendions juste qu'ils lèvent ce blocage des transactions, afin de pouvoir sauver cet argent que nous avions investi quand nous étions, me semblait-il, d'autres personnes.

"Je veux juste retomber sur mes pattes – c'est mon objectif. Quand j'arrive à zéro, je sors ! s'est écrié Markatović.

— Tu vas y arriver, doucement, l'ai-je encouragé, modérément.

— J'ai sans doute épuisé mon quota de merde.

— À qui le dis-tu.

— Putain, si moi, j'arrive à zéro, tu vas te faire un paquet de fric !

— On verra."

Je ne voulais pas le décourager, mais je n'avais pas l'intention d'attendre sa cote.

"Regarde, toi, et tiens-moi au courant de l'évolution de la situation. Je vais devoir aller à un rendez-vous, je ne pourrai pas surveiller", a dit Markatović.

Je suis resté devant l'ordinateur.

Je regarde la Bourse, tous ces chiffres qui changent.

Je regarde : je me revois ce jour-là, quand j'ai claqué tout mon fric dans ces putains d'actions.

Je me vois m'asseoir ensuite dans le fauteuil et regarder l'appartement… Comme tout ça est loin.

Comme si je plongeais, je vois toujours d'abord cet espace, l'appartement où nous vivions… Cet appartement sur lequel je suis tombé un jour par hasard dans les petites annonces, en regardant ce qu'il y avait à louer.

J'ai lu la description de l'appartement, la localisation, mais j'avais sans doute déjà tout refoulé, et je n'ai pas compris immédiatement qu'il s'agissait de cet appartement, jusqu'à ce que j'aie appelé et reconnu la voix de notre ancien propriétaire.

Je me suis tu, et il répétait : "Allô, allô, est-ce que vous m'entendez ?"

Elle aussi avait déménagé, donc.

Notre ancien appartement, vide. Je le vois l'espace d'un instant.

J'avais raccroché. Je n'avais pas demandé le prix.

Je suivais les transactions de la RIBN-R-A. Le prix à la vente montait.

Il allait bientôt falloir sortir de tout ça.

Le centre commercial en lisière du quartier ne se différenciait en rien des autres. Ils ressemblaient tous à de petites villes moyenâgeuses : une place forte, quelques ruelles, comme Hum en Istrie, une micropole…

Ici, enfin, on a le droit de regarder dans le vide. D'aucuns font du yoga, de la méditation, atteignent le vide ; moi, je viens ici. Je marche lentement, je contemple les rayonnages, je touche quelques articles, je regarde dans le vide.

J'ai pris un chariot et me suis mis à le pousser.

À l'entrée, qui ressemblait à un arc de triomphe, quelqu'un m'a tapé sur l'épaule : "Hé !"

J'ai mis un moment à la reconnaître.

Sanja.

Elle a soulevé ses lunettes de soleil comme si elle émergeait de l'eau.

Je devais avoir l'air effrayé, et elle a fait une grimace comme pour s'excuser.

"Hé ! ai-je dit d'une voix sourde. Qu'est-ce que tu fais ici ?"

Nous sommes restés figés, comme si nous ne savions pas quoi faire de nos corps. Puis nous nous sommes fait la bise, sans trop nous approcher… Je connaissais ce parfum… J'ai reculé d'un pas.

"Oh, bah", a-t-elle souri, et son regard fuyait, comme si elle était à la fois contente et gênée d'être tombée sur moi.

J'ai dit : "Heu… Je vais faire mes courses, tout ça. J'habite pas loin."

J'ai poussé le chariot pour m'éloigner un peu de l'entrée.

"Hmhm, m'a-t-elle regardé. Tu vas bien ?

— Ça va, ai-je dit. Et toi ?

— Ça va."

Je me suis dit qu'elle n'osait pas me dire que tout allait pour le mieux, pour ne pas avoir l'air d'aller trop bien par rapport à moi.

Mais c'est ce dont elle a l'air, d'aller pour le mieux, me suis-je dit.

"Tu as changé…", a-t-elle dit avec un sourire mal assuré.

Tu n'aurais pas dû dire ça, ai-je pensé. J'ai fait le deuil de cette personnalité. Je ne peux plus la reconstruire.

"Ça me fait bizarre de te voir, je dis.

— Je, euh…, elle a regardé sa montre. Je suis pressée…" Elle se tortillait sur place. Puis elle a ajouté, comme si elle avait eu une idée salvatrice : "Mais tu peux venir avec moi !"

J'ai poussé un petit soupir, et j'ai dit : "Ben, euh… et j'ai ajouté : Je ne sais pas. Où ça ?

— Hé, écoute… Tu vas me prendre pour une folle.

— Pourquoi ?

— Ben… Tu es là… Et là, comme ça, je me suis dit que je pouvais t'inviter, c'est tout."

Je la regarde. À quoi pense-t-elle ? Je ne sais pas si je ressens de l'espoir ou de la peur quand j'envisage qu'elle puisse vouloir quelque chose de moi. Elle se passe les doigts dans les cheveux avec un sourire nerveux. Elle a une coiffure étrange.

"Pas de souci, dis-moi…

— Ben – elle regarde sa montre –, on va faire quelque chose de complètement stupide."

J'ai haussé les sourcils.

Elle a repris : "On n'est pas beaucoup. Principalement des filles. On était censés être plus nombreux, mais… Tu peux te joindre à nous. Ça commence d'une minute à l'autre, et ça va durer une dizaine de secondes…"

D'une minute à l'autre ? Ça va durer une dizaine de secondes ? L'espace d'un instant, j'ai oublié où j'étais. Quelles filles ? Elle était seule.

"Qu'est-ce qu'il faut faire ?

— À quatre heures pile, à la seconde près, il faut venir là-bas derrière la caisse numéro six, trois ou quatre mètres derrière. Donc, là-bas, dans le passage, pour qu'ils nous voient depuis la caisse, et de tout le magasin, tu vois ?

— Hmhm.

— On se retrouve là-bas à seize heures pile. Si ta montre retarde un peu, la mienne est à l'heure, tu peux me suivre… Et donc, on se retrouve là-bas, et tout d'un coup, tous ensemble, on hurle « On est des cham-pi-gnons ! »"

Elle s'est mise à rire.

Il fut un temps où j'aurais sans doute compris la blague.

Elle a vu que je ne comprenais pas, et j'ai décelé un signe de nervosité qu'elle s'efforçait de cacher sous un sourire, moi aussi, je savais lire son visage.

L'espace d'un instant, j'ai pris conscience du fait que nous étions debout, à un mètre l'un de l'autre, légèrement guindés, prenant garde à ce que ne surgisse pas un mouvement malheureux du passé.

Elle a pris ses cheveux dans ses mains comme pour se faire une queue de cheval. Elle m'a regardé par en dessous.

"On est des champions ? ai-je demandé. Comme dans la chanson ?

— Oui, mais… pas « champions » : « champignons »", a-t-elle dit comme si ce jeu de mots absurde la mettait mal à l'aise. "On le scande… Deux fois. On crie une fois, on respire, puis on crie une deuxième fois, à tue-tête. Et ensuite, on se disperse rapidement. On ne part pas ensemble. Chacun part de son côté.

— Des champignons, ai-je répété. Comme dans champignons de Paris ?

— Oui ! s'est-elle écriée, comme si j'avais enfin compris.

— Pourquoi ?

— Ça n'a pas de sens. Pas le moindre.

— Ah bon ?

— Ça n'a absolument aucun sens", a-t-elle confirmé, et elle s'est remise à sourire, comme si elle attendait de moi que je comprenne quelque chose.

Je la regarde : elle est si loin. J'ai senti que j'avais du mal à parler avec elle.

"C'est notre performance, a-t-elle repris. Ça s'appelle un flash mob.

— Mais je suis juste venu acheter un truc, ai-je protesté. Je ne suis pas un artiste."

Non, je n'avais pas l'intention de crier que j'étais un champignon.

"OK… C'était juste une idée…", a-t-elle soufflé en regardant vers le bas, sa montre. "J'y vais !"

Je l'ai regardée disparaître entre les gens.

Puis, me remettant brusquement à pousser mon chariot, je lui ai quand même emboîté le pas, à distance, pour voir ce qui allait se passer.

Elle était près de la caisse numéro 6 quand elle s'est retournée et m'a aperçu. Elle m'a fait un clin d'œil, a secoué l'épaule comme pour m'entraîner dans sa fuite.

J'ai vu arriver des filles de plusieurs directions. J'ai remarqué Ela parmi elles, surpris de constater combien elle avait maigri. Était-ce vraiment Ela ? Il m'a semblé voir arriver aussi quelques mecs. Mais, mais, c'étaient Jerman et Doc !

J'ai pressé le pas, et j'étais à trois ou quatre mètres d'eux quand ils ont formé leur groupe. Ils étaient une quinzaine, me semblait-il. J'ai abandonné mon chariot.

Je les ai rejoints au moment où retentissait en chœur : "ON EST DES CHAM-PI-GNONS !!!"

C'était inattendu, l'effet était tonitruant.

Je me suis mêlé à eux. Pour la deuxième fois, j'ai crié avec les autres, à tue-tête : "ON EST DES CHAM-PI-GNONS !!!"

J'ai regardé autour de moi. Les gens nous fixaient, ou venaient à peine de se retourner vers nous… J'ai senti les autres disparaître prestement, et j'ai moi aussi allongé le pas.

Je suis retourné à mon chariot, et me suis remis à le pousser comme si de rien n'était.

Je suis entré dans le supermarché, suis allé au rayon boissons. Je me suis retourné et ai regardé en direction de la caisse numéro 6.

Les visages étaient ahuris. Une caissière désignait à une autre l'endroit où nous nous étions tenus. Les gens dans la queue confirmaient. Là où nous nous étions tenus, il n'y avait que le sol rutilant. Rien.

J'avais le cœur battant. Nous leur avons échappé, me suis-je dit. Ils ne savent pas ce que c'était que ça. J'ai ressenti une joie singulière. Nous avions tout simplement disparu.

OUVRAGE RÉALISÉ
PAR L'ATELIER GRAPHIQUE ACTES SUD
REPRODUIT ET ACHEVÉ D'IMPRIMER
EN MARS 2022
PAR NORMANDIE ROTO IMPRESSION S.A.S.
À LONRAI
POUR LE COMPTE DES ÉDITIONS
ACTES SUD
LE MÉJAN
PLACE NINA-BERBEROVA
13200 ARLES